资助基金项目：

2020年度重庆师范大学学术专著出版基金（20XCB11）

重庆师范大学博士科研启动项目"小学生科学学业测评研究"（21XWB042）

重庆市高等学校"十四五"市级重点学科"科学教育学"

U0368020

基于核心素养的
科学学业测评国际比较

王俊民◎著

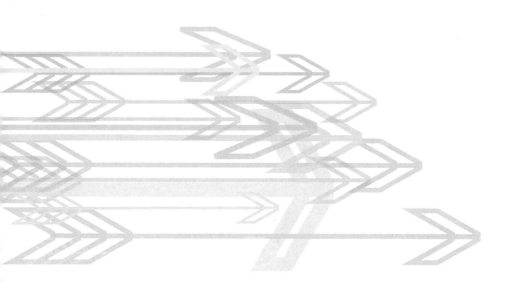

上海交通大学出版社
SHANGHAI JIAO TONG UNIVERSITY PRESS

内容提要

　　本书选取美国、加拿大、英国、澳大利亚、新西兰以及经济合作与发展组织共 6 个国家或国际组织的核心素养框架和科学学业测评项目作为研究对象,基于核心素养的视角,从学科能力和学业整合两个方面对科学学业测评项目展开分析,具体内容包括核心素养相关概念及其关系、核心素养框架和科学学科素养、六个国际上主要的大规模科学学业测评项目的比较分析,最后基于比较分析的结果总结国际大规模科学学业测评的趋势,并对科学学业测评的相关问题进行反思。

　　本书适合高校科学教育或核心素养研究者、教育质量监测机构或考试机构研究人员、中小学科学(含物理、化学、生物、地理)教师阅读参考。

图书在版编目(CIP)数据

　　基于核心素养的科学学业测评国际比较/王俊民著
. —上海:上海交通大学出版社,2024.1
　　ISBN 978 - 7 - 313 - 29153 - 0

　　Ⅰ.①基…　Ⅱ.①王…　Ⅲ.①科学教育学－教学评估
－对比研究－世界　Ⅳ.①G40 - 05

　　中国国家版本馆 CIP 数据核字(2023)第 144308 号

基于核心素养的科学学业测评国际比较
JIYU HEXIN SUYANG DE KEXUE XUEYE CEPING GUOJI BIJIAO

著　　者:王俊民

出版发行:上海交通大学出版社　　　　地　　址:上海市番禺路 951 号
邮政编码:200030　　　　　　　　　　　电　　话:021 - 64071208
印　　制:上海万卷印刷股份有限公司　　经　　销:全国新华书店
开　　本:710mm×1000mm　1/16　　　印　　张:18.75
字　　数:288 千字
版　　次:2024 年 1 月第 1 版　　　　　印　　次:2024 年 1 月第 1 次印刷
书　　号:ISBN 978 - 7 - 313 - 29153 - 0
定　　价:88.00 元

前　言

　　2015 年 9 月,当我怀着一颗求学之心再次踏入大学之门开启我的学术生涯时,中国大陆正在进行基础教育课程修订。虽然一些专家认为这是 21 世纪初基础教育课程改革的延续,但以发展学生核心素养为目标使这次课程修订的力度不亚于 21 世纪初的基础教育课程改革。核心素养和学业质量标准第一次出现在我国的国家课程标准中,被认为是此次课程修订的两个亮点。

　　作为一名博士生,我有幸跟随导师廖伯琴教授见证普通高中物理课程标准(2017 年版)的修订,也体会到了课程标准修订的严谨和艰辛。2016 年,教育部组织了一次大规模的学科核心素养测评,目的是检验开发的学科学业质量标准内容描述是否科学,高中物理学科与其他学科一起开展了这次大规模抽样测试,这是我第一次接触大规模学业水平测试。基于对测试过程的反思,我对核心素养和核心素养导向的科学学业测评产生了浓厚兴趣。这次测试直接影响了我后来的博士毕业论文选题以及之后的研究方向。

　　2022 年 4 月,我国颁布的《义务教育科学课程标准(2022 年版)》提出了科学课程要培养的学生核心素养和科学学业质量标准,并要求基于核心素养和科学学业质量标准开展学业评价。由于“核心素养”一词首次出现在课程标准中,很多一线老师对核心素养的测评感到困惑和迷茫,尤其是基于学业质量标准设计纸笔测验试题或表现性评价工具。经过与一线老师多次交流,我认识到自己博士期间的工作或许可以在一线教学中发挥一定作用。于是,我充满激情地将自己的博士毕业论文整理,重新设计内容结构,并增补、更新大量内容,期待能为一线教师和科学教育研究者更全面地了解国际科学学业测评项目,设计科学学业测评框架与试题提供参考。

全书共有 10 章内容,可以分为三个部分。第一部分为本书的理论基础,包括第一、二章内容。第一章主要对素养、核心素养、科学素养等相关概念及其关系进行分析,反映我个人对核心素养的理解。第二章对核心素养理念下的学业测评理论和分析框架进行介绍,反映我个人对核心素养理念下学业评价的理解。第二部分是本书的核心部分,包括第三章到第八章的内容,基于理论基础和分析框架对经济合作与发展组织(OECD)、美国、加拿大、英国、澳大利亚和新西兰共 6 个国家或国际组织的核心素养框架和科学学业测评项目进行分析,具体包括每个国家(或国际组织)的核心素养框架和科学课程标准,科学学业测评的内容框架、表现标准、试题情境和设计思路。第三部分是本书的总结部分,包括第九章和第十章。第九章从比较的视角对六个国际科学学业测评项目进行分析,总结各测评项目在内容框架、表现标准、试题情境和设计思路方面的异同;第十章基于比较结果对国际科学学业测评趋势进行总结与反思。

经过两年的辛苦付出,本书终于能够出版面世。感谢我的导师廖伯琴教授给予我的学术和生活指导,使我拥有充实的博士学习经历和自信的人生态度。感谢重庆师范大学林长春教授对我工作的支持并为本书作序,使我对科学教育始终保持热情。感谢上海交通大学出版社唐宗先编辑为此书出版付出的辛勤劳动。由于本人时间和精力有限,本书难免有不足之处,欢迎广大读者提出宝贵意见,本人将虚心接受各种意见和建议,并愿与各位同行讨论交流。

王俊民

2023 年 8 月于新西兰汉密尔顿

序　言

当前,以核心素养为指导深化课程改革是我国基础教育领域的重要任务,评价是核心素养"落地"的瓶颈环节。受传统考试文化影响,我国中小学非常重视基础知识的传授,学业评价过于注重知识掌握而忽视能力和过程的考核。在科学学科方面,国内对核心素养导向的科学学业质量测评研究较少,基于学业质量标准的科学学业评价和试题情境设计是目前测评实践的难点。王俊民博士的这本专著基于核心素养的视角对国际上的大规模科学学业测评项目展开研究,对其内容框架、表现标准、试题情境和设计思路进行分析与比较,为我国核心素养导向的科学学业评价设计提供了可借鉴的经验。

王俊民博士毕业于西南大学,师从我国著名物理教育专家、国家中学物理课程标准制订和修订专家组组长廖伯琴教授,攻读物理教学论方向博士学位,读博期间奠定了坚实的学科理论基础和扎实的学术功底。自 2018 年入职重庆师范大学以来,王俊民博士全身心投入教学和研究中,以从事科学教育教学与研究工作为终身事业,先后承担重庆市社科规划项目"基于核心素养的重庆市青少年 STEM 素养测评研究"和教育部人文社科青年基金项目"基于核心素养的小学科学学业测评研究"等科研工作,还承担了科学教育专业和小学教育(全科)专业多门科学教育类课程的教学工作,对科学教育专业的教学与研究工作表现出极大的热情。如今,其博士毕业论文在经过多次修改完善后即将出版,甚是欣慰。

2022 年 4 月,教育部印发《义务教育科学课程标准(2022 年版)》,将我国立德树人的教育改革指导思想具体细化为科学课程应着力培养的核心素养并研制了科学学业质量标准,要求以核心素养目标和学业质量标准为依据开展学业评价。这本著作的出版恰逢其时,对于一线科学教师和教研机构开展核心素养导向的科学学业评价设计具有一定指导价值。

从理论视角来看,该书将核心素养导向的学业测评理解为对学科能力的关注和对学业整合理念的强调,具有前瞻性,且以比利时教育家易克萨维耶·罗日叶(Xavier Roegiers)提出的"能力导向理论"和"情境类型学"作为理论基础,为设计科学学业评价框架和研究试题情境提供了一种新的视野和方法。从具体内容来看,该书以国际学生评估(PISA)、美国国家教育进步评估(NAEP)、泛加拿大评价(PCAP)、英国国家课程评价(NCA)、澳大利亚国家评价(NAP)、新西兰国家学业成就监测研究(NMSSA)六个国际科学学业测评项目为研究对象,对内容框架、表现标准、试题情境和试题设计思路等进行了深入分析与比较,为我国开展科学学业测评研究与实践提供了丰富的参考素材。

科学教育关系到全民科学素养提升和科技创新后备人才的培养,对我国建设创新型国家、建立世界科技强国、提高国家综合竞争力有着重要意义。面对当前世界百年未有之大变局,面对国际竞争形势,我们应该持续推进科教兴国战略,把科学教育上升到国家战略高度,勇担科学教育的使命。目前,我国的科学教育研究还比较薄弱,需要更多的青年学者投身科学教育研究工作,推进我国科学教育学科建设和中小学科学教育质量提升。

林长春

重庆师范大学科技教育与传播研究中心教授
中国教育学会科学教育分会副理事长
中国青少年科技教育工作者协会科学教师教育专委会主任委员
2023 年 4 月 28 日

目　录

第一章
核心素养的概念与本质

  2014年3月，我国教育部印发的《关于全面深化课程改革　落实立德树人根本任务的意见》，首次在官方文件中提出"核心素养"，文件指出"将组织研究提出各学段学生发展核心素养体系，明确学生应具备的适应终身发展和社会发展需要的必备品格和关键能力"，并"依据学生发展核心素养体系，进一步明确各学段、各学科具体的育人目标和任务，完善高校和中小学课程教学有关标准"。这一文件拉开了我国深化课程改革的序幕，也明确了要以发展学生核心素养作为深化课程改革的目标。此后，"核心素养"成为我国教育领域研究的热点和重点。

  在明确了核心素养的定义，即"核心素养是学生在接受相应学段的教育过程中，逐步形成的适应个人终身发展和社会发展需要的必备品格和关键能力，是知识、技能和情感态度价值观的综合体"之后，教育研究者和实践工作者似乎普遍接受了核心素养是"综合能力"这一说法，并默认了核心素养"可教"。然而，对核心素养的本质探讨以及"如何教"似乎更多地停留于哲学和经验层面，缺少对这个外来概念的源头与发展背景的追踪，影响了对核心素养本质的理解。本章尝试从"素养""核心素养"的起源与发展背景以及核心素养与"关键能力""科学素养""科学学科核心素养"的关系出发，对核心素养的概念和本质进行探讨，以期能促进正确理解核心素养的概念。

第一节 什么是素养？

一、素养的词义溯源

目前，国内使用的"素养"一词主要来自对国外相关词汇的翻译。比如科学素养（scientific literacy）中"literacy"译为"素养"，在国内使用较早，也较普遍。当然，也有学者将其译为"知能"。[①] 1981 年，布兰斯科姆（Branscomb）分析了"literacy"的英文词根，将其定义为"具有读、写和理解人类系统知识的能力"。[②] 在国外，"reading literacy""information literacy"等使用较多；在国内，基本都以"阅读素养""信息素养"等整体的形式出现，对单独的"素养"内涵关注比较少，其内涵相对较为模糊。在国际学生评估项目（Programme for International Student Assessment，简称 PISA）测试中，经济合作与发展组织（The Organization for Economic Co-operation and Development，简称 OECD）对"素养"（literacy）的独创性界定是：学生在主要学科领域应用所学知识和技能，在问题出现时分析、推断和有效交流以及在不同情境中解释和解决问题的能力。[③] PISA 测试的"素养"，"比传统意义上的读、写、算能力更广泛，而且它是在一个连续体上测量的，而不是测量个人非有既无的东西"。从这一点来看，素养（literacy）的含义已经远远超越传统意义上的读写算，而表现为应用知识和技能来解决问题的综合能力。

近几年，由于"核心素养"（key competencies）这个概念的引入，"素养"一词主要对应英文中的"competence"或"competency"，法语中的"compétence"。在国外，对"competencies""competence"和"competency"的使用较为混乱，在国内目前基本都译为"素养"。"competence"源于拉丁文"cum"（with）和

① 林崇德. 21 世纪学生发展核心素养研究［M］. 北京：北京师范大学出版社，2016：27.

② BRANSCOMB A W. Knowing how to know［J］. Science Technology & Human Values, 1981, 6 (36)：5 - 9.

③ OECD. PISA 2006 Science competencies for tomorrow's world(Vol. 1)［Z］. Paris: OECD, 2007：18 - 20.

"petere"(to aspire)，指伴随着某件事或某个人的知识、能力与态度。也有人将此拉丁文解释为"认知"(cognizance)的察觉和"责任"(responsibility)的态度，指欲达到特定目标所具有的知识、能力、熟练度、技能与态度。[①] 在《新牛津英汉双解大词典》中，"competency"指"成功或有效地做事的能力"，也指"个体或团体的知识与能力范围"。总体来看，与技能相比，"competency"一词包含的内容更为丰富，不仅包含知识、能力，也含有态度和经验等成分。从单复数使用来看，"competency"指的是一种整体意义的素养，而"competencies"指从教学和测量的角度出发，对整体素养的一种分割，强调每个单独的素养或综合能力。比如 PISA 科学评价项目所界定的"scientific competencies"包括三种综合能力，在国内被翻译为"科学能力"，就是从测量的角度对整体素养的分割或分类。

二、素养教育的发展背景

从国外文献来看，"competence"一词在欧美国家有较长的历史，且 20 世纪 90 年代在人力资源管理领域的文献中占有主导地位，强调其作为关键的组织资源在竞争中的价值。这与当时欧洲的社会发展紧密相关。首先，技术变革以及民主需求使人力资源发展机构在职学习和适应性训练显得十分迫切，供应驱动的传统教育系统被需求驱动的教育模型所替代，这种模型支持职业教育与训练的产出，即基于素养的教育；第二，在欧洲，终身学习政策强调的正式学习和非正式学习导致对素养的确认和合法化，很多欧盟成员国开始将默认的技能合法化；第三，对"社交性欧洲"的支持更加强调学习的结果而不是在学习机构的学习投入，这就拓宽了学习的路径，使一些很少有机会接受正式教育和培训的人能够在经历中学习，从而获得上升的机会。在这样的背景下，欧洲各国通过构建统一的职业素养水平制度，来鉴定劳动市场的技能与资格水平，提升劳动市场的灵活性，同时借助于素养实现传统教育、职业训练和经验发展的整合。从这个意义上来看，基于素养的教育是欧洲社会发展的必然产物，是人力资源管理、职业教育与培训领域发展的必然路径，强调学习的结果而非输入，承认学习者的先天差异、肯定非正式学习和默会知识的价值。

[①] 林崇德. 21 世纪学生发展核心素养研究[M].北京:北京师范大学出版社,2016:25.

三、素养的内涵

随着素养(competence)导向的教育发展，各国教育部门和学者对其概念和内涵进行了一定的探讨。1987 年英国继续教育部(Further Education Unit)将素养定义为"成功表现所需的知识、技能和态度经验的发展"。1992年，澳大利亚的梅耶(Mayer)委员会采用的定义是"素养是一种基于知识及其理解和技能的表现，涉及在一个给定情境下做出表现并能将知识与能力迁移到新情境"。[①] 比利时的教育家易克萨维耶·罗日叶(Xavier Roegiers)将其界定为"对于个体而言，为了解决某一情境问题以内化的方式调动一套整合了的资源的可能性"。[②,③]2005 年 OECD 在其报告中将素养界定为"特定情境中利用和调动心理社会资源(包括技能和态度)以满足复杂需要的能力"。例如，有效交往是一种素养，一个人在交往过程中既要使用语言知识、实用性信息技能，同时还包含着其对交往对象的态度。[④] 新西兰的学者认为素养可以被理解为那些我们已经具有或者可能想要获得的东西，是一个终点而非过程，描述了一个人应具备什么；[⑤]并指出素养可以通过特定情境下的行为、行动或选择显现出来，这些行为、行动或选择可以被观察或者测量，但这些表现所隐含的素养以及作用于素养的多种因素只能通过推测获得。[⑥] 我国台湾学者陈伯璋等认为，"素养"是一种构念，是一种根据学理建构的理论构念或理念，指个人为了发展成为一个健全个体，必须透过教育而学习获得的因应社会之复杂生活情境需求所不可欠缺的"知识""能力"与"态度"。[⑦] 1996 年，欧

---

① HAWORTH D, BROWNE G. Key competencies [EB/OL]. Second Edition. [2023 - 03 - 24]. http://files. eric. ed. gov/fulltext/ED351443. pdf.

② 易克萨维耶·罗日叶. 整合教学法：教学中的能力和学业获得的整合[M]. 第二版. 汪凌，译. 上海：华东师范大学出版社，2010：51.

③ 在罗日叶的著作中使用"compétence"一词，在汪凌的译本中将其译为"能力"，而从内涵来看，与国内目前流行的"素养"类似，且对应英文为"competence"，故此处使用"素养"。

④ OECD. The definition and selection of key competencies(executive summary)(2005) [EB/OL]. [2023 - 03 - 24]. http://www. oecd. org/dataoecd/47/61/35070367. pdf.

⑤ HIPKINS R. Competenies or capabilities: what's in a name? [J]. Set: Research Information for Teachers, 2013, 3(3)：55 - 57.

⑥ HIPKINS R & BOYD S & JOYCE C. Documenting learning of the key competencies: what are the issues?[R]. Wellington: New Zealand Council for Educational Research, 2005：7.

⑦ 蔡清田. 台湾十二年国民基本教育课程改革的核心素养[J]. 上海教育科研，2015(4)：5 - 9.

洲关于素养的一份专题研讨报告指出,由于各国语言存在差异,对素养的界定并不完全相同,但基本认可素养强调的是"知道怎样",而非仅仅"知道是什么";并指出素养是一种一般能力(general capability),由基于个人教育实践所形成的知识、经验、价值观、倾向等发展而来。① 该报告同时指出,素养和表现不同,表现是在一个给定的情境下做事,显示出某种素养或能力以及行动的倾向或潜能,表现是可观察的,而素养无法观察,只能通过观察到的行为表现进行推理。② 我国也有学者指出,素养可能是不可测的,可测的是具体的学习结果或学业质量,素养只能是学业质量评价后的推论,是一种理论构念,而不是具体实在③。

2002 年,美国教育部和国家教育统计中心(The National Center for Education Statistics,简称 NCES)联合发布一项研究报告中,研究小组最终采用的素养定义是"素养是个体在完成一项具体任务中所需的技能、能力和知识的组合"。④ 在报告中,研究小组对相关概念的层级结构进行了界定和分析,尝试为研究和评价提供清晰的框架,如图 1-1 所示。

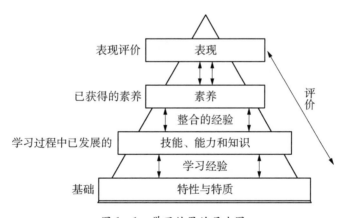

图 1-1 学习结果的层次图

① WALO, H. Key competencies for Europe [R]. Berne: Council for Cultural Cooperation, 1996:4.
② WALO, H. Key competencies for Europe [R]. Berne: Council for Cultural Cooperation, 1996:5.
③ 崔允漷. 素养:一个让人欢喜让人忧的概念[J]. 华东师范大学学报(教育科学版),2016,34(1):3-5.
④ U.S. Department of Education, National Center for Education Statistics. Defining and assessing learning: exploring competency-based initiatives, for the Council of the National Postsecondary Education Cooperative Working Group on Competency-Based Initiatives [R]. Washington, DC, 2002:7.

在该模型中,特性与特质(traits and characteristics)是学习的基础,是个体内在组成成分,个体正是基于这样的内在成分来进行学习,经历不同的学习过程,获取不同水平和种类的知识与技能;技能、能力和知识(skills, abilities and knowledge)通过学习经历发展而来,这些经历包括学校、工作、社会参与等各方面的经验;素养(competencies)是相关工作中知识、技能和能力与个体特质相互作用的结果,是个体学习经验的整合;表现(demonstrations)是应用素养的结果,在这一水平上表现(performance)可以被评价。该研究还指出,素养可以成为资格获取和劳动雇佣的依据,对拓展高等教育(postsecondary)学习结果的范围有一定的贡献。一个单独的素养可以以多种不同的方式被使用,比如,测量距离对于职业高尔夫选手和勘测人员都十分重要,虽然这两项任务中可能涉及不同的测量技能,但在表现测量中涉及的无关技术和方法的技能应该产生相同的结果。在不同的情境下,素养有其不同的功用。①

综上所述,关于素养可以建立以下认识:①素养本质上是一种与知识和情境紧密联系的(潜在)综合能力,是知识、技能、经验、态度价值观的综合体,是一种理论构想;②素养是行为或表现发生的内在因素,与行动的可能性分不开,具有明确的方向指向,即具有一种社会的有用性。比如对学习者而言,为了在学业实践中或者在日常生活中完成某份作业、进行某一行动或解决某一问题,学习者调动自身具有的知识、技能、经验、态度等一切资源,而这些作业、行动或有待解决的问题对于学习者而言,具有一定的社会意义;③素养必定是在一定情境下呈现出来的,因此素养可能具有一定的领域性或学科性特征。比如,自然科学研究者在解决科学问题过程所调动的知识、技能与经验等必然和社会科学研究者所调动的知识、技能与经验不同,当然也可能含有某些共同的成分;④素养不能直接观察,但行为或动作上的外在体现可观察,因此素养的评价只能通过观察到的表现进行推测;⑤为了教学或测量,研究者常常将素养解构或分割成各种能力或单个意义上的素养。

本书中的素养指在一定情境下能够表现出来的一种(潜在)综合能力,是

---

① U.S. Department of Education, National Center for Education Statistics. Defining and assessing learning: exploring competency-based initiatives [R]. Washington, DC: the Council of the National Postsecondary Education Cooperative Working Group on Competency-Based Initiatives, 2002:9.

知识、技能、经验、态度价值观的综合体。这一素养既可以从整体上将其理解为一个抽象的概念，也可以理解为具有一定的领域性或学科性特征，能够根据教学或测量等研究目的进行解构的一系列一般能力、学科素养或能力等。

第二节 什么是核心素养？

一、核心素养的词义溯源

"核心素养"这个概念来自欧洲，对应英文"key competency"或"key competencies"，在国外，对"competencies""competence"和"competency"均有使用，在国内目前基本都译为"素养"。"key"在英语中有"关键的""主要的"等含义，"competency"本意为"资格""能力"，因此，也有学者将其译为"关键能力"或"关键素养"。除此之外，国外使用的"key skills""core competencies""core skills""transversal competence""general capabilities""global competencies""21st Century Skills"等也被译为或等同为核心素养，因此，有学者指出，核心素养不是一个种概念，而是一个类概念，或者说它是一个族词。[①]

虽然国人对核心素养的了解多始于 OECD 发布的报告《素养的界定与遴选：理论和概念基础》（*Definition and Selection of Competencies：Theoretical and Conceptual Foundations*，简称 DeSeCo）以及 PISA 测试，但实际上从用词来看，核心素养的本源可以追溯至关键能力。"关键能力"同样是一个外来概念，由于各个国家用词不同，对应英文有"key competencies""key skills""core competencies""core skills""essential skills"等。在西方国家，关键能力的用词与核心素养的用词基本相同，且与素养、核心素养出现在同一时期；在国内，早期则主要出现在职业教育领域，且基本都是对国外相关内容的介绍与分析。有学者指出，关键能力侧重于职业教育领域，强调对职业变化的适应能力，是职业技能和从业能力的综合，主要体现了其工具性，它与核心素养有

---

① 崔允漷.追问"核心素养"[J].全球教育展望,2016,45(5):3-10.

一定的关联性,但只能代表核心素养的"技能"部分。实际上,从关键能力的界定和内涵来看,与核心素养并无二致。可以说,关键能力是核心素养的"前身",它在西方发端于人力资源管理,20世纪八九十年代在职业教育中占主导地位,并使英国实现了职业教育和普通教育的双轨融合。在国内,20世纪末和21世纪初的文献主要侧重于介绍德国、英国和澳大利亚等国家在职业领域的"关键能力",之后陆续有国外普通教育领域"关键能力"的介绍。随着PISA测试在国内获得热议以及2014年3月我国教育部印发《关于全面深化课程改革 落实立德树人根本任务的意见》,"核心素养"才正式成为我国深化课程改革的指导理论。

二、核心素养的内涵

1. 核心素养是个体适应发展的关键素养,具有跨学科(情境)性和综合性

OECD的DeSeCo项目指出,为了应对当今复杂的社会挑战,个体需要具备大量的素养,然而适应不同情境的素养种类繁多,不可能一一列出,因此选择一些十分关键的素养就十分有意义,这就是核心素养产生的缘由。DeSeCo项目指出,每一个核心素养均需满足三个条件:①对个体和社会产生有价值的结果;②能帮助个体在多样的情境中满足重要的需要;③对所有人都重要,而不局限于对专家。① 由此来看,在DeSeCo项目中,核心素养是指那些对个体和社会发展都十分重要的素养,是知识、技能和态度的综合体,可以通用于多种情境。同时,DeSeCo项目也指出,反思是核心素养的"心脏",实际上体现了发挥个体主动性和参与性的必然。欧盟的文件中指出,核心素养是一系列知识、技能和态度的集合,是可迁移的、多功能的,②这些素养是个体自我发展、胜任工作以及融入社会所必须具备的,并说明核心素养应该在完成义务教育时得以具备,为终身学习奠定基础。美国21世纪技能联盟(Partnership for 21st Century Skills)发布的21世纪能力框架指出,该框架描述的是学生

---

① OECD. The definition and selection of key competencies(executive summary)(2005)[EB/OL]. [2023-03-24]. http://www.oecd.org/dataoecd/47/61/35070367.pdf.

② European Commission/EACEA/Eurydice. Developing key competences at school in europe: challenges and opportunities for policy[R]. Luxembourg: Publications Office of the European Union, 2012.

成功应对未来生活和工作所必须具备的知识、技能和经验，它是知识、具体技能、专业知识和素养的整合。① 新西兰课程网站指出，核心素养是人们现在和将来生活、学习必须具备并不断发展的能力（capabilities），它比技能要复杂得多，涉及能够指导我们行动的知识、技能、态度和价值观。② 在我国，2014 年 3 月，教育部印发的《关于全面深化课程改革落实立德树人根本任务的意见》首次在官方文件中提出"核心素养"，文件指出，"将组织研究提出各学段学生发展核心素养体系，明确学生应具备的适应终身发展和社会发展需要的必备品格和关键能力"。实际上这就默认了核心素养面向学生终身发展和社会，是必备品格和关键能力，是知识、技能、态度价值观的整合。

虽然各国描述核心素养的用词不同，比如美国的"21st Century Skills"，OECD 和新西兰的"key competencies"，英格兰的"key skills"，澳大利亚的"general capabilities"，加拿大的"global competencies"等，但基本都表达了相同的含义，即核心素养是学生终身发展和适应未来社会必须具备的关键能力和品质，是知识、能力和态度等的整合，而这些"关键"的背后所表达的是该素养的"通用性"或"可迁移性"，即可以通用于或迁移到多个情境当中。

2. 核心素养指向未来生活与发展，但未必是基础素养

有研究者指出，核心素养是"高级素养"，不是"低级素养"，甚至也不是"基础素养"；③也有研究者指出，核心素养之"核心"应当是基础，是起着奠基作用的品格和能力等。④ 由于每个研究者的视角不同，且对具体概念的界定不清，往往得出不同的结论，比如以上两位研究者对"基础"的理解就不同。

什么是基础素养？倘若借用心理学上区分学习障碍儿童和正常儿童的"基本能力"概念，表现为在知视觉、语言、社交、理解、行为、运动和感觉—运动七个方面不存在障碍，⑤能满足基本生活需要，比如我们平常所说的身体健康、能正常进行语言交流或读写算等基本技能或素质，那么，基础素养就必然

① The Partnership for 21st Century Learning. P21 Framework Definitions［EB/OL］.［2023 - 05 - 11］. https://www.battelleforkids.org/networks/p21/frameworks-resource.
② The New Zealand Curriculum Online. Key competencies［EB/OL］.［2023 - 05 - 11］. https://nzcurriculum.tki.org.nz/Key-competencies.
③ 褚宏启.核心素养的概念与本质［J］.华东师范大学学报（教育科学版），2016，34（1）：1 - 3.
④ 成尚荣.基础性.学生核心素养之"核心"［J］.人民教育，2015（7）：24 - 25.
⑤ 张雨青，林薇，张霞.学习障碍儿童的基本能力特征［J］.心理发展与教育，1995（3）：59 - 64.

属于"非核心"的范围,但"非核心"素养显然范围更广。倘若我们将基础素养界定为儿童进一步适应社会所必须具备的最基本素养,比如,儿童的身心健康、语言表达、社会性发展、坚持性、独立性等指向儿童未来成长与终身可持续发展的学习基础素养,[①]那么,基础素养就应该划归"核心"的范围,而实际上是核心素养在小学阶段的具体体现。显然,对基础素养的不同界定导致了对核心素养的不同理解。在此,本书较为认可后一种界定。第一种对基础素养的界定过于狭窄,仅仅局限于满足基本的正常生活,而非面向儿童的未来生活,与素养的内涵有一定差异。此处的"基础"更加强调其作为"地基"的作用,要保证后期学习发展过程中能够建立更多更厚重的东西。因此,基础素养可以被认为是素养发展的早期描述,面向现阶段的儿童和基础教育。从这一点来看,基础素养与核心素养虽然有重合,但是两种不同分类方法下对应的素养,基础素养更加强调"基础",而核心素养更加强调未来"通用"。

3. 认知领域的核心素养是高阶素养

人们通常将布卢姆认知领域教育目标分类的记忆、领会、应用[②]认为是低阶思维,分析、综合和评价认为是高阶思维。以高阶思维为核心,解决劣构问题或复杂任务的能力可以归为高阶素养,比如创新、决策、批判性思维、信息素养、团队协作、获取隐性知识、自我管理等;[③]对应的,以低阶思维为核心,解决良好结构问题或简单任务的能力归为低阶素养,比如,背诵、在给定情境中使用已知公式或原理直接解题等。有研究指出,"核心素养"中的"核心"应该是修订的布卢姆认知教育目标分类中达到运用以上水平的概念性知识。[④] 倘若将学习结果仅局限于认知领域,那么,"核心素养"就应该是"高阶素养"。但也有研究者指出,如果生成于复杂情境,"记忆"就能成为发现问题和解决问题过程中信息筛选和提取的行动策略,这样的"记忆",属于高阶思维。[⑤] 由

---

① 贾炜."零起点"政策背景下的儿童学习基础素养[J].中国教育学刊,2015(3):7-10.
② 安德森等对布卢姆认知教育目标分类进行了修订,修订后的认知目标同样分为六个层次,分别是记忆、理解、运用、分析、评价和创造。具体内涵请参考安德森等编著的《布卢姆教育目标分类学(修订版)》。
③ 钟志贤.促进学习者高阶思维发展的教学设计假设[J].电化教育研究,2004(12):21-28.
④ 陈刚,皮连生.从科学取向教学论看学生的"核心素养"及其体系构建[J].湖南师范大学教育科学学报,2016,15(5):20-27.
⑤ 杨九诠.学科核心素养与高阶思维[N].中国教育报,2016-12-21(09).

此来看,所谓低阶高阶似乎没有绝对的界限,而要看是否生成于情境,具有建构意义。根据前面分析,素养本身就与一定情境相联系,所以,以认知目标分类作为低阶和高阶的分类依据更加有利于操作和实践把握。而且,从高阶素养的内容来看,的确与目前提出的核心素养框架具有一定的相似性,因此可以说,认知领域的核心素养属于高阶素养。当然,高阶素养一定是在低阶素养的基础上发展起来的。比如,美国的"21世纪能力"就是在"低阶认知能力"的基础上强调了"高阶认知能力"的培育。[1]

4. 核心素养与学科素养不同

有学者指出,学科核心素养[2]既是一门学科对人的核心素养发展的独特贡献和作用,又是一门学科独特教育价值在学生身上的体现和落实。也有研究者指出,任何学科都有其对于核心素养发展的共性贡献与个性贡献。以科学学习领域为例,学科素养主要包括科学观念与应用、科学思维与创新、科学探究与交流、科学态度与责任四方面,在科学教学中发展学生的学科素养,同时也发展学生与人交流、批判性思维和创造性思维等核心素养。因此,学科素养既有属于"核心"的成分,也有属于"非核心"的成分。这些"非核心"素养并非不重要,只不过它们指向有限生活情境(复杂程度较低),在具体领域或情境下更重要,在整体性和通用性上略显不够。新西兰学者在对科学课程中的素养进行研究后指出,核心素养和基本学习领域之间是一种互惠的关系。他们认为,在现实生活中,人们不可能一次只使用一个素养,而应该将核心素养和学科素养组合使用。

三、核心素养的分类

21世纪以来,为应对时代变化与未来发展的需要,许多国际组织和国家致力于发展本地区或国家的核心素养框架。有研究对全球29个核心素养框架中的素养条目进行梳理,共得到两个范畴18项素养(见表1-1),[3]以下将

---

① 钟启泉.基于核心素养的课程发展:挑战与课题[J].全球教育展望,2016,45(1):3-25.

② 国内对于"学科素养"和"学科核心素养"两种提法均有且内涵相同,因此有学者反对使用"学科核心素养",而建议使用"学科素养"。

③ 师曼,刘晟,刘霞,等.21世纪核心素养的框架及要素研究[J].华东师范大学学报(教育科学版),2016,34(3):29-37.

借用该结果进一步探析核心素养的内涵。

表 1-1 由 29 个素养框架中提取的 18 项核心素养

维　度	核　心　素　养
领域素养	基础领域:语言素养、数学素养、科技素养、人文与社会素养、艺术素养、运动与健康素养
	新兴领域:信息素养、环境素养、财商素养
通用素养	高阶认知:批判性思维、创造性与解决问题、学会学习与终身学习
	个人成长:自我认识与自我调控、人生规划与幸福生活
	社会性发展:沟通与合作、领导力、跨文化与国际理解、公民责任与社会参与

资料来源:师曼,刘晟,刘霞等.21 世纪核心素养的框架及要素研究[J].华东师范大学学报(教育科学版),2016,34(3):29-37.

　　该研究将 18 项核心素养分为领域素养和通用素养两个维度。领域素养与某个特定内容领域密切相关,通用素养指超越特定领域的素养,分为高阶认知、个人成长和社会性发展三个方面。根据前面的分析,核心素养的本质属性是"通用性",因此该研究中所谓的 18 项核心素养并不全是"核心",其所指的领域素养应该是我们所说的学科素养,而通用素养才是我们所说的核心素养。根据该研究,沟通与合作、信息素养、创造性与问题解决、自我认识与自我调控、批判性思维、学会学习与终身学习、公民责任与社会参与等七大素养受到各国际组织和经济体高度重视,而这些素养基本都属于通用素养维度。新兴领域的信息素养之所以受到重视,原因是信息技术已不再仅仅是某个职业领域应该具备的素养,而成为 21 世纪适应社会发展、与人交流合作以及进行社会参与必须具备的素养,既是领域素养,也是通用素养。人生规划与幸福生活、领导力、跨文化与国际理解三个通用维度的素养之所以未受到足够重视,是因为核心素养是针对个体适应终身发展和社会发展而提出的,各个国家的社会发展水平和民主程度不同,对这些素养的认识与重视程度也就不同。

　　以科学取向教学论的视角来看,各国核心素养框架基本都包含了加涅学习结果分类的智慧技能(相当于布卢姆教育目标分类中概念性和程序性知识达到运用水平以上)和认知策略,以及人际交往和与未来社会发展相关的因素(比如信息素养)。显然,从适应个人终身发展和社会发展需要这一目的出发,各国核心素养不仅涉及个人认知领域的高阶思维,还拓展了认知心理的视野,将与个体发展相关的社会与文化因素纳入学习结果。

美国 21 世纪技能评价委员会(Committee on the Assessment of 21st Century Skills)对美国国家研究理事会(National Research Council,简称NRC)提出的 5 项 21 世纪技能①进行分析后,将其归为三类,分别是认知技能(cognitive skills)、人际技能(interpersonal skills)和个人内省技能(intrapersonal skills),其中认知技能领域包括解决非常规问题、批判性思维、系统思维;人际领域包括复杂交流、社交技能、小组协作、文化敏感性、处理多样性;个人内省领域包括自我管理、时间管理、自主发展、自律、适应能力和执行功能。②

OECD 将核心素养分为三类,分别是互动地使用工具、在异质团体中的相互作用和自主行动。其中,互动地使用工具主要包括交互使用语言符号和文字、交互使用知识与信息以及交互使用技术;在异质团体中的相互作用包括与别人融洽相处、团队协作和管理与解决冲突,自主行动包括复杂情境中行动、形成并执行生活计划与个人项目的能力以及维护权利、坚持兴趣、明确界限与需求。③

我国有研究者梳理了关于"素质""能力""素养"的描述之后,将核心素养概括为"基础性素养""认知技能""社会技能"三种构成要素,分别是:①基础性素养,包括读写能力、数学能力、处理 ICT 之类的语言、数学、信息;②认知技能,以批判性思维与学习方式的学习为中心;③社会技能,社会能力、自我管理能力等同他者与社会的关系以及其中有关自律性的社会技能。④ 其中,读写能力既是一种基础性领域能力,也是一种通用能力。

根据国际核心素养框架、核心素养本质及其分类的分析,本书认为可以将

① 在美国有多个组织提出了 21 世纪技能,国内多介绍的是由 21 世纪技能联盟(Partnership for 21st Century Skills)提出的 21 技能框架,而在美国使用较多的还有由国家理事会 2008 年提出的 21 世纪技能,包括适应性、复杂交流技能、解决非常规问题、自我管理或自我发展、系统思维五项能力。

② National Research Council (US) Committee on the Assessment of 21st Century Skills. Assessing 21st century skills: summary of a workshop [M]. Washington: National Academies Press, 2011:2.

③ OECD. The definition and selection of key competencies(executive summary)(2005) [EB/OL]. [2023 - 03 - 24]. http://www.oecd.org/dataoecd/47/61/35070367.pdf.

④ 钟启泉.学科教学的发展及其课题:把握"学科素养"的一个视角[J].全球教育展望,2017,46(1):11 - 23.

核心素养分为四类:第一类为认知领域(cognitive competencies),主要涉及利用概念、原理和规则等解决问题和批判性思维;第二类为个人内省领域(intrapersonal competencies),涉及对学习的监控与调节,包括情绪和自我效能的管理、时间管理、方法管理、过程监控等;第三类为交际领域(interpersonal competencies),涉及与人交往、参与共享、国际理解、领导力等方面的知识和技能;第四类为工具领域,主要指 21 世纪社会发展息息相关的信息技术素养,包括应用技术获取、处理与呈现信息等,同时,考虑到读写能力(或阅读)、计算能力(或数学能力)被部分国家列为核心素养,也可以将其作为一种工具素养列入这一领域。

第三节　核心素养与相关概念的辨析

一、核心素养与关键能力

1. 关键能力的提出背景

"关键能力"最早由德国劳动力市场与职业研究所所长梅腾斯(D. Mertens)于 1972 年提出,主要是为了应对科技发展所引起的经济结构改变和劳动力市场的深刻变化。当时,职业更换加快,工作管理与组织从纵向的等级制转变为以横向的团队合作为特征,强调非集权化的组织和管理,每个员工不再固守僵化的技术分工;工作内容从计划与实施、动脑与动手分离的机械劳动转变为计划与实施、动脑与动手结合的创造性劳动。这就要求职业教育培养具有适应性、团队合作意识和积极参与的新型工人,既懂操作又通晓生产过程的基本原理,具备创造性、全局和系统思考的能力以及解决问题的能力。关键能力的概念基于这样的设想,即存在这样的能力,它们对人生历程的各个方面如职业生涯、个性发展和社会存在起着关键性的作用。当职业发生变更或者当劳动组织发生变化时,劳动者所具备的这些能力依然起作用。

2. 关键能力的内涵

梅腾斯对关键能力的定义是"那些与一定的专业实际技能不直接相关的知识、能力和技能,它更是在各种不同场合和职责情况下做出选择判断的能力,胜任人生生涯中不可预见各种变化的能力"。他还提出了关键能力结构模型,包括基础能力、职业拓展性能力、信息获取和加工能力以及时代关联性要素。梅腾斯的关键能力概念和能力结构模型在德国和西方国家引起了强烈反响,各国学者和官方纷纷提出自己的关键能力模型。比如英国自 1979 年开始先后有十多个机构提出或修订关键能力模型,其中包括英国资格与课程局(Qualifications and Curriculum Authority)于 1999 年提出并使用到现在的关键能力框架,包括交流、数字应用、信息技术、与人合作、学习与业绩的自我提高和问题解决六项。虽然各国学者对关键能力内涵的解释不完全相同,但其基本精神是一致的,基本都认可关键能力是一种综合能力或素质,认为关键能力应该具有通用性或可迁移性。解决问题、与他人交流合作、应用技术、计算等能力是各国学者和机构一致强调的能力。

3. 关键能力是核心素养的"前身"

从出现背景来看,关键能力是个体适用社会经济结构改变和劳动力市场所必须具备的能力,是核心素养的"前身"。在西方发端于人力资源管理,20世纪八九十年代在职业教育中占主导地位,并使英国实现了职业教育和普通教育的双轨融合,在国内多用于职业教育领域。从内涵来看,关键能力是一种综合能力,强调对未来职业变化和社会经济发展的适应,是知识、技能、经验和态度价值观的综合,而非仅仅局限于技能。关键能力的核心属性是其通用性或可迁移性,符合这一属性的关键能力不仅包含个体认知领域的综合能力,比如解决问题,还涉及个体与他人交往合作的能力以及与新时代因素相关的能力,比如使用信息技术。有研究就指出,职业教育和培训中的关键能力必须包含认知、情感和元认知三个领域,因为每一个对于工作表现都十分关键。

由此可以看出,核心素养与关键能力具有相似性。本质上都是一种适应未来社会发展的综合能力,只是关键能力的范围局限于职业教育,而核心素养的范围更为广泛。但无论是核心素养还是关键能力,其核心属性都是通用性或可迁移性。同时,核心素养与关键能力所涉的领域也都不局限于个人认知领域,还要涉及个体元认知、情感态度、人际交往领域以及与未来社会相关的因素。

二、核心素养与科学素养

"科学素养"(scientific literacy)是科学教育领域的一个重要词汇,在各国科学课程标准或大纲中经常被提及,是科学教育的目标。"科学素养"是伴随20世纪五六十年代美国"课程改革运动"出现的。1958年赫德(Hurd,P)将这一概念用于基础教育领域。他认为,当时的科学课程是学科本位和职业本位的,而不是为了培养有社会责任和有科学素养的公民,但为了全体人的"社会进步和经济安全",每个人都应该具备"科学素养"。① 可以看出,当时赫德已经开始关注科学内容的社会化。20世纪60年代中期,美国的佩勒(Pella)等人首次对科学素养概念进行了综合概括,该研究揭示了科学素养的六个范畴:概念性知识、科学的本质、科学和技术、科学和人文、科学伦理、科学和社会的关系,②初步确立了科学素养的基本框架。之后,对科学素养的研究越来越多,对其概念界定与框架内容构建也呈现出多样的形态。我国学者钟启泉对美国理科课程改革运动进行分析后指出,"科学素养"的内容在逐渐扩充,理科教学的科学素养观开始注重"科学与社会""科学与人文""科学与技术"各范畴,而早期占主流地位的、以为只要充分理解科学上的概念及探究方法便具备完美的公民素质的认识逐渐衰退了。③ 郭元婕博士认为,科学素养内涵的扩展是一个历史的过程,起初对科学素养内容的描述停留在经验的基础上,基本是一种经验的总结和概括,之后又出现从不同层次上和基于不同功能的界定与描述,直到米勒(Miller)在此基础上对其进行了一定的概括。④ 米勒将科学素养概括如下:对科学规范和科学方法的理解;对主要科学概念和科学术语的理解;认识并了解科技对生活的影响。⑤ 冯翠典对国外科学素养的结构的历史发展进行了梳理总结,他认为20世纪90年代研究者对科学素

① HURD P D. Science literacy: its meaning for American schools [J]. Educational Leadership, 1958 (10):13 - 16,52.
② PELLA M O, O'HEARN G T, GALE C W. Referents to scientific literacy [J]. Journal of Research in Science Teaching, 1966,4(3):199 - 208.
③ 钟启泉. 国外"科学素养"说与理科课程改革[J]. 比较教育研究,1997(1):16 - 21.
④ 郭元婕. "科学素养"之概念辨析[J]. 比较教育研究,2004(11):12 - 15.
⑤ MILLER J D. Scientific literacy: a conceptual and empirical review [J]. Daedalus, 1983,112(2): 29 - 48.

养结构的理解达到了一种综合平衡,将科学素养按照科学内容、科学过程和科学情境等多方面看待,以美国《科学素养的基准》和 OECD 对科学素养的界定最具代表性;21 世纪科学素养的结构逐渐趋于成熟。[①]

从科学素养概念与结构的发展过程可以看出,科学素养的具体内容随社会与科技发展而处于一个动态的发展过程,但总体趋势表现为内涵更加丰富,内容更加多样,更加关注科学与社会人文的关系。由于不同研究群体的研究目的和关注的焦点不同,对科学素养的界定出现了多种描述。本书从学校科学教育的角度出发,主要将科学素养的界定者锁定在科学教育工作者和国际上的相关教育机构。

1996 年,《美国科学教育标准》(*National Science and Education Standards*,简称 NSES)指出,具备科学素养意味着能基于自己的好奇心从日常生活中提出问题、发现或解决问题;有能力描述、解释和预测自然现象;能根据需要阅读并理解新闻媒体中与科学相关的材料,能正确地开展科学交流;能识别国家和地方决策中的科学事务,有依据地表达自己关于科学和技术的见解;能从科学信息的来源、获取科学信息的方法着手来评价它的质量;能基于事实提出讨论和评价的观点,并适当地应用从中得出的结论[②]。这一描述主要从实用性或功能性的角度展开,不要求学生掌握多少基本的概念,但要求学生在科学学业获得的基础上能解决日常生活中的科学问题,体现的是科学与生活和社会的关系。2013 年,美国科学教师协会(the National Science Teacher Association,简称 NSTA)颁布了《新一代科学教育标准》(*The Next Generation Science Standards*,简称 NGSS),该标准并未对科学素养再次给予界定说明,却提出学校科学教育要思考反映当代科学实践的智慧和文化传统,教学重点应放在核心思想和实践活动方面,科学实践能力成为重要的课程目标。总体来看,美国对科学素养的界定十分关注其实践能力,即应用科学知识、方法和价值观解决日常生活以及社会生活中科学问题的能力,强调掌握科学的核心思想,实际上追求的是一种学业获得的整合。

---

① 冯翠典.科学素养结构发展的国内外综述[J].教育科学研究,2013(6):62-66.

② National Research Council(NRC). National science education standards [S]. Washington, DC: National Academic Press, 1996.

2017 年,我国颁布的《义务教育小学科学课程标准》指出,[①]科学素养是指了解必要的科学技术知识及其对社会与个人的影响,知道基本的科学方法,认识科学本质,树立科学思想,崇尚科学精神,并具备一定的运用它们处理实际问题、参与公共事务的能力。王晶莹等通过对 8 个国家和地区的科学课程标准中科学素养的描述进行分析,得到出现最高频次的因素为科学素养基本因素,包括科学内容、科学探究和科学认识三个层面,其中科学内容包括科学知识与科学方法,科学探究包括基本技能与过程技能,科学认识包括科学本质与科学态度,他们称其为学生科学素养构成要素。[②] 蔡铁权教授认为,尽管各国对科学素养概念的内涵有不同的理解,但科学素养的核心内容则是基本一致的。[③]

综合以上分析,科学素养是国际上通用的科学学科(或学习领域)的一个概念,主要描述学生通过科学学习应该具备的相关科学知识、科学能力和态度价值观,具备理解和参与和科学相关的事件的能力,这一概念随人类社会的发展内涵不断丰富,尤其在科学技术日益重要的时代,对学生科学素养的要求越来越高,而且更加关注实践能力。与核心素养相比,科学素养的范围明显局限于科学学习领域,属于学科素养的范畴。不论从科学素养的发展渊源,还是科学素养的内涵与结构看,科学素养与核心素养都明显是两个不同层面的概念,内涵也明显不同。但也有研究者认为,科学素养本身也是一种核心素养,因为 21 世纪具备科学素养才能够更好地适应社会发展和个人生活。本书默认这种观点,正如前面所说,各个国家或组织对核心素养的理解都存在差异,说明核心素养的归纳本身存在人为性或者受个体对社会发展认识的局限,因此科学素养是否是一种核心素养是可以进一步讨论的。但本书认为科学素养应该是个体适应未来社会发展必须具备的素养,而且这也体现在国内对科学学科(核心)素养的界定。

三、核心素养与科学学科核心素养

"学科核心素养"是国内文献中常见的词汇,"科学学科核心素养"是这一

---

① 中华人民共和国教育部. 义务教育小学科学课程标准[M]. 北京:北京师范大学出版社,2017.
② 王晶莹,徐静,彭聪,等. 中学生科学素养构成及其测评研究[J]. 教育导刊,2015(9):38-43.
③ 蔡铁权,蔡秋华."科学素养说"和中学科学教育改革[J]. 课程·教材·教法,2004,24(10):48-52.

形势下国内在科学学科(或学习领域)中对核心素养的应对,但国内对这一用词仍然存在争议。《义务教育科学课程标准(2022 年版)》中的表述为"科学课程要培养的学生核心素养"。胡卫平教授认为,科学学科的核心素养是学生在接受科学教育过程中逐步形成的适应个人终身发展和社会发展需要的必备品格和关键能力,是学生通过科学学习内化的带有科学学科特性的品质,主要包括科学观念与应用、科学思维与创新、科学探究与交流、科学态度与责任四方面。[①] 这一界定基本与 2017 年 12 月颁布的高中物理、化学和生物课程标准(2017 年版)中的提法相一致,与《义务教育科学课程标准(2022 年版)》中的"科学课程要培养的学生核心素养"略有差异。在我国台湾地区新修订的课程纲要中,科学学习领域以"自然与科技生活"的综合形式出现,提出了与核心素养对应的领域素养。在美国、英国和新西兰的课程标准中,也都以科学综合形式出现,提出了科学学习领域课程目标,但没有对应的"学科核心素养"一词。

当前,对核心素养与学科素养的关系讨论较多。我国教育学者石鸥教授指出,任何学科都有其对于核心素养发展的共性贡献与个性贡献。学科的育人价值主要在于对特定核心素养的贡献,这是需要不断明晰化的过程。[②] 钟启泉教授认为,核心素养与学科素养之间的关系是全局与局部、共性与特性、抽象与具象的关系。因为在学校课程的学科之间拥有共性、个性与多样性的特征。[③] 核心素养与学科素养之间的关系也不是从两者引出的简单化罗列的条目之间一一对应的关系。这是因为"核心素养"的养成意味着学习者面对真实的环境,能够解决问题的整体能力的表现,而不是机械的若干要素的总和。[④] 余文森教授认为,学科核心素养既是一门学科对人的核心素养发展的独特贡献和作用,又是一门学科独特教育价值在学生身上的体现和落实。[⑤] 我国台湾学者蔡清田教授认为,领域/科目核心素养指各教育阶段核心素养结合各领域/科目理念与目标后,在各领域/科目内的具体展现。各领

---

① 胡卫平.基于核心素养的科学学业质量测评[J].中国考试,2016(8):23 - 25.
② 石鸥.核心素养的课程与教学价值[J].华东师范大学学报(教育科学版),2016,34(1):9 - 11.
③ 钟启泉.基于核心素养的课程发展:挑战与课题[J].全球教育展望,2016,45(1):3 - 25.
④ 钟启泉.学科教学的发展及其课题:把握"学科素养"的一个视角[J].全球教育展望,2017,46(1):11 - 23.
⑤ 余文森.从三维目标走向核心素养[J].华东师范大学学报(教育科学版),2016,34(1):11 - 13.

域/科目核心素养可考虑其领域/科目的独特性或高级中等教育阶段学校类型的差异性而加以发展,不必涵盖核心素养或各教育阶段核心素养的所有面向。①

　　总体来看,国内外的学者在核心素养与学科素养的关系这一问题上基本持相同观点,即学科素养既有属于"核心"的成分,这些"核心"成分是对核心素养的共性贡献;也有属于"非核心"的成分,这些"非核心"素养并非不重要,只不过它们指向有限生活情境(复杂程度较低),在具体领域或情境下更重要,在整体性和通用性上略显不够。在科学学科(或学习领域)的教学中,既能使学生形成科学观念,掌握科学思维方法,也能培养学生开展科学探究与工程实践的能力,形成一定的科学态度与责任感,这是科学学习领域所要培养的"核心素养",同时通过科学学科学习,学习者具备一定的质疑、创新、交流、应用信息技术等能力,形成一定的价值观和社会责任感,对应我国"发展学生核心素养"框架中的理性思维、批判质疑、实践创新和责任担当等核心素养。

---

① 蔡清田.台湾十二年国民基本教育课程改革核心素养的回顾与前瞻[J].教育学术月刊,2015(10):105-111.

第二章
基于核心素养的科学学业测评：理论基础与分析框架

  核心素养的"落地"必须解决的一个关键问题就是评价。欧盟提出终身核心素养之后，各成员国对核心素养的评价表示深深担忧，因为经验表明课程中被有效评价的部分往往更加受到教师和学生的重视，更有可能被教和学。① 这从另一角度反映出要实施基于素养的教育，一个非常关键的问题是要明确评价的内容与方式。新西兰从 2007 年开始以核心素养为指导开展课程改革，新西兰教育研究委员会（New Zealand Council for Educational Research，简称 NZCER）2016 年发布的调查报告指出，学校在发展学生核心素养方面没有取得太大进展，反而少数教师甚至开始为准备国家教育学业水平考试（National Certificate of Educational Achievement，简称 NCEA）而进行专门练习，新课程的实施受到了国家教育学业水平考试的严重影响②。由此可见，倘若没有与基于素养的新课程对应的评价体系，核心素养的"落地"必然遭遇困境。

  本章从核心素养的概念和本质出发，对核心素养评价的基本要求进行分析，对发展核心素养背景下科学学业测评的理论基础和研究国外科学学业测评项目的框架进行概述。

---

① RSA. Opening minds: an evaluative literature review [OE/BL]. [2023 - 03 - 24]. https://www. thersa. org/discover/publications-and-articles/reports/opening-minds-an-evaluative-literature-review.
② 王俊民. 新西兰基于核心素养的课程构建与实施[J]. 比较教育研究，2016，38(12)：66 - 72.

第一节 核心素养评价的基本要求

一、核心素养评价的理念:在新情境下强调学业获得的"整合"

核心素养的评价必然要涉及对其本质的探讨。有研究提出,核心素养可以被看作是一种复杂的表现,因此,其评价实际上是对复杂表现的评价。[①] 目前许多研究者已经就复杂表现评价的性质进行了研究。一般来说,研究者的思考是以假设评价的目的有两个功能为前提:支持属性或能力的发展和提供总结性证据,并认为复杂表现的评价需要与过去的标准化纸笔测验不同的评价形式。德兰希尔(Delandshere)和彼得罗斯基(Petrosky)(1998)认为,如果建立评价的总体目的是改善教学和学习,那么只有加强对证据的讨论才能实现这一目的。他们注意到,素养从根本上来讲是一种推论,因此,其复杂表现的评价首先需要确定可以用于推断素养的证据的性质。[②] 瑞臣(Rychen)和萨尔加尼克(Salganik)(2003)认为,当相关行为在多个环境中进行多次观察时,推理得到加强,其表现考虑到认知、激励、伦理和情感方面。因此,有必要整合一系列来源的证据。[③] 综上所述,对复杂表现的评价需要整合来自各种来源的证据,应该使用若干评价事件或情境,收集不同类型的证据,并要求对正在接受评价的人员进行一系列复杂的任务操作,最好是在有足够的时间的情况下把学习者也纳入评价过程。新西兰关于核心素养的一份研究报告指出,对核心素养的评价应该聚焦于支持终身学习和学习者的自主性,每个核心素养要多次评价。[④] 罗日叶在对素养的本质、素养与素

---

① HIPKINS, R & BOYD S. & JOYCE C. Documenting learning of the key competencies: what are the issues? [R]. New Zealand Council for Educational Research, 2005:13.

② DELANDSHERE, G & PETROSKY A. Assessment of complex performances: limitations of key measurement assumptions [J]. Educational Researcher, 1998,27(2):14-24.

③ RYCHEN, D & SALGANIK L. Key competencies for a successful life and a wellfunctioning society [M]. Cambridge, MA, USA: Hogrefe and Huber, 2003.

④ HIPKINS, R & BOYD S. & JOYCE C. Documenting learning of the key competencies: what are the issues? [R]. New Zealand Council for Educational Research, 2005:3.

能①概念进行分析后指出,素养区别于素能的关键就是其情境性,素养导向的教育希望学校培养学生面对生活的复杂性,就应该优先注重在复杂情境中获取信息。② 他认为,通过复杂情境进行的评价是循着"整合的"逻辑进行的,按照这个逻辑,评价是在一个或若干个复杂情境中以"联结的"方式检查学生的学业获得,而不是检查他们总共学习了多少。他还特别强调,整合不是综合,综合是一种智力练习,主要属于认知领域,而整合要运用属于认知、动作和社会情感领域的一些素能,更多地针对具体任务,它只有在针对某一既定情境,或某一类既定情境的时候才有意义。③ 这种评价被称为"学业获得的整合"。

由此来看,核心素养的评价要关注其情境性,在一定的情境下评价学习者的复杂表现或综合能力,强调学业获得的"整合",强调学习者的自主参与,强调多次评价。

二、核心素养评价的基础:对学习结果的分类和具体化

学习结果为教学和评价提供了一个基础,学习结果的分类和具体化是核心素养评价的基础。要使学习结果具体化,首先就要注意描述与素养相关的中间学习过程,就像 PISA 测试中对解决问题的具体细化一样,学习结果需要被细化为一些次级领域。

美国 21 世纪技能联盟为了开展对 21 世纪技能的评价,将 21 世纪技能按照思维方式、工作方式、工作工具和生活四个维度进行分类。思维方式维度包括创造性与革新性;批判性思维、问题解决、决策;学会学习,元认知;工作方式维度包括交流和合作;工作工具维度包括信息素养、ICT 素养;生活维度包括公民素养(区域性和全球性)、生活与职业、个人与社交责任(包括文化意识和素养)。④ 同时又将 10 个 21 世纪能力按知识、技能、态度与价值观三个

---

① 在汪凌等翻译的罗日叶的著作中,"素能"对应法语"capacité",英语"capability",也称为"横向能力"。

② 易克萨维耶·罗日叶.学校与评估:为了评估学生能力的情境[M].汪凌,周振平,译.上海:华东师范大学出版社,2011:128.

③ 易克萨维耶·罗日叶.整合教学法:教学中的能力和学业获得的整合[M].第二版.汪凌,译.上海:华东师范大学出版社,2010:62.

④ PATRICK G, ESTHER C. Assessment and teaching of 21st century skills [M]. London: Springer Science+Business Media Dordrecht, 2015.

维度展开,从三个维度对 21 世纪能力进行具体描述,提出了每个能力评价的可能性,分析了当前的评价现状。以思维方式维度的批判性思维、问题解决、决策为例,将其定义为六种认知思维能力:解释、分析、评价、推理、解释和自律,并从知识、技能、态度与价值观三个方面进行了详细阐述(见表 2 - 1),最后分析了国际上已经存在的对这一方面能力的评价情况。

表 2 - 1　思维方式:批判性思维、问题解决和决策

知识	技能	态度/价值观/伦理道德
有效推理、使用系统思维和评价证据 ● 了解解决不熟悉问题的系统和策略 ● 了解证据在信仰形成中的重要性,当有相互矛盾的证据时,重新评价信仰 **解决问题** ● 识别知识差距 ● 提出澄清各种观点的重要问题并提出更好的解决方案 **表达** ● 清楚地说明探究结果	**有效推理** ● 根据情况使用各种类型的推理(归纳、演绎等) **应用系统思维** ● 分析整个系统的各个部分如何在复杂系统中相互作用产生整体结果。检查观点,识别和分析论据 ● 综合并建立信息和观点之间的联系 ● 解释信息,并根据最佳分析得出结论,分类、解码和澄清信息 ● 有效地分析和评价证据、论据、声明和信念 ● 分析和评价主要的替代观点 ● 评价:评价主张和论据 ● 推论:查询证据、推测替代方案,并得出结论 ● 解释状态结果,证明程序和提出论据 ● 自我调节、自我检查和自我纠正	**做出理性的判断和决定** ● 考虑和评价主要的替代观点 ● 重点关注学习经验和过程 ● 将这些反思纳入决策过程 **解决问题** ● 对不熟悉的、非传统的、创新的问题解决方案和解决问题的方法持开放态度 ● 提出有意义的问题,澄清各种观点,并提出更好的解决方案 **态度倾向** ● 信任理性 ● 好奇心强,信息灵通 ● 公开、公正 ● 灵活而诚实 ● 表现出强烈的求知欲和对信息的关切 ● 对使用 ICT 保持警惕 ● 相信理性,对理性充满信心 ● 开放而公正,灵活考虑替代意见 ● 诚实评价自己的偏见 ● 愿意在有需要时重新考虑或修改自己的观点

资料来源:Patrick Griffin, Barry McGaw, Esther Care. Assessment and Teaching of 21st Century Skills [M]. Springer Science＋Business Media Dordrecht, 2012:40.

美国国家研究理事会(the National Research Council,简称 NRC)的一份研究报告对 2007 年提出的 5 项 21 世纪技能[①]进行了评价研究,将其分为认

---

① 这五项 21 世纪技能是由美国国家研究理事会提出的,与 21 世纪技能联盟提出的 21 世纪技能不同。

知技能领域、人际技能领域和个人内省技能领域,并在此基础上探讨了每一类素养评价的可能性和方法。认知技能领域包括解决非常规问题、批判性思维、系统思维三个认知技能,其中批判性思维是该研究单独加上去的,并不直接体现在 NRC 的 5 个 21 世纪技能中。该研究报告指出,要开发一个有用的测试工具,定义就必须要足够具体以便于写下评价问题或者准备评价任务,而首先面临的问题就是这些技能到底是各领域普遍通用的还是某一领域具体使用的。该研究报告对包括 PISA 在内的多个评价项目进行分析,认为虽然批判性思维可能在某些领域因为训练而有所提升,但并不意味着在其他领域也能够得到很好的发展,迁移仅仅只有在给予这一迁移以关注并促使其发生时才可能发展,也就是当学生学习了促进技能从一个领域向另一领域迁移的策略之后。[1] 该研究指出,每个认知能力一定是基于一定的具体情境去教和学的,要想以一种普遍的方法通过让学生记忆法则来达到发展认知能力的想法并不现实。对认知能力的评价首先要立足于具体领域,在具体领域的知识背景下去学习去评价,然后要更多地强调将这种认知领域的能力迁移到其他领域需要满足的条件,以便于学生更好地迁移。人际技能领域包括复杂交流、社交技能、小组协作、文化敏感性、处理多样性。该研究通过对人际技能领域的内涵分析,借用了克莱因(Klein)等在 2006 年提出的人际技能表现模型,这一模型包含了个人特质、生活经历以及情境特质对人际技能表现结果的影响。从这一模型来看,人际技能要在一定的情境下使用,这就意味着若要评价形成社交技能的态度、认知过程和行为,就要在一种适宜的理想情境下进行。个人内省领域包括自我管理、时间管理、自主发展、自律、适应能力和执行功能。该研究报告对自我管理进行了界定,并指出评价自我管理的方法有自我报告、观察者报告和任务表现。自我报告是一种常用的方法,但可能受报告者的偏见和年龄等因素的影响;观察者报告可以克服自我报告的缺点,但可能难以提取关于具体技能和复杂行为能力的信息;任务表现往往以同一年龄段的学生为对象,评价其执行能力,但评价过程可能涉及诸多能力而导致评价的可信度不高,同时也容易受年龄的影响。

---

① National Research Council (US) Committee on the Assessment of 21st Century Skills. Assessing 21st century skills: summary of a workshop [R]. Washington, DC: National Academies Press, 2011:23.

不仅美国 21 世纪技能联盟对核心素养的评价进行细化,其他组织、国家以及个人研究中都对核心素养进行了分类或细化。大卫·佩珀(David Pepper)在梳理了欧盟各成员国目前的评价方式之后指出,将核心素养进行拆分使其与学习结果对应是下一步工作的方向。① 从当前的研究成果来看,对核心素养进行分类和具体化是核心素养评价的必然之路,也是其评价的基础。

三、核心素养评价的方式:强调多种方式相互结合

卡兰齐斯(Kalantzis)、寇波(Cope)和哈维(Harvey)(2003)指出,传统的评价措施,如标准化测试,不适合评价多元素养,即新经济时代所需的技能,比如问题解决与协作工作。作为替代,他们建议采用以下四种方式进行评价:项目评价(需要规划和解决问题的深入任务)、表现评价(基于规划和完成任务)、小组评价(全组或团队成员)、档案袋评价(记录所开展的工作)。② 针对情感意向的评价,卡尔(Carr)和克拉克斯顿(Claxton)(2002)区分了三组评价方法:通过观察推断情感意向、通过外部问题和访谈来判断情感意向和自我报告或自我评价,其中自我报告或评价又可以通过李克特量表的调查问卷、与观察有关的访谈、自主学习故事/期刊、深入访谈、档案袋(可以包含其他评价方法的信息)五种类型的评价形式来实现。③ 克里斯汀·雷德克(Christine Redecke)强调,要根据核心素养的不同内涵来确定评价路径,目前基于计算机的测试、在线测试或简化游戏以及电子档案袋在核心素养评价方面发挥了效用,将来应加强学习分析和嵌入式评价相关技术的开发及其在学校课程评价中的应用。④ 美国 21 世纪技能评价联盟的研究结果指出,信息与通信技术(Information and communications technology,简称 ICT)所

---

① PEPPER D. Assessing key competences across the curriculum-and europe [J]. European Journal of Education, 2011,46(3):335 - 353.

② KALANTZIS, M, BILL C, ANDREW H. Assessing multiliteracies and the new basics [J]. Assessment in Education Principles Policy & Practice, 2003,10(1):15 - 26.

③ CARR, M & CLAXTON G. Tracking the development of learning dispositions. Assessment in Education, 2002,9(1):9 - 37.

④ REDECKER C. The use of ict for the assessment of key competences [J]. JRC - IPTS Working Papers, 2013(1):3 - 5.

支持的电子评价将使新的维度和多种素养的测量成为可能，支持合作解决问题、创造性实践和交流等实践素养和人际素养的评价，还可以评价高阶思维。[①]

学校教育核心素养网络（Key Competence Network on School Education，简称 Keyconet）（2012—2014）是欧盟终身学习计划资助的一个为期三年的联合研究项目，聚焦与基础教育阶段核心素养的实施情况分析。这一项目收集来自 30 个国家 100 多个组织机构的相关资料，包括教育部、相关研究机构、大学、欧盟组织以及相关实践团体。2014 年该组织发布的报告《核心素养在欧洲学校教育中的发展：Keyconet 文献研究》（*Key Competence Development in School Education in Europe：KeyCoNet's Review of the Literature*）对核心素养在欧洲各国的实施情况进行了介绍，核心素养的评价也是其重要的一部分内容。该报告指出，评价核心素养的方式应该是多样化的。由于核心素养模型建构的复杂性，其评价方式也就十分多样，需要考虑一系列的评价方式，包括标准化测试、电子评价（E-assesment）、态度量表评价、表现性评价、同龄人评价和自我评价等。

可以看出，标准化纸笔测验在部分核心素养的评价方面仍将发挥一定的作用，试题的情境性是不可或缺的重要部分，表现性评价无疑将成为一种十分必要且重要的评价方式，而信息技术将在核心素养的评价过程中发挥重要作用。

四、核心素养评价的实施：强调多方支持与合作

Keyconet（2012—2014）研究报告指出，核心素养的评价方法的发展过程不仅涉及具体的学习结果细化，而且要获得相关政策领域的协同支持，包括政策与实践评价、培训与专业发展以及分享学习者的学习案例。政策与实践评价主要是通过评价为初期的政策与实践效果提供反馈；培训与专业发展主要是为包括教师、考试者、学习者、学生家长以及其他人员提供相关培训，包括使用技术进行评价的方法、支持同伴评价和自我评价的方法、细化学习结

[①] GRIFFIN P, MCGAW B, CARE E. Assessment and teaching of 21st century skills [M]. Springer Publishing, 2012:31－32.

果的方法等;分享学习案例主要指充分利用评价核心素养的已有案例来指导培训工作,促进实践。美国21世纪联盟的研究成果指出,无论是终结性评价还是形成性评价,都要能够反映对核心学科知识、学习与思维技能、21世纪内容、ICT素养和生活技能的测评。这要求州政府能够意识到这一实施过程将是渐进的,需要多个周期的创新、实施和评价策略。在这一前提下,从以下方面着手十分重要:①构建需要的评价标准,参考和标准要由州政府起草以便于教师和教育工作者开展评价工作,评价要与州政府改革标准相一致,能为教师和教育工作者使用提供一定的案例和指导;②要制定评价计划,在实施中不断调整改进评价方案;③使评价与课程教学一致,帮助教师理解并在实践中不断调整教学策略;④开发教师专业发展策略,帮助教师使用策略评价21世纪素养。[①]

可以看出,核心素养的评价不仅要依靠政策制定者、教育研究工作者、技术设计者、教师等群体,同时要发挥学习者的自主能动性,建立全方位的评价体系,获取多方支持。

核心素养的评价本质上是对学习者复杂表现或综合能力的评价,评价要基于一个或多个复杂的具体情境,强调学业获得的"整合"。当前,我国在具体学科领域构建学科核心素养框架,对学科核心素养进行分类界定与具体化描述,强调在具体学科情境下发展学生的学科核心素养,这是我国在具体学科领域保证核心素养"落地"的重要举措。然而,当前的"学科核心素养"基本只针对认知领域,在个人内省领域、人际领域以及信息领域的体现不足,可能会导致教师对核心素养的理解片面化。因此,对核心素养的评价不仅要关注对学科核心素养的评价,还要在超越学科的范围内创设更为复杂、更加具有整合性的问题情境,关注人际领域、个人内省领域素养的发展与评价。核心素养的评价是一个循序渐进的系统过程,需要我们不断打破学校壁垒,超越学科界限,获取多方支持,构建全方位的评价体系,通过多种渠道获取能够反映学生素养水平的信息或证据。

---

① Partnership for 21st Century Skills. 21st century skills assessment: a partnership for 21st century skills e-paper [EB/OL]. [2023 - 05 - 11]. https://ia.eferrit.com/ea/cfb8aff7d14a1eaf.pdf.

第二节　能力导向理论

能力导向理论①在西方，尤其在法国、比利时、瑞士等欧洲国家具有重大影响力。这一理论主要以 20 世纪 80 年代德·科特勒(De Ketele)提出的"最终整合目标"为基础发展起来的。该理论认为，学校教育应该把发展学生能力作为最终目标，让学生能够学会以公民身份自主、积极地参与社会生活。与布卢姆的目标分类逻辑不同，该理论强调通过整合情境来发展学生的素养，因此，也被称为"整合教学法"。

一、能力导向理论的目标

该理论主要目标有三个，分别是：强调学年末和义务教育结束时学生应该掌握的能力，而不是教师应该教授的内容；致力于赋予学习以意义，教学生不断对照一些对他有意义的情境来定位学习，并在具体情境中应用所学；强调通过解决具体的情境来证明学生的学业获得，而不是侧重于学生容易忘记且不会在现实生活中运用的一些知识与技能的累加。概括地讲，这三个目标实际分别对应"能力导向""情境"和"学业整合"。

二、能力导向理论的相关概念

能力导向理论除了对能力、基础能力等概念进行界定外，还提出了问题情境、靶向情境、情境族、最终整合目标等主要概念。

能力(Compétences)：能力导向理论将能力界定为"对于某一个体而言，为了解决某类问题情境(情境族)，以内化的方式调动已被整合的一套资源的

---

① 该理论在国内被翻译为"基础能力导向理论"，从罗日叶对基础能力(Compétences de base)和能力(Compétences)的概念界定来看，在其翻译的著作中"能力"与本书中界定的"素养"相对应，"横向能力"与"核心素养"相对应，而"基础能力"与"学科素养"对应。本书直接引用国内著作翻译内容，仍使用"能力导向理论"，但这里的能力更加关注情境性和整合性。详细内容请参考由汪凌主译、比利时教育学者易克萨维耶·罗日叶编著的《整合教学法：教学中的能力和学业获得的整合》。

可能性"。① 其中的资源包括知识、认知技能、操作技能和态度等,实际上是目前国内正在研究的"素养"。

问题情境:指为了完成某个既定任务,要由某个人或某群人加以联结的一组背景化的信息,这个任务的结果如何事先并不知道。问题情境由两部分构成:一个是情境,对应一个主体和一个背景;另一个是问题,通过一个障碍、有待完成的任务或一些要联结起来的信息来定义。

靶向情境:也被称为"靶向问题情境"或"整合情境",通过这些情境表现我们期待学生呈现的形象,是一种复杂的问题情境,而不是一些小练习的罗列。要求学生对学习过的若干知识和技能进行整合,一般在学习结束时运用,为学生提供学业获得整合的机会。

情境族:指一组"靶向情境",其中的每一个情境都是一次运用这个综合能力的机会,所有这些情境都被认为是等价的。

最终整合目标:属于一种宏观能力,涵盖一个学习阶段(一般为 2 年)的所有能力,反映出我们期待学生在某个阶段学习结束后应该在某个学科领域具备的素质。这些能力也是通过一个界限明确的情境族来定义,该情境相对比较复杂。

三、能力导向理论的学习观

能力导向理论的学习主要分两个阶段进行,一是针对资源,即知识、认知技能、操作技能和态度的局部学习;二是整合活动和形成性评价活动。整合活动是在局部学习之后的学习过程,主要教学生如何在复杂情境中调动资源,对学业获得进行整合,这些活动往往需要呈现给学生一些复杂的情境。在整合模块之后即是形成性评价,评价过程中学生需要解决属于某个能力族的情境,根据评价结果对学习进行补救。在学年末即是针对复杂情境的终结性评价。

四、能力导向理论的评价观

从终结性评价的角度来看,学生在某门学科上的学业获得应该是知识和

---

① 易克萨维耶·罗日叶.整合教学法:教学中的能力和学业获得的整合[M].第二版.汪凌,译.上海:华东师范大学出版社,2010:93.

技能的综合。该理论以屋顶比喻学业获得，以砖块比喻知识与技能，认为通常的考试仅选取一些砖块作为样本来测试学生的学业（见图2-1），容易造成"不当成功"和"不当失败"[①]，而造成这种结果的原因在于向学生提出的问题的性质，没有反映出学生应用其所学解决问题的能力。而基于复杂情境的评价可以较好地解决这一问题，这种评价以"联结"的方式检查学生的学业获得，而不是检查他们总共学习了多少。

该理论认为，基于复杂情境的评价要在界定情境之前先界定能力，并使情境服从于能力界定，即借助一些明确界定的能力代替学科来覆盖学生的学业（见图2-2）。但是，能力的数量应该是有限的，而且能力之间应该是详尽且相互排斥的，这样就可以尽量通过一些意义单元对学生的所有学业获得进行覆盖。该理论同时提出了学科间情境的必要性，以保证某个领域内（比如科学）学业获得的整合。

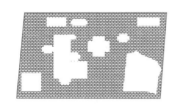

（图中白色部分为测试可能选取内容）

图2-1　通常学业测试的内容选取

图2-2　界定能力覆盖学生的学业

五、情境类型学理论

罗日叶提出的情境类型学描述了情境的三个维度，分别是辨别参数、内容参数和装扮参数。辨别参数指可以从外部特征认同这个情境属于某类情境的因素，不需要考虑情境内部的描述参数，比如情境所属的学科领域、开放程度、期待的作业类型。内容参数指从情境设计的目标划分，希望学生通过该情境调动哪些领域的知识，发展哪些能力，培养怎样的态度和价值观，是否涉及公式计算，问题之间的独立性、解决问题所使用的方法的创新性等。装

① 所谓"不当成功"指可能某个学生在考试中获得成功，但其素养却有重大缺陷；"不当失败"指某个学生考试中可能被判定为学业失败，但却具有较好的整体素养。

扮参数指经过装扮的、给予学习引导或提供帮助或设置障碍的相关参数,可以分为两大类:一类是表现与情境的呈现有关的屏障和给予的帮助,比如情境的表述以图表的形式呈现、对已知条件进行处理;另一类是和情境激发动机的特征有关的参数,比如,从理论上讲情境是否有趣、新鲜,对于学生来说是否能激发积极的情感。每个维度的具体分类及说明见表2-2所示。

表2-2 罗日叶提出的情境类型学

一级维度	二级维度	说 明
辨别参数	情境的自然或建构的特征	包括自然情境和建构情境,区分的关键在于情境的存在是否独立于学习。自然情境是真实的生活情境或职业情境等,而建构情境是专门为学习而构建出来的
	涉及的学科领域	包括单学科、多学科和学科间。区分多学科和学科间的关键是问题。情境只包含一个命令或单独一个问题,但回答这个问题需要到若干学科中去寻找,则属于学科间;包含若干问题,而每个问题属于不同学科领域则为多学科
	所寻求的教学功能	包括为了新学习的教学论功能、整合学习的功能、整合导向的评价功能
	所致力于发展的学生型面	情境致力于培养什么样的学生。小学差别不大,主要指能够解决一些日常生活的情境问题;初高中差别较大,比如自主负责的人、环保主义者、批判的公民、科技探索者等
	期待的作业	包括问题解决、新的创造(一段陈述、一篇文章)、一个常见任务的实施、行动建议、答案选择等
	已知条件的性质	可以从四个方面进行分析:数字或非数字性已知条件、真实或想象出的已知条件、个性化或集体性的已知条件、固定的或可变化的已知条件
	情境的开放等级	封闭、开放、半开放
内容参数	所追求的目标	按照情况不同,这些目标可能是发散的或明确的、隐含的或明澈的、中间的或最终的
	运用的知识、技能和情感态度	情境中使用的概念、规则、公式以及需要调动的技能和态度
	使用的方法	包括已知的方法、已知但有待具体化的方法、有待创造的方法

（续表）

一级维度	二级维度	说　明
	问题的独立性或解决问题的步骤	包括彼此完全独立的问题、部分彼此依存的问题和完全彼此依存的问题
装扮参数	情境的图形式呈现	包括只有文字表述、只有图画表述、文字与图画混合表述
	情境的表述架构	从三个方面考虑:问题的摆放位置,在情境表述的开始、结尾或中间;问题解决步骤的明确程度;指示,聚焦性指示(粗体显示或着重指出)或行为性指示(提出建议等)
	对已知条件和信息进行的处理	分为四种情况:已经存在的或学习者要自己寻找出来的条件信息、显见的或隐蔽的条件信息、干扰性的已知条件信息、需要改变或不需要改变的条件信息
	情境意味深长的特征	主要体现在:背景触及学生所想,能帮助学生获取一些信息,让学生感知到一个挑战等

根据罗日叶的描述,情境类型学有两方面的功能:对于情境设计者而言,这一类型可以拓展他的视野,向他呈现准备某个情境的时候所有可能性,为情境设计者提供一个工具;对于情境使用者来说,可以帮助他参照其他情境对每一个情境加以定位,成为一种分析工具。本书中对于试题情境的分析即基于此理论展开。

第三节　国际科学学业测评项目的分析框架

根据教育评价的矩形模型(见图 2-3),一个完整的评价模型一般都包含建构、观察模型、评估和解释四个方面。[①] 其中建构主要描述要测量哪些知识、能力或其他属性;观察模型尝试回答什么样的反应、行为或活动能够反映所要评价的内容,即学生需要做出怎样的反应来使推测出相关的证据和解释,学生的反应可能根据其质量被构建为不同的水平,这一水平描述有助于

---

① RUIZ-PRIMO M A. Towards a framework for assessing 21st century science skills [C]. Denver: The National Academies, 2009.

描述学生将要面临的任务和做出的反应；评估包括任务、该任务对应的学生反应和不同反应对应的分数；解释基于收集的证据来对建构进行反馈。本书在构建分析框架时主要依据评价矩形模型。

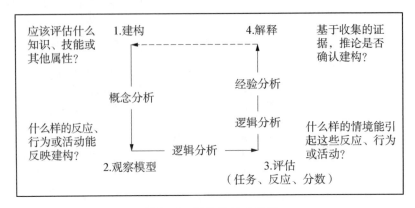

图 2-3　评价的矩形模型

在国际科学学业评价项目中，矩形模型的这四个方面依次对应内容框架、内容标准与表现标准及评分标准、试题、数据处理与结果报告。本书关注的是评价项目的设计层面，即如何设计评价框架和试题，既不涉及具体的管理和运行，也不涉及评价项目所覆盖的知识深度与广度、试题的难度等涉及学生年龄差异的内容。据此，将分析内容确定为以下四个方面，并依据相应的理论构建分析框架。

一、测评内容的分析框架

测评内容指评价内容的构成要素，是科学学业测量与评价的基础，也是影响教学的重要因素。根据前文对核心素养的本质及核心素养评价理念的分析可以看出，在发展学生核心素养目标下，科学学业评价要体现对学生核心素养的关注，强调对科学学科关键能力的评价，实现以"知识"为中心的科学学业评价向"能力"导向的学业评价的转变。本书测评内容的分析框架主要建立在能力导向理论的基础之上，同时参考教育领域关于目标分类的相关理论。

1. 一级维度的确定

能力导向理论认为，核心素养的评价要强调学业整合，而整合可以从知识维度、素能维度和情境维度展开描述。罗日叶指出,素能①是人们进行的一项活动,既有认知性素能,也有动作性素能和社会情感性素能。一些素能只是潜在地存在着,但当针对具体的知识或情境时,这些素能可以被悄然调动。在学科内部,素能和学科知识首先可以进行整合,称为学科专门化。学科专门化的质量取决于两点:一是所调动的知识多种多样,二是引导学生调动的认知领域、动作领域和情感领域的素能多种多样。学科专门化虽然有意义,但仍没有成为一种真正的整合形式。只有将其放入一定的情境之中,当情境维度与知识和素能维度交叉的时候,素养才能呈现出来,可以称之为"情境性整合"。② 根据能力导向理论,知识、能力和情境可以作为学业评价的内容分析框架,其中的知识应该具有多样性,能力涵盖认知领域、动作技能领域和情感领域。考虑本书的研究对象与各评价项目的评价内容结构,将一级分析维度确定为学科能力、学科知识、情感态度和情境四个维度。

2. 二级维度的确定

(1)学科能力维度。

从已有研究对科学学科能力的分类来看,科学探究作为一种综合能力受到广泛关注,还有一些研究者将科学思维作为科学学科能力的核心。本书以核心素养的视角审视各评价项目的能力框架,并不清楚每个评价项目的具体分类依据,因此,不便于建立细化的分析维度。因此,本书首先将根据各评价项目所构建的能力框架归纳学科能力,并对每种学科能力在不同评价项目中的呈现情况进行分析,最后对每种能力的界定分别进行分析与比较。根据本书对科学学科能力的界定,科学学科能力可以分为认知领域(比如思维能力、创新能力)、人际领域(比如科学交流、社会参与)、个人内省领域(比如学习监控能力)和工具领域(比如数学能力、阅读能力、信息技术能力)四个领域,因此,本书还将在最后对每个领域的关注点进行一定的分析总结。

(2)学科知识维度。

教育领域关于知识的分类有很多。例如,安德森在《布卢姆教育目标分

---

① 罗日叶所说的"素能"对应的英文为"capability",即通常所说的能力,但这里的能力含情感维度,与素养的区别主要在于"情境",素养一定是在一定情境下表现出来的。

② 易克萨维耶·罗日叶.整合教学法:教学中的能力和学业获得的整合[M].第二版.汪凌,译.上海:华东师范大学出版社,2010.

类学(修订版)》中将知识分为四类,分别是事实性知识、概念性知识、程序性知识和反省认知知识。除此之外,豪恩斯坦(Hauenstein)、马扎诺(Marzano)、罗米索斯基(Romiszowski)等都在教育目标分类框架中对知识进行了分类界定。从已有研究成果来看,PISA2015将知识分为陈述性知识、程序性知识和认识论知识(epistemic knowledge),其中认识论知识是关于科学本质的知识。美国国家教育进展评估(National Assessment of Educational Progress,简称NAEP)将知识分为陈述性知识、图式知识、程序性知识和策略性知识。考虑到本书的研究对象,科学学科知识可以分为陈述性知识、程序性知识、认识论知识和元认知知识四类,但在初步分析评价项目的内容框架后发现,元认知知识在评价中,尤其纸笔测验中很难把握,可能需要通过访谈或基于计算机技术的后台数据才能获得,在内容框架一般不作要求,因此,主要从前三种知识类型着手展开分析。

(3)情感态度维度。

与认知领域相比,情感态度维度在国内早期常常被忽略。在国外,由克拉斯沃尔(D. R. Krathwohl)具体负责制定的情感领域的教学目标分类在1964年公布,是影响力较大的情感目标分类理论,也被称为布卢姆情感目标分类。之后又有许多研究者在这方面做出了努力。虽然分类有差异,但基本都认为情感态度维度涉及兴趣、动机、态度、信念、价值观等方面的内容。在科学学科(或学习领域)中,情感态度维度更多体现为科学态度。目前国际上对科学态度的内涵存在多种理解,使用较多的是加德纳(Gardner)的界定,将科学态度分为"对科学的态度"(attitudes towards science)和"科学的态度"(scientific attitudes)。其中"科学的态度"与科学思维和方法有关,较偏向认知的部分,包括勤于反思、质疑、善于探究、讲究逻辑推理、实证研究等;"对科学的态度"则更偏向于意向,主要指对与科学及其学习相关的人、事、关系的评价,包括科学本质、学校科学教育、教师等。[1]

本书对各评价项目的情感维度展开分析与比较,更加关注情感态度维度的横向基本构成以及关注点,因此,将在分析各评价项目情感态度维度构成

---

① GAULD C F, HUKINS A A. Scientific attitudes: a review [J]. Studies in Science Education, 1980,7(1):129-161.

的基础上使用加德纳对科学的态度的分类来总结各评价项目的关注点。

（4）情境维度。

本书对情境的界定采用了罗日叶提出的"整合情境"，认为情境不仅涉及呈现环境的背景材料，还包括背景材料的呈现方式以及所设计的相关障碍。从已有文献来看，对情境的分类主要关注"背景材料"，比如背景材料的主题，生活的、学术的等。本书主要关注的是各评价项目的内容框架对情境的界定与分类，对情境的进一步分析将在试题情境部分进行专门研究。因此，主要从两个方面展开分析，一是对背景的界定，二是对背景材料呈现的要求。

3. 分析框架的说明

根据上面的分析及各维度的构建，本书对内容框架的分析框架维度及其说明见表2-3。

表2-3　各评价项目学业评价内容框架的分析维度

一级维度	二级维度	说　　明
学科能力		没有细化的分析维度。研究方法是:首先对各评价项目提出的学科能力进行总结，归纳一共提出多少种能力，然后对每种能力在每个项目中的具体呈现情况进行分析，最后对每种能力的界定进行分析与比较
学科知识	陈述性知识	主要指科学术语、概念和原理等，对应物质科学、生命科学、地球宇宙科学的内容知识及交叉知识
	程序性知识	涉及"怎样做"的知识，对应关于科学探究过程的知识和科学方法
	认识论知识	关于科学本质的知识，包括科学的价值、科学的结构等
情感态度	科学的态度	与科学思维和方法有关，较偏向认知的部分
	对科学的态度	偏向于意向，主要指对与科学及其学习相关的人、事、关系的评价
情境	背景界定	包括背景材料的选择要求、来源和分类
	背景呈现要求	背景材料的呈现方式要求，比如图片、文字、视频等

本书中分析的内容包括内容的基本构成、知识维度、能力维度、情感态度维度和情境维度。其中内容的基本构成更多属于介绍性质，描述评价内容的基本构成及相互关系，同时对内容结构设计的理念进行一定分析;能力维度主要分析各项目中提出的学科能力有哪些，各种能力的具体界定;知识维度

使用 PISA 对知识的分类，从陈述性知识、程序性知识和认识论知识三方面对各项目评价的知识构成进行分析比较；情感态度维度主要分析各项目界定的情感领域内容；情境维度主要分析各项目对情境的分类以及呈现要求。

二、表现标准的分析框架

表现标准又称表现水平描述，是对不同水平学生表现的描述，在 PISA 中被称为"精熟度量规描述"(profciency scale descriptions)，在 NAEP 中被称为"成就水平"(achievement levels)，本书中统一称为"表现标准"。

根据国外关于表现标准的相关研究，表现标准的制定首先需要确定水平数量和等级名称，然后需要根据政策确定描述的严格程度，最后由教育专家补充内容。[①] 因此，在国内的研究中，基本都认为表现标准的基本构成包括表现水平层级和描述符，同时也将最低分数线和表现样例作为学业评价表现标准的构成部分。[②,③] 邵朝友博士对国外的表现标准进行研究后指出，基于学科能力的表现标准编制必须考虑以下五个问题：如何明确学科能力转化为表现标准的方式？ 如何选择表现标准的呈现方式？ 如何拟定表现水平？ 如何撰写表现标准语？ 如何确定表现样例？ 邵朝友博士对表现标准的研究为本书分析国际大规模科学学业评价项目的表现标准提供了基本思路。根据本书的研究目的和问题，将分析维度确定为呈现形式、描述线索和水平区分因素。呈现形式主要从外观上对表现标准进行分析，比如表现标准的水平层次数量、水平命名，是否针对学科能力。描述线索是对表现水平描述语的初步分析，主要从横向水平来分析每个水平的描述语包括哪些内容，也即以什么为线索进行描述。水平区分因素主要围绕描述线索从纵向水平展开分析，即对于同一种能力或知识，不同水平的差异在哪里，采用了哪些程度副词或形容词？ 通过知识能力的数量还是情境的复杂性？ 等等。由于每个国家的描述可能存在差异，因此很难完全确定区分水平的因素，但根据已有研究来看，区

① PERIE M. A guide to understanding and developing performance level descriptors [J]. Educational Measurement Issues & Practice, 2008, 27(4): 15 - 29.
② 邵朝友. 基于学科能力的表现标准研究[D]. 上海：华东师范大学，2014.
③ 张咏梅. 大规模学业成就调查的开发：理论、方法与应用[M]. 北京：北京师范大学出版社，2015：132.

分水平的因素可能包含认知过程、情境复杂度、情境熟悉度、认知对象的复杂性等。至于具体每个因素如何描述,这是本书将要解决的问题。表现标准的分析框架及分析方法见表 2 - 4。

表 2 - 4　表现标准框架的分析框架与方法

一级维度	二级维度	分析方法
呈现形式	水平层次数量、水平命名、是否针对学科能力等	直观地从表现标准的外观观察
描述线索	每个水平的描述语包括哪些内容,比如某个学科能力或知识	首先以最高水平的描述为对象,分析基本的描述单位,即某个技能、知识或能力,然后对比不同水平的表现描述,提取相同字符的内容或具有相同特征的描述,比如"科学探究""提出问题""情境"等词,并据此对具有相同描述符或特征的描述进行编号,由此确定描述线索
水平区分因素	认知过程、情境复杂度、情境熟悉度、认知对象的复杂性等	以每个编号的描述线索为研究对象,分析同一编号不同水平的语言描述,确定区分水平的关键点或因素;具体关注不同程度的用词属性,比如广度、频次、熟练程度、深度、创新性和质量等

为了便于分析,首先提取每个水平具有相同特征字符的词语或描述,对比确定描述线索,然后根据描述线索对各评价项目表现标准中的内容描述进行编号,最后以编号为单位,分析并总结水平区分因素,同时总结评价项目中部分关键能力的描述线索和水平区分因素。

三、试题情境的分析框架

试题情境的分析框架构建主要依据罗日叶提出的"情境类型学"。情境类型学将情境分为辨别参数、内容参数和装扮参数三个方面,为我们设计情境提供了一个参考框架。但由于部分参数具有较大的主观性,在试题情境分析过程中不易把握,因此,为保证研究结果的可靠性,尽量减少个人主观性影响,本书对情境类型学的维度进行了修订,最终形成本书中采用的试题情境分析框架。

本书首先根据罗日叶对每个维度的界定与分类,对这一框架的二级维度进行重构:将部分维度进行拆分,比如运用的知识、技能和情感态度分为运用的知识、能力(或认知过程)和调动的情感态度,同时根据研究目的,删掉不易把握且并非十分重要的维度,比如内容参数中"所追求的目标",装扮参数中"情境的表述架构";然后从国际科学学业测评项目的试题中随机选出3个试题单元(PISA试题单元C、PCAP试题单元B、NCA试题单元K,共含13个小题)进行分析,通过分析确定维度划分是否合理,对划分依据进行详述,对二级维度进行补充或删减或细化;最后,为了保证情境分析框架的科学性,同时确定分类依据能保证分类的准确性。本书选取5道试题与分析框架一起编制成问卷,采用多人评分的方式对分析框架进行修订。评分参与者共5名,其中中学物理教研员1名、高中物理教师1名、初中物理教师1名、小学科学教师1名、高校研究生1名。根据回收的问卷,对5名评分老师的评分结果进行整理,对分析框架再次进行修订,确定最终的分析框架,同时对每个选项进行明确界定和说明,具体内容见表2-5和表2-6。

表 2-5　最终确定的试题情境分析框架

一级维度	二级维度	选　项
辨别参数	a 情境范围	a1 学科的;a2 个人的;a3 区域的;a4 全球的
	b 情境主题	b1 学习内容;b2 日常生活;b3 科技史;b4 科技前沿;b5 环境与自然
	c 涉及的学科领域	c1 单学科;c2 多学科;c3 学科间
	d 所致力于发展的学生型面	d1 学科问题解决者;d2 环保主义者;d3 关心日常生活;d4 科技探索者
	e 期待的作业	e1 答案选择;e2 提供解释;e3 描述归纳;e4 提出实施建议;e5 设计实验方案;e6 绘制图表;e7 选择+解释
	f 情境的开放等级	f1 封闭;f2 开放
内容参数	g 运用的知识	g1 物质科学;g2 生命科学;g3 地球与宇宙科学;g4 科学的本质;g5 程序性知识
	h 使用的能力或素养	h1 解释现象;h2 科学探究;h3 科学交流;h4 科学推理;h5 解决问题;h6 理解数据与证据;h7 参与和贡献
	i 态度	i1 有;i2 无

（续表）

一级维度	二级维度	选　项
	j 问题之间的关联	j1 彼此独立；j2 后者基于前者
	k 问题与背景的相关性	k1 高度相关；k2 弱相关
	l 问题与具体知识的相关性	l1 高度相关；l2 弱相关
	m 是否涉及数学或公式计算	m1 是；m2 否
装扮参数	n 情境的图形式呈现	n1 只有文字；n2 只有图片；n3 只有视频；n4 文字＋图片；n5 文字＋图表；n6 文字＋视频；n7 文字＋图片＋图表

表 2-6　试题情境具体说明

二级维度	选　项　说　明
a 情境的范围	主要指情境所涉及的地理范围,有个人的、区域的、全球的和学科的四个选项。"个人的"主要指个人日常生活范围的情境;"区域的"指某一地区特有或发生的事物或事件;"全球的"指全球性问题与事件,比如气候变暖、环境污染;一些环境问题也可能是区域的,比如题目说明某一地区等;"学科的"指纯学科背景或没有具体背景的试题,比如在实验室完成的学生实验,不属于个人的、区域的或全球范围的事物事件
b 情境主题	主要指背景所涉及的问题或其来源,含日常生活、科技史、科技前沿、环境与自然和学习内容五个选项。日常生活与情境范围的"个人的"相对应,主要指日常生活中的主题,比如猫狗等动物、窗帘、个人运动与健康等;科技史指科学史和技术史,比如天花病毒及其治疗史、科学家发现行星运动规律的历史等;科技前沿指目前先进的科学与技术,比如生物能源的利用、自动售票系统;环境与自然指环境污染和保护相关的主题,比如全球变暖、野生动物保护;学习内容指不属于以上选项的主题,包括没有背景的试题
c 涉及的学科领域	主要指试题涉及哪些学科的内容,含单学科、多学科和学科间。多学科与学科间的区别在于多学科指一个试题单元几道小题共涉及两个及以上学科内容,学科间指一个试题单元中一个小题的解答涉及两个及以上学科内容,判断的依据是每个评价项目的试题属性表和答案

（续表）

二级维度	选项说明
d 所致力于发展的学生型面	指试题所体现出来的理念或目标,含环保主义者、关心日常生活、科技探索者和学科问题解决者四个选项。其中,环保主义者主要涉及环境和动物保护主题;关心日常生活主要涉及日常生活主题;科技探索者指含有探究活动或体现探究过程的试题,既可以对应学习内容中的探究试题,也可以对应科技前沿、环境与自然等主题;学科问题解决者指不属于以上选项的试题和纯学科问题。个别试题可以一题多选,比如既可以归入关心日常生活,也可以归入科技探索者
e 期待的作业类型	包括七个选项,其中 e1"答案选择"不仅含单选题和多选题,还包括计算机测试中的拖放排序、从表格中选择数据、下拉菜单、纸笔测试的匹配连线;e2"提供解释"一般回答为什么的问题,给出一组解释,可以是解释现象,也可以是解释某种操作或结论;e3"描述归纳"包括描述现象、从图表中归纳结论、举例;e4"提出实施建议"指提出行动或操作建议,一般针对真实的问题;e5"设计实验方案"不仅指设计完整的实验方案,还包括设计实验方案的某一步骤、对实验的评价与改进,只针对实验或探究性问题;e6"绘制图表"包括画出受力示意图,制作条形图、折线图等图表,完善图表的某一部分;e7"选择＋解释"指要求先做出选择,然后对选择进行解释
f 情境的开放等级	只有开放和封闭两种情况。开放情境指有多种解决方案或答案的试题,封闭情境指只有唯一答案且路径唯一的试题,判断的依据是每道试题及其参考答案。选择类试题全部归入封闭情境,构建类试题需要根据具体情况进行分析
g 运用的知识	
h 使用的能力或素养	均依据试题属性表或试题注释归类,不需要多人分析
i 态度	
j 问题之间的关联	指前后两道小题之间的独立性,即同一背景下的几道小题,后面小题的作答是要在上一小题作答的基础之上,还是独立作答。判断的依据是将上一小题去掉,仅看背景和该小题,看条件是否充足
k 问题与背景的相关性	指一个背景下的小题是否与该背景相关,只有高度相关和弱相关两个选项。高度相关指去掉背景该小题作答条件不足;弱相关指去掉背景该小题作答不受影响,背景描述只是提供一个环境而已。对于没有总体背景但有小背景的小题按小题进行分析,对于无背景的试题不作分析

（续表）

二级维度	选 项 说 明
l 问题与具体知识的相关性	此处的"具体知识"只指学科具体的概念规律,不含程序性知识和科学本质相关知识。相关性只有高度相关和弱相关两个选项。判断的方法是解答该题目是否需要学生回忆或识别某个知识概念或原理。若虽然提及具体概念但直接从文字、图表、图片中推理就可以得出结果则为弱相关
m 是否涉及数学或公式计算	即解答该题目是否需要进行数学计算或应用科学公式进行推算。只提供条形图或折线图或表格数据而不需要进行数学计算或公式计算归入"否"
n 情境的图形式呈现	含 7 个选项,可以直接观察,不存在主观性问题

与之前的分析框架相比,现在的分析框架删掉了"真实或虚构的情境"和"情境的新颖度"2 个条目,增加了"情境主题"条目,同时对部分选项进行了调整,共含 14 个条目。

四、试题设计思路分析框架

依据各评价项目的评价框架和报告对其评价方式进行总结,结果见表 2 - 7。

表 2 - 7 各评价项目的评价方式总结

项目	评 价 方 式
PISA	计算机测试,含客观测试、交互任务和背景问卷
NEAP	纸笔测验＋计算机交互＋动手操作＋背景问卷
PCAP	纸笔测验＋背景问卷
NCA	纸笔测验＋教师主导评价
NAP - SL	计算机测试,含客观测试、探究任务和背景问卷
NMSSA	纸笔测验＋访谈＋个人独立操作或小组合作＋背景问卷

可以看出:纸笔测验依然是大规模科学学业评价的重要形式;计算机技术在大规模科学学业评价中已经有较多使用;现场动手操作任务、背景问卷

在很多项目中也有使用。

根据以上信息,对试题设计思路的分析主要从以下方面进行。

(1)以学科能力为线索,对纸笔与计算机客观测试试题(基本不含交互任务)展开分析,包括科学探究、科学地解释现象、理解数据与证据、科学交流、问题解决、科学推理等。这一部分主要以各评价项目的试题为样例,分别分析各评价项目如何围绕学科能力设计试题,包括在怎样的情境下、以怎样的题型、从哪些方面、借助怎样的工具等实现对学科能力的评价。

(2)虽然计算机交互任务和现场操作任务往往针对学生的科学探究能力而设计,但并不能否认这两类试题在评价其他学科能力方面的价值,因此,本书对这两类评价任务或试题单独进行分析,包括以怎样的题型、从哪些方面评价、任务设计的逻辑、任务实现的方式和条件等。

第三章
OECD 核心素养框架与 PISA 科学素养测评项目

　　自 2000 年开展国际学生评估项目（PISA）至今，经济合作与发展组织（OECD）在国际教育政策领域的话语权日益增强，对各国教育政策的制定和教育改革的推进都产生了重要影响。PISA 作为国际大规模学业评价的典范，对核心素养背景下的科学学业测评进行了诸多创新探索，对国际科学学业测评产生了重要影响。本章将首先对 OECD 核心素养框架进行概述，然后以本书确立的分析框架对 PISA 项目中的科学素养测评框架和试题进行分析，探析其测评框架和试题的特点。

第一节　OECD 核心素养框架

　　2003 年，经济合作与发展组织（OECD）发布了研究报告《素养的界定与遴选：理论与概念基础》（*Definition and Selection of Competencies: Theoretical and Conceptual Foundations*，简称 DeSeCo）。该报告从功能论的视角对素养进行了界定，认为"素养"是一个动态的和整合的概念，比知识和技能的概念更宽泛，是相关知识、认知技能、态度、价值观和情绪的集合体。对于核心素养，DeSeCo 项目组认为，每一个核心素养必须满足以下条件：①对实现个人和社会发展的结果有帮助；②帮助个人满足多种情境下的需求；③不仅对专业人士有用，对所有个体生活和发展都有帮助。基于此，

DeSeCo 项目组提出了三大类别的核心素养，分别是互动地使用工具、在社会异质团体中互动和自主行动。

一、互动地使用工具

该维度包括"互动地使用语言、符号和文本""互动地使用知识信息"和"互动地使用技术"三大素养。"互动地使用语言、符号和文本"这一核心素养涉及在多种情况下有效地使用口头和书面语言技能、计算和其他数学技能，它是在社会和工作场所与他人进行有效对话的重要工具。"交际能力"或"读写能力"均与此相关，PISA 测试中的阅读和数学素养的界定就是这一核心素养的体现。"互动地使用知识信息"需要对信息本身的性质进行批判性反思，包括其技术基础设施及其社会、文化、思想背景和影响。信息素养是理解选择、形成意见、做出决定以及通报和负责任地行动的基础，这一素养的例证之一是 PISA 测试中的科学素养，旨在探索学生愿意参与和与科学探究互动的程度，包括他们对科学问题的兴趣程度如何，而不仅仅是他们是否有能力根据需要进行认知技能的训练。"互动地使用技术"需要人们认识到在日常生活中使用技术的新方法。个人要超越单纯使用因特网、发送电子邮件等所需的基本技术技能，要理解技术的本质和潜力，将技术工具中与相应的环境和目标联系起来，将技术纳入他们的共同实践中，熟悉技术，从而拓展其用途。

二、在社会异质团体中互动

这一类核心素养包括"与他人很好地交往""与人合作"和"管理和解决冲突"三大素养。"与他人很好地交往"允许个人发起、维护和管理个人关系，包括与熟人、同事和客户的关系。这种能力假设个人能够尊重和欣赏他人的价值观、信仰、文化和历史，以便创造一个他们感到受欢迎、被包括并茁壮成长的环境。该素养要求个体要具有同情心，且能够有效管理自己的情感。"与人合作"需要每个人都能够平衡个人目标和团队目标，并且必须能够分享和支持他人。这种能力具体包括：呈现自己的观点和倾听他人；理解争论并能跟随讨论节奏；构建战术或可持续联盟；谈判协商；在考虑不同意见的基础上做出决定。"管理和解决冲突"首先要认识到冲突是一个被管理的过程，而不是试图否定它,需要考虑他人的利益和需要,得到一个双方都能接受的解决办法。个人积极参与冲突管理与解决,要能够:分析利益利害攸关的问题、冲突的根源和各方面的推理,接受不同观点者的位置立场;有不同的可能的位置;确定同意和不同意的地方;重构问题;确定优先的需求和目标,决定他们愿意在什么情况下放弃什么。

三、自主行动

这类素养包括"复杂情境中行动的能力""形成并执行生活计划与个人项目的能力"和"维护权利、坚持兴趣、明确界限与需求"。"复杂情境中行动的能力"要求个人理解并考虑其行动和决定的更广泛背景,考虑它们与社会规范、社会和经济制度以及过去发生的事情之间的关系。"形成并执行生活计划与个人项目的能力"将项目管理的概念应用于个人,要求个体把生活解释为有组织的叙述,并在变化的环境中赋予它意义和目的。"维护权利、坚持兴趣、明确界限与需求"一方面涉及自主权利的需要;另一方面涉及个人作为集体一员的权利和需求,如积极参与的民主制度。

第二节 PISA 科学素养测评的内容框架

PISA 每三年开展一次,2015 年以科学为主要评价领域。PISA2015 认为,科学素养是一个具有科学观念的反思性公民参与社会相关事件的能力。一个具备科学素养的人首先要具备解释自然现象、工艺产品和技术及其对社会影响的能力,这样的能力需要了解科学的基本思想和构建科学实践与目标的问题;其次是关于科学探究的知识及对其的理解,包括识别可以通过科学调查回答的问题,确定是否使用适当的程序并提出如何回答这些问题;最后是科学解释和评价数据与证据的能力,并评价是否可以得出结论。因此,2015 年 PISA 科学素养定义为三大能力:科学地解释现象,评价和设计科学探究,科学地理解数据和证据。PISA 同时指出,个体能力的表现不可能脱离情境存在,而要基于一定的背景,因此背景也被列为科学素养评价的一个重要方面。同时能力的发展都需要知识。例如,科学地解释科学和技术现象需要知道科学概念和原理等科学内容(以下称"内容知识"),而第二个和第三个能力不仅需要知道已有的知识,还需要知道科学知识是如何建立的,有些人主张将其称为"科学本质""科学观念"或"科学实践";认识和识别科学探究的特征需要知道用于建立科学知识的多种方法和实践的标准程序(以下称为"程序性知识")以及认识论知识——理解科学探究实践的原理,所产生的知识状态以及基础术语的含义,如理论、假设和数据。同时,从素养发展的角度来讲,其中一个重要成分就是情感领域,比如对科学的态度和社会责任意识。

基于这些,PISA2015 年的测评将科学素养定义为情境、知识、科学能力和态度四个相互关联的方面(见图 3 - 1)。

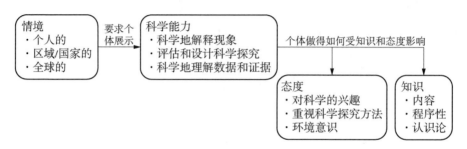

图 3 - 1 PISA2015 科学素养测评的内容框架

一、科学学科能力

科学学科能力包含科学地解释现象、评价和设计科学探究以及理解数据和证据的能力。科学地解释现象要求学生在给定的情境下回忆起适宜的内容知识并使用他们理解和解释感兴趣的现象。评价和设计科学探究要求学生批判性地评价科学发现的报告和科学探究的过程,具备关于科学探究的关键特征的知识和评价数据质量的能力,具备程序性和认识论知识,也涉及相关的内容性知识(content knowledge),理解形成怀疑态度的重要性,对各种科学领域的媒体报告持怀疑态度。理解数据和证据要求学生要理解科学数据和证据的呈现形式与意义,具备三种类型的知识。每种能力的具体表现如表 3 - 1 所示。

表3-1　科学学科能力

科学综合能力	具 体 说 明
科学地解释现象	能够识别、解释各种自然和技术现象并进行评价,具体表现为: ● 回忆并运用恰当的科学知识 ● 识别、使用和构建解释模型并呈现 ● 做出恰当的预测并为之辩护 ● 提出解释性假设 ● 解释科学知识对社会的潜在影响
评价和设计科学探究	能够描述和评价科学探究并提出解决问题的方法,具体表现为: ● 识别一项给定的科学研究要解决的问题 ● 区别出可以被科学地探究的问题 ● 提出针对给定问题的探究方法 ● 评价针对给定问题的探究方法 ● 描述和评价科学家所使用的保证数据的信度、解释的客观性和普遍性的方法
理解数据和证据	能够分析和评价以各种形式呈现的科学数据、科学观点和科学论证并得出恰当结论,具体表现为: ● 将数据从一种表现形式转换为另一种 ● 分析、解读数据,得出恰当的结论 ● 识别科学相关文本中的假设、证据和推理 ● 区分基于科学证据和理论的论证以及其他类型的论证 ● 评价不同来源的科学论证和证据(如报纸、网络、期刊等)

　　根据 2015 年的测评框架,每种学科能力在评价中所占比例分别为科学地解释现象占 40％～50％,评价和设计科学探究占 20％～30％,理解数据和证据占 30％～40％。

二、科学知识

PISA2015 将科学知识分为三种彼此相关的类型:

　　第一种是非常熟悉的已经建立的关于自然世界的"事实""概念""观点"和"理论",被称为"内容知识"或"关于科学的内容的知识";第二种是"程序性知识",是科学家用来构建科学知识的程序。这类知识是关于实践和科学探究概念的,比如,重复测量以减小误差和不确定性、控制变量或呈现与表达的标准程序。通常这些也被描述为一系列"证据的概念"。第三种是,理解科学作为一个实践活动需要"认识论知识",这一类知识涉及对具体结构的作用理解以及定义对科学知识构建过程的重要性认识。"认识论知识"包括对科学中问题、观察、理论、假设、模型和论证等的功能的认识,科学探究的多种形式的认识以及同龄人在构建知识中的角色的认识。

1. 内容知识

PISA 对评价的内容知识的选择有一定的标准,这一标准包括:与现实生活相关;体现一个重要的科学概念或可持久使用的主要理论;适宜于 15 岁学生的水平。根据这一标准确定具体的内容知识,比如物质科学领域的内容知识包括物质的结构(比如粒子模型、化学键)、物质的属性(状态、导热性和导电性的改变)、物质的化学变化(比如化学反应、能量转移、酸或碱)、力与运动(如速度、摩擦力)、远距离相互作用(如磁场力、引力和静电力)、能量及其转化(如守恒、损耗和化学反应)、能量与物质的相互作用(如光和无线电波、声音和地震波)等。根据 2015 年的测评框架,每个领域的知识在评价中所占比例分别为:物质系统占 36%,生命系统占 36%,地球与宇宙系统占 28%。

2. 程序性知识

"程序性知识"是科学家用来构建科学知识的程序,是关于实践和科学探究概念的知识,PISA2015 评价的程序性知识具体如表 3-2 所示。

表 3-2　PISA2015 评价中的程序性知识

- 变量的概念,包括相关变量、独立变量和控制变量等
- 测量的概念,如定量测量、定性观察、量规的使用、分类变量和连续变量等
- 评价和减小不确定性的方法,如重复测量、平均测量等
- 确保数据的可重复性(同一个量重复测量的一致性程度)与准确性(测量结果与被测真值之间的一致性程度)的机制
- 恰当使用表格、图形和图表等方式提取或呈现数据
- 控制变量的策略及其在实验设计中的作用,或者使用随机对照实验,避免复杂结果,并识别可能的因果关系
- 针对给定的科学问题所做出的恰当设计的本质,如实验、现场研究或模式探寻

3. 认识论知识

"认识论知识"涉及对具体结构的作用理解以及定义对科学知识构建过程的重要性认识。具体要求如表 3-3 所示。

表3-3　PISA2015评价中的认识论知识

科学的结构和特征：
- 科学观察、事实、假设、模型和理论的本质
- 科学的目的(形成对自然世界的解释)与技术的目的不同(为满足人类需求而提供最优解决方案)，什么是科学问题、技术问题以及什么是合理的数据
- 科学的价值，如对公布结果的责任、客观性和消除偏见等
- 科学中使用的推理的本质，如演绎、归纳、推理到最佳的解释(溯因)、类比、基于模型推理等

科学的结构和特征在科学知识的解释过程中所发挥的作用：
- 科学数据和推理是如何支持科学论断的
- 不同形式的经验性探究在建立知识中的作用，它们的目的(如检验假设或识别模式)及研究设计(观察、控制实验、相关性研究)
- 测量误差如何影响到科学知识的可信度
- 物理模型、系统模型和抽象模型的作用及其局限
- 合作和评论的作用，以及同行评议如何帮助建立科学论断的可信度
- 科学知识以及其他形式的知识在认识和解决社会与技术问题中的作用

根据 PISA2015 评价框架，三种类型的知识所占比例具体如表 3-4 所示。

表3-4　PISA2015评价中三种类型知识所占比例

知识类型	系　　　统			
	物质	生命	地球与宇宙	总计
内容	20%~24%	20%~24%	14%~18%	54%~66%
程序性	7%~11%	7%~11%	5%~9%	19%~31%
认识论	4%~8%	4%~8%	2%~6%	10%~22%
总计	36%	36%	28%	

三、态度

对科学的态度会影响学生对科学技术的兴趣、注意力以及相关问题的反应，因此，科学教育的目标之一就是培养学生的态度进而使学生参与科学相关问题。PISA2015 对"对科学的态度"的定义包含三个方面，分别是对科学技术的兴趣、重视科学探究的方法和环保意识。具体内容见表 3-5。

表 3 - 5 PISA2015 态度的定义

态度的三个方面	具体体现	测试点
对科学技术的兴趣	• 对科学及与科学相关问题和人类努力的好奇心 • 有获取另外的科学知识和技能、使用一系列资源和方法的意愿 • 对科学持续的兴趣,包括对于科学相关的职业的考虑	学习科学的兴趣;对科学的喜爱程度;将来从事科学相关活动的意向学习的工具性动机;科学的广泛价值;科学学习的自我效能感;具体职业的职业威望;技术的使用;校外的科学经历;职业期望;学校的科学职业准备;学生关于科学职业的信息
重视科学探究的方法	• 相信证据是解释物质世界的基础 • 承诺在适当的时候使用科学方法进行探究 • 重视评论作为构建知识可信度的方式的价值	
环保意识	• 对环境和可持续生活的关心 • 具有采取并促进环保的可持续行为	环保意识 环保观念

四、情境

虽然 PISA 将情境列为科学素养评价的一个方面,但并不代表要对情境本身进行评价,而是要在具体情境下评价学生的知识和能力。情境的选择是基于 15 岁学生可能获取的知识和认识水平。2015 年评价的情境见表 3 - 6,包括健康与疾病、自然资源、环境质量、危害和科技前沿五个方面。

表 3 - 6 PISA2015 科学素养评价的情境

	个人的	地区/国家的	全球的
健康与疾病	健康的保持,事故,营养	疾病的控制,社会传播,食品选择,社区健康	流行病、传染病的蔓延
自然资源	物质和能量的个人消费	人口保持,生活质量,安全,食物生产与分配,能量提供	可再生的和不可再生的物质系统,人口增长,物种的可持续利用

（续表）

	个人的	地区/国家的	全球的
环境质量	友好的环保行为，材料设备的使用和处理	人口分布，垃圾处理，环境影响	生物多样性，生态可持续性，控制污染，水土流失和生物种类减少
危害	生活方式选择的风险评价	剧变（如地震、恶劣的天气）、缓慢变化（如海岸侵蚀、沉降），风险评价	气候变化，现代通信的影响
科技前沿	个人科学爱好，个人技术、音乐和运动活动	新材料，设备和程序，基因改造，健康技术，交通	物种灭绝，太空探索，宇宙的起源与结构

第三节　PISA 科学素养测评的表现标准

一、PISA 表现标准的呈现形式和描述线索分析

PISA2015 的表现水平分为 1～6 共 7 个水平，其中第 1 水平分为 1a 和 1b 两个水平。表 3-7 是 7 级水平的描述。

表 3-7　PISA 表现标准

6	①学生能够在各种复杂生活情境中(要求高认知需求)运用内容、程序和认识论知识始终如一地解释现象,评价和设计科学探究并解释数据;②能够在各种情况下根据各种复杂的数据源得出合理的推论,并解释多步因果关系;③能够清楚地区分科学问题和非科学问题,说明探究的目的,在给定的科学探究或自己设计的实验中控制变量;④他们能够转换数据的呈现形式,解释复杂的数据并展现出对任何科学陈述能合理地判断其信度与精确性的能力;⑤这一水平的学生能够始终如一地展示其高水平的科学思维和推理能力,善于使用科学模型和抽象观念,即使在复杂的和不熟悉的情境中也能如此;⑥他们能够在大量的个人、地方和全球问题情境中,提出论据来评论和评价相应的解释、模型、数据解读以及实验设计
5	①学生能够在一些生活情境中(不要求所有高认知需求)运用内容、程序和认识论知识解释现象,评价和设计科学探究并解释数据;②能够在各种情况下根据复杂的数据源得出推论,并解释一些多步因果关系;③能够区分科学与非科学的问题,说明探究的目的,在给定的科学探究或自己设计的实验中控制变量;④能够部分地转换数据的呈现形式,解释复杂的数据并展现出对任何科学陈述能合理地判断其信

（续表）

	度与精确性的能力；⑤这一水平的学生能够展示其高水平的科学思维和推理能力，善于使用科学模型和抽象观念，即使在复杂的和不熟悉的情境中也能如此；⑥他们能够在一些（但不是全部）个人、地方和全球的问题情境中，提出论据来评论和评价相应的解释、模型、数据解读以及实验设计
4	①学生能够在大多数特定生活情境中（几乎为中等水平的认知需求）运用内容、程序和认识论知识来解释现象，评价和设计科学探究并解释数据；②能够在各种情况下根据不同的数据源中得出推论，并解释因果关系；③能区分科学与非科学的问题，在一些（不是全部）科学探究或自己设计的实验中控制变量；④能够对数据进行转换和解读，对于任何科学陈述的可信度有一定的认识；⑤这一水平的学生能够在不熟悉的情境中展示出一定的科学思维和推理能力；⑥他们能够在一些个人、地方和全球的问题情境中，提出简单的论据来质疑和批判性分析数据的解释、模型、数据解读以及实验设计
3	①学生能够在一些特定生活情境中（多数为中等水平的认知需求）运用内容、程序和认识论知识来解释现象，评价和设计科学探究并解释数据；②能够在各种情况下从不同的数据源中得出少量推论，可以描述和部分解释简单的因果关系；③能够区分一些科学的和非科学的问题，在给定的科学探究或自己设计的实验中控制一些变量；④能够转换和解读简单的数据，并能够评论科学陈述的可信度；⑤这一水平的学生能够在熟悉的情境中展示出一定的科学思维和推理能力；⑥他们能够在一些个人、地方和全球的问题情境中，提出部分论据来质疑和批判性分析数据的解释、模型、数据解读以及实验设计
2	①学生能够在一些特定的熟悉的生活情境下（大多数需要低水平认知需求）运用内容、程序和认识论知识来解释现象，评价和设计科学探究和解释数据；②能在少数情况下从不同数据源中得出少量推论，能描述简单的因果关系；③能区分一些简单的科学和非科学问题，在给定的科学探究或自己设计的简单实验中区分自变量和因变量；④能够转换和描述简单的数据，识别直接的错误，并对科学陈述的可信性提出一些有效的评论；⑥他们能在一些个人、地区和全球的问题情境中，提出部分论据来质疑和评论完整解释、数据解读以及实验设计的优点
1a	①学生能够在少量熟悉的生活情境下（需要低水平认知需求）运用内容、程序和认识论知识来解释现象，评价和设计科学探究和解释数据；②能在少数情况下使用少量简单的数据源描述一些简单的因果关系；③能区分一些简单的科学和非科学问题，在给定的科学探究或自己设计的简单实验中识别自变量；④他们可以部分转换和描述简单的数据，并将其直接应用于一些熟悉的情况；⑥他们能在一些非常熟悉的个人、地区和全球的问题情境中，评论完整解释、数据解读以及实验设计的优点
1b	①学生能够在少量熟悉的生活情境下（需要低水平认知需求）表现出运用内容、程序和认识论知识来解释现象，评价和设计科学探究和解释数据的一些证据；②能在少数熟悉的情况下，从简单的数据源中识别简单的模式，并尝试描述简单的因果关系；③能在给定的科学探究或自己设计的简单实验设计中识别自变量；④他们试图转换和描述简单的数据，并将其直接应用于一些熟悉的情况中

对表现标准进行编号,发现 PISA 表现标准主要从以下六个方面展开:①运用三种类型的知识和三种能力;②从数据中得出推论并解释(描述)因果关系;③科学探究设计,包括区分科学问题和非科学问题,说明探究目的和控制变量;④数据处理,包括转换数据呈现形式,解释数据,判断科学陈述的可信度与精确性;⑤展示出一定水平的科学思维和推理能力,使用科学模型和抽象观念;⑥评价能力,表现为提出论据来评论和评价相应的解释、模型、数据解读以及实验设计。这六个方面基本对应了三大能力,不涉及具体的内容知识,说明 PISA 表现标准的描述是以能力为线索的表现标准。

二、PISA 表现标准的水平区分因素分析

在前面对呈现形式进行分析后发现,PISA 表现标准主要从六个方面展开,以下按照每个编号对其表现描述进行单独分析。

1. 运用三种类型的知识和三种能力

水平	① 在<u>一定的生活情境</u>下运用三种类型的知识和三种能力
6	各种复杂的;要求高认知需求
5	一些;不要求所有高认知需求
4	大多数特定;几乎为中等水平认知需求
3	一些特定;多数为中等认知需求
2	一些特定的、熟悉的;大多数需要低水平认知需求
1a	少量熟悉的;需要低水平认知需求
1b	少量熟悉的;需要低水平认知需求

编号①体现的是从总体的角度来描述运用三种类型的知识和能力,主要体现在情境的复杂性、熟悉度和认知需求。认知需求是 PISA2015 提出的一个新概念,分为"低等""中等"和"高等"三个层次(详见表 3-8),主要借鉴了韦伯(Webb)的知识深度模型。PISA2015 的框架指出,在以往的评价框架中,试题难度是根据经验得出的,且常常与认知需求混淆。基于经验的试题难度是根据测试者正确解决问题的比例估计得出的,因此所能评价的是测试

人群所具有的知识数量,而并非知识深度。基于这样的背景,引入了认知需求。PISA2015 指出,一个测试题目具有很大难度,可能因为该题目所考查的知识并不为太多人熟知,但认知要求可能仅仅是简单回忆,相反,一个试题可能具有较高的认知需求,要求测试者联系并评价多种知识项目,但每个知识可能都是非常容易的。

表 3-8 PISA 认知需求的三个层次

认知要求级别及所占比例	具 体 描 述
低等(9%)	能实施第一步程序,比如回忆一个事实、短语、原理或概念,或从一个图表或表格中确定单一的信息
中等(30%)	使用和应用概念知识描述或解释现象,选择涉及两步或更多程序的合理程序组织或呈现数据,理解或使用数据集或图表
高等(61%)	分析复杂信息或数据;综合或评价证据;进行辩护,应用各种资源进行推理,开发针对某一问题的计划或形成步骤顺序

2. 从数据中得出推论并解释(描述)因果关系

水平	② _____ 从_____数据中得出推论并解释(描述)因果关系
6	各种情况下;各种复杂的;得出合理的;解释多步因果关系
5	各种情况下;复杂的;得出;解释一些多步因果关系
4	各种情况下;不同的;得出;解释因果关系
3	各种情况下;不同的;得出少量的;描述和部分解释简单的因果关系
2	少数情况下;少量简单的;得出少量的;描述简单的因果关系
1a	少数情况下;少量简单的;×;描述一些简单的因果关系
1b	少数熟悉的情况下;简单的;×;识别简单的模式,尝试描述简单的因果关系

编号②体现的是三大能力中"科学地解释现象",具体指从数据源进行推论,描述或解释现象。从水平描述来看,水平区分因素是情境的多样性和熟悉度,数据源的丰富性和复杂性,归纳得出结论的丰富性以及现象本质的复杂性。结论的复杂性主要体现在从识别简单的数据模式到描述简单的因果

关系再到多步骤因果关系,低水平不具备从数据源中得出推论的能力,只能达到简单的"识别"和"描述"。

3. 科学探究设计

水平	③ 科学探究设计:区分科学问题和非科学问题,说明探究目的、在给定的科学探究或自己设计的实验中控制变量
6	清楚地区分;说明;同上
5	区分;说明;同上
4	区分;×;在一些(不是全部)科学探究或自己设计的实验中
3	区分一些;×;控制一些变量
2	区分一些简单的;×;简单实验中区分自变量和因变量
1a	区分一些简单的;×;简单实验中识别自变量
1b	×;×;简单实验设计中识别自变量

编号③对应"评价与设计科学探究"这一能力,包括"识别一项给定的科学研究要解决的问题""区别出可以被科学地探究的问题""实验设计中控制变量"。从水平描述来看,水平区分因素是科学问题的复杂性和区分的数量、是否明确探究问题或目的、控制变量的范围与层次。其中,"能说明探究目的"只是高水平所具有的特征,在4级以下都不出现这一特征;控制变量的要求则体现了从"识别自变量"到"区分自变量和因变量"再到"控制一些变量"再到一些实验中"控制变量",最后到"所有实验中都能控制变量"。在实验设计方法中,控制变量被作为一项十分重要的能力。

4. 数据处理(呈现、描述和解释)

水平	④ 数据处理(呈现、描述和解释):转换数据呈现形式,解释数据,合理判断科学陈述的可信度与精确性
6	转换;解释复杂数据;任何科学陈述
5	部分转换;解释复杂数据;任何科学陈述
4	转换和解读;×;对科学陈述的可信度有一定认识
3	转换和解读部分;×;评论科学陈述的可信度

（续表）

2	转换和解读简单的；×；识别直接的错误；提出一些有效的评论
1a	转换和描述简单的；×；直接应用于一些熟悉的情况；×
1b	尝试转换和描述简单的；×；直接应用于一些熟悉的情况；×

编号④对应"理解数据和证据"这一能力，具体表现为转换数据呈现形式、解释数据、判断科学陈述的可信度与精确性三个方面。从水平描述来看，水平区分因素在于转换数据的数量和质量、数据的复杂度和熟悉度、科学陈述的复杂性和数量、评价的质量。其中，解释复杂数据只在高水平中有所体现，在低水平中只要求能识别数据和直接应用数据；对科学陈述的评价表现为从不能到能提出一些有效评论，到对陈述的可信度有一定的认识，再到能合理判断所有科学陈述。

5. 表现出一定水平的科学思维和推理能力，使用科学模型和抽象观念

水平	⑤ _____科学思维和推理能力，_____使用科学模型和抽象观念
6	始终如一地展示其高水平的；善于……使在复杂的和不熟悉的情境中也能如此
5	高水平的；善于……使在复杂的和不熟悉的情境中也能如此
4	在不熟悉的情境中展示出一定的；×
3	在熟悉的情境中展示出一定的；×
2	×；×
1a	×；×
1b	×；×

编号⑤属于一种综合性描述，从科学思维与推理能力的水平以及使用科学模型和抽象观念的水平两个方面进行。从水平描述来看，水平区分因素在于情境的熟悉度、能力水平的高低。低水平没有体现出一定的科学思维和推理能力，中低水平没有体现出应用科学模型和抽象观念的能力。

6. 基于证据的评价能力

水平	⑥ 基于证据评论或评价解释、模型、数据解读以及实验设计
6	能够在<u>大量的</u>个人、地方和全球问题情境中,提出<u>论据</u>来<u>评论和评价</u>相应的解释、模型、数据解读以及实验设计
5	<u>一些</u>(但不是全部);同上
4	一些;提出简单的证据质疑和批判性分析
3	一些;提出部分论据来质疑和批判性分析完整解释、数据解读以及实验设计的优点
2	一些;提出部分论据来质疑和评论完整解释、数据解读以及实验设计的优点
1a	一些非常熟悉的;评论完整解释、数据解读以及实验设计的优点
1b	×;×

　　编号⑥主要对应"理解数据和证据"和"评价与设计科学探究"两个能力,具体对应"评价不同来源的科学数据和证据"和"评价实验设计"。从水平描述来看,区分的因素在于问题情境的范围、所能提出的证据质量和评价的质量,其中评价的质量体现为从"能评论优点"到"提出部分证据质疑和评论优点"到"提出简单证据来质疑和批判性分析优缺点"再到"提出证据评论和评价"。

　　总体可以看出,PISA对水平的区分主要体现在三个方面:一是情境的复杂性,体现在关于情境范围或数据范围的形容词描述,比如从"各种复杂情境"到"一些复杂情境"再到"一些给定情境"再到"一些熟悉情境"再到"少量熟悉情境",从"各种情况下"到"少数情况下"再到"少数熟悉情况下",从"大量"到"一些"等;二是对象或结果的复杂性,体现在关于操作过程或结果的形容词描述,比如从"解释多步因果关系"到"解释一些多步因果关系"再到"解释因果关系"再到"解释简单因果关系",从"得出各种复杂的推论"到"得出不同的推论"再到"得出简单的推论",从"转换"到"部分转换",从"区分"到"区分一些"再到"区分一些简单的";三是认知过程的复杂性,体现在用词的调整,比如从"解释因果关系"到"描述因果关系",从"根据数据得出推论"到"识别数据中的模式",从"转换数据"到"转换和解读数据"再到"转换和描述数据",从"评论和评价"到"质疑和批判性分析"再到"评论优点",从"控制变量"到"区分自变量和因变量"再到"识别自变量"。

第四节　PISA 科学素养测评方式与题型

一、PISA 测评方式

2015 年的 PISA 评价主要以计算机评价为主,所有的新题型都能通过计算机进行呈现。也有一些国家和地区采用纸笔测验方式。我国 2015 年全部采用计算机评价的方式对北京、上海、江苏、广东等省(市)的一万多名学生进行测评。计算机网上评价不是将纸笔测试试题直接搬到网络平台,而是基于网络技术设计静态和动态的背景材料,如动画、短视频和交互性模拟。在交互模拟背景下,学生可以进行简单的操作,类似于在实践中的动手操作,比如要将温度调整为多少,要控制哪些变量等。学生可以迅速地通过模拟实验收集数据,并利用提供的工具绘制数据曲线、对数据进行分析等。

PISA 采用试题单元形式呈现试题,反映现实生活情境的复杂性,同时保证足够测试时间。每个情境下会呈现多个问题,而不是在不同的情境下提出各自独立的问题,这样就能从整体上减少学生熟悉背景材料所花费的时间。在每个试题单元内部需要考虑每个问题得分及与其他问题的相关性。PISA2015 测试单元要求覆盖所有科学能力和三种形式的科学知识。在很多情况下,每一个测试单元评价多个能力和知识,但每一道测试题目只评价一种形式的知识和一个能力。具体的背景材料可能是一段简短的文本,也可能是文本与表格、图表、图示等结合起来。在 2015 年的测试中,每个单元的背景材料还包括动态的材料,比如动画和交互性模拟。试题是一系列独立给分的问题,包括各种题型。

在 2015 年的测试中,每个学生的评价时间为 2 个小时,但只有 1 个小时测试科学素养,另外 1 个小时用来测试阅读、数学和合作解决问题中的一个或两个。在科学素养测评中,每个学生只完成分配给他的 4 个试题单元,分配过程由计算机循环完成,综合起来所有学生可以覆盖所有的试题单元。

二、PISA 题型

2015 年的 PISA 测试基本题型有三种:简单选择(simple multiple choice)、复杂选择(complex multiple choice)和构建性反应题(constructed response),每种题型约占三分之一。一些试题为交互性任务。例如,在一个模拟的科学探究任务中,学生选择合适的操作变量。这些交互性任务的赋分类似于复杂多选题。也有一些交互性任务是开放性的,其评分类似于构建类反应试题。背景问卷主要用来收集关于学生科学学习的背景信息,其中含有学生情感领域的信息调查。据此,可以将具体的反应形式归纳如表 3-9 所示。

表 3-9　PISA 试题类型

反应形式	说　　明
简单选择(两种)	● 从四个选项中选择一个 ● 从一个文本或图表中选择一个区域圈出来,叫"圈区域"(hot spot)
复杂选择(四种)	● "是/否"判断题,一个问题算一道题目 ● 从列表中选择至少一个选项 ● 选择多个能拖放(drop-down)的选项填多个空格完成句子 ● "拖放"试题,允许学生在屏幕上移动相关元件完成匹配任务、排序或分类
构建类反应	要求写出一个短语到写出一篇短文(比如两到四个解释性句子)。也有一些要求画出图表或图示。在基于计算机的评价中,每一道题目都有相应的画图编辑器作为支持工具
交互性任务	需要进行一定的变量操作

简单选择类反应包括两种形式:一种是从四个选项中进行选择,这类反应形式通过纸笔测试也可以实现;另一种叫"圈区域",要求从一个文本或图表中选择一个区域圈出来。复杂选择类反应包括"是/否"判断题、列表选择和拖放试题,这类反应形式较难在纸质测试中反映出来,尤其是拖放类反应形式。构建类反应要求学生写出一个短语到写出一篇短文,也有一些要求画出图表或图示,这类反应形式不仅考查学生科学学习领域的知识与能力,同

时也考查学生的 ICT 能力,包括制作图表图示的能力。交互性任务属于一种类型的任务,这类任务的反应形式既可以是选择,也可以说构建,只是需要学生进行一定的变量操作,在操作的基础上进行选择或构建,常常应用于对科学探究能力的评价。

可以看出,PISA2015 主要通过计算机收集学生的反应信息。收集的信息包括学生做出的选择性判断、学生构建的内容(包括文字、图表和图式等)、学生的操作性动作和流程。实际上前两者在纸笔测试中也能有所体现,只是纸笔测试反应形式比较单一,比如计算机测评可以实现拖放选项、圈区域,虽然也是做出判断,但形式更加多样化,而且计算机还可以保留学生的操作痕迹。交互性任务是一种人机互动测评形式,可以记录学生的操作性动作和流程,类似于表现性评价中的录像,而且可以通过计算机自动实现评分,评分过程更加精细、科学。

第五节 PISA 科学素养测评的试题情境

PISA 试题来自 OECD 官方网站,由于 PISA2015 主要采用计算机测试,其公布试题也都是计算机试题,包括 2017 年公布的 PISA2015 正式评价试题和 2015 年公布的用于试测的部分试题,共 10 个试题单元 35 道小题。按照试题情境分析框架对 PISA 试题进行分析,结果如下。

一、PISA 试题情境之辨别参数分析

辨别参数包括六个条目,分别是情境范围、情境主题、所致力于发展的学生型面、涉及的学科领域、期待的作业和情境的开放等级。PISA 情境范围不包括"a1 学科的",情境主题不包括"b1 学习内容",所致力于发展的学生形面不包括"d1 学科问题解决者",试题情境更加注重与现实生活的关联。从图 3-2 可以看出,情境范围以区域性和全球性为主,两者总比例占到 90%。从图 3-3 可以看出,环境自然的相关主题所占比例最大,达到 60%,接下来是科技前沿主题,结合致力于发展的学生形面可以看出,PISA 注重渗透环保主义理念和教育,关注培养科技探索者。比如鸟类迁徙这一情境就是一个真实

的自然情境,不需要经过特别的加工即可为学生提出问题;以这样一个真实的背景为题材,背后所体现的是环保主义的理念倡导,让学生在解决问题的过程中同时接受环保教育。

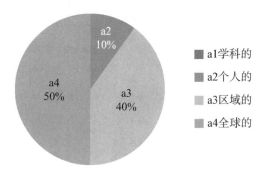

图3-2 PISA试题情境范围

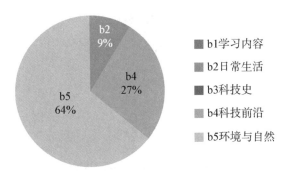

图3-3 PISA试题情境主题

从涉及的学科领域来看,PISA试题既有只涉及单学科领域的试题,也有涉及多学科的试题。从所占比例来看,单学科试题占80%,多学科试题并不多。说明一部分试题只需要学生使用单一学科知识就可以解决,比如物质科学,而部分试题需要同时调用物质学科和地球与宇宙科学的知识来进行解答,试题中并未涉及学科间知识整合。从期待的作业类型来看(见图3-4),基本以选择答案为主,约占63%,其次是"提供解释"和"选择+解释"。试题中并没有要求学生描述解决问题的过程或写出具体的方案。如图3-5所示,在所给出的36道试题中,开放试题所占比例约为26%,多数情境为封闭性,且多数是给出方案让学生进行判断或选择。

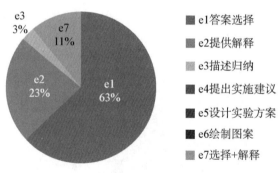

图 3-4　PISA 期待的作业类型

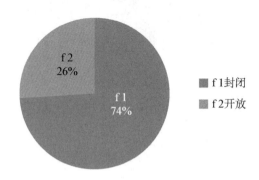

图 3-5　PISA 试题开放性

二、PISA 试题情境之内容参数分析

从内容参数来看,36 道小题中,物质系统试题所占比例较少,生命科学和地球与宇宙科学所占比例较大,很多试题只考查单一学科知识,比如有两道试题的 8 个小题全部是关于生命科学的;从调用的能力来看,每个学科能力都得到了相当的重视,每道试题都考查了至少一个学科能力。比如"B 在炎热的天气下跑步"同时调用了三大能力。从问题之间的关系来看,多数涉及相似内容领域,每个试题的作答与评分却是相互独立的。如图 3-6 所示,从问题与背景的相关性来看,83％的小题都与背景紧密相关,说明一方面背景材料提供了相应的已知条件,另一方面多数背景不只是提供一个"背景"。从 5 道试题单元涉及的具体知识来看(见图 3-7),与学生在学校所学知识之间的关系较弱,并不涉及太多的概念回忆和识别。部分试题虽然涉及学科领域的相关概念或知识,但完全可以依据背景或条件通过推理进行解答,考查的是程序性知识。

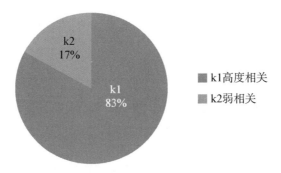

图 3-6　PISA 问题与背景的相关性

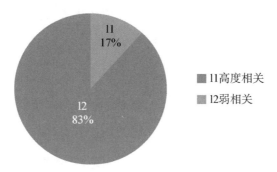

图 3-7　PISA 问题与具体知识的相关性

三、PISA 试题情境之装扮参数分析

如图 3-8 所示,从情境的图形式呈现来看,情境都以"文字+图片"或"文字+图片+图表"的混合形式呈现。从小题来看,个别小题只以文字呈现,但都位于一个总体的背景之下。情境具有相当的吸引力,比如"在炎热的天气

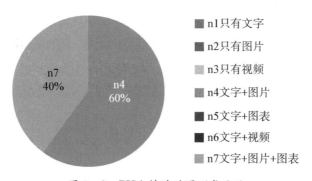

图 3-8　PISA 情境的图形式呈现

下跑步",虽然这一背景信息可能是学生所熟悉的,但"脱水"和"热休克"可能很多学生并不熟悉,对学生来说具有一定的新鲜感。

第六节　PISA 科学素养测评的试题设计

一、PISA 针对科学探究能力的试题设计

在 PISA 科学学业评价项目中,科学探究体现为"评价和设计科学探究",要求批判性地评价科学发现的报告和科学探究的过程,要求具备关于科学探究的关键特征的知识和评价数据质量的能力,关注的是可探究的问题和科学探究的方法。PISA 对科学探究的评价既体现在计算机客观测试试题中,也体现在计算机交互试题中。在 2015 年正式测评的 5 个试题单元中,"评价和设计科学探究"关注的是科学探究中控制变量、收集数据、做出解释等技能以及对从数据到结果的过程理解和评价,这一能力的评价既可以通过静态的探究方案中的某一个片段,比如收集数据来让学生进行评价,让学生识别已有方案的局限性,也可以通过计算机模拟操作的方式让学生自己设计并根据数据进行评价。从题型来看,对这一能力的评价并没有采用要求学生设计实验方案等含有大量文字信息的论述方式。虽然也有一定的简短构建类试题,但对反应信息的限制较多。

以试题单元 B 为例,在 B4 问题中,定义了一个变量,设定的空气湿度为 40%,学生必须至少进行两次试验,以确定一个人能在没有中暑的情况下跑步的最高温度。他们必须利用程序性知识来解释他们收集的数据如何支持他们的答案,表明在 40% 湿度时,空气温度高于 35℃ 会导致中暑。该题目要求学生在一定的操作基础上收集数据,属于模拟操作类探究。

试题单元 B:在炎热天气下跑步
背景:此模拟是基于一个对一名跑步者在跑步一小时后的出汗量、失水量和体温进行计算的模型。
要查看这个模拟的所有控制方式如何工作,遵循以下步骤:

移动滑块设定气温。

移动滑块设定空气湿度。

点击"是"或"否"选择是否饮水。

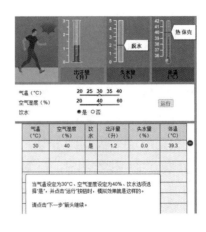

点击"运行"按钮查看结果。注意失水量达到2％及以上将导致脱水，体温上升到40℃及以上将导致热中风。结果还将显示在表中。

说明：此模拟显示的结果基于一个简单的数学模型，描述不同条件下跑步一小时后人体机能将如何运作。

B4：根据以下信息运行模拟，收集数据。点击一个选项并从表中选取数据回答问题，给出解释。

基于模拟，当空气湿度为40％时，一个人跑步一小时不发生热休克的最高气温是多少？

◎20℃　◎25℃　◎30℃　◎35℃　◎40℃

从表中选取两行数据支持你的答案。

解释这些数据如何支持你的答案。

二、PISA针对"科学地解释现象"的试题设计

"科学地解释现象"要求学生在给定的情境下回忆起适宜的知识并使用它们理解和解释感兴趣的现象，关注的是针对"科学现象"所构建的解释和预测，由科学现象到对现象的解释再到现象的社会影响。在PISA2015年正式测试的5个试题单元中，使用"科学地解释现象"这一能力的一共有6道小题。PISA"科学地解释现象"这一能力的评价是在一定背景下进行的，评价的题型可以丰富多样，既可以是多选项选择题，也可以是下拉菜单选择题，还可以是拖放试题和简短构建类试题，但基本都只有一个唯一的答案。解释现象的关注点不局限于回忆并运用恰当的科学知识，还包括识别、使用和构建解释模型并呈现以及做出恰当的预测并为之辩护等，对这一能力的评价即可以在较为简单的情境下进行，也可以在十分复杂的情境中进行。

以试题单元 C 为例，C1 是一道选择题，要求学生运用简单的科学知识来选择正确的解释，说明为什么物体在接近地球的时候加速，考查的内容属于物质系统；C2 是一道下拉菜单式选择题，本质上也是选择类试题，要求学生选择两个答案来解释行星的大气层厚度与流星体在大气中燃烧的可能性，以及将在地球表面上撞击出的陨石坑的数量之间的关系，考查的内容属于地球与宇宙系统。C1 要用到重力或引力的概念，属于先回忆概念再应用概念解释现象，在背景中没有明显的已知条件；C2 要用到"地球被大气层包围"这一知识但即便不知道也可以直接根据背景信息解释问题。

试题单元 C：流星体与陨石坑

背景：宇宙空间中的石块进入地球大气称为流星体。流星体在穿过地球大气的过程中升温，燃烧发光。大多数流星体在落到地表前就燃烧殆尽。当流星体撞击到地表时会形成一个坑，称为陨石坑。

C1：参考右侧的材料"流星体与陨石坑"，点击一个选项回答问题。

流星体接近地球及其大气层时，运动速度会加快。这是为什么？

◎流星体受地球的自转吸引。　　◎流星体受太阳光推挤。

◎流星体受地球的质量吸引。　　◎流星体受宇宙真空的排斥。

C2：参考右侧的材料"流星体与陨石坑"，从下拉菜单中进行选择回答问题。

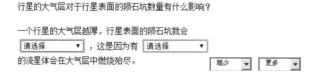

三、PISA 针对"理解数据与证据"的试题设计

在 PISA2015 年正式测试的 5 个试题单元中，需要使用"理解数据与证据"能力的小题有 6 道。这一能力的评价更多借助于文本、表格、图片、地图以及模拟操作所获取的数据来获取并理解信息的含义，体现了分析、解读数据，

得出恰当的结论和识别科学相关文本中的假设、证据和推理。从题型来看，以多选项选择、拖放和简短类构建为主，试题对反应信息做了较大的限制，多为封闭性的。以试题单元 A 为例，A3 要求学生能够读懂两个地图所反映的信息并使用这些信息来比较秋季和春季的迁徙路线，最后确定所提供的结论中哪一个是正确的。

　　A3：金斑鸻是在北欧繁殖的一种迁徙鸟类。在秋天，鸟儿迁徙到比较温暖、食物比较丰富的地方。在春天，它们返回到繁殖地。

　　右侧的地图是依据十几年来对金斑鸻的迁徙情况的研究绘制的。地图 1 显示了秋天金斑鸻向南迁徙的路线，地图 2 显示了春天金斑鸻向北迁徙的路线。灰色的区域表示陆地，白色的区域表示水域，箭头的粗细表明鸟的迁徙规模。

　　材料中的地图支持下列哪个（些）关于金斑鸻迁徙的陈述？注意：本题有一个或多个正确选项。

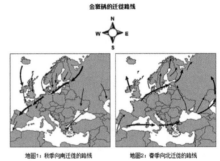

金斑鸻的迁徙路线

地图1：秋季向南迁徙的路线　　地图2：春季向北迁徙的路线

　　□地图显示过去十年间向南迁徙的金斑鸻数量减少了。

　　□地图显示一些金斑鸻向南方迁徙的路线与向北方迁徙的路线是不同的。

　　□地图显示金斑鸻会迁徙到它们繁殖地或筑巢地的南方、西南方区域越冬。

　　□地图显示过去十年间金斑鸻的迁徙路线逐渐远离沿海地区。

四、PISA 计算机交互试题设计

　　PISA 官方公布的 2015 年正式测试试题中，只有一道为计算机模拟操作试题单元——"B 在炎热天气下跑步"，而 2015 年公布的预测试试题中有多道模拟操作试题单元。表 3 - 10 列出了一道正式测试试题中的计算机模拟操作试题和另外两道预测试试题。

表 3-10　PISA2015 计算机模拟操作任务

主题	题目概述
1. 在炎热天气下跑步	**背景**:介绍长距离跑步的脱水现象和热休克现象;介绍操作模型和变量,模拟练习。 **问题 1**:一名跑步者在干热(气温 40℃,空气湿度 20%)的天气下跑步一小时并且不饮水,在这种条件下跑步者会遭遇何种健康威胁?(模拟操作后下拉菜单选择) **问题 2**:一名跑步者在湿热(气温 35℃,空气湿度 60%)的天气下跑步一小时并且不饮水,他将有发生脱水和热休克的危险。在跑步过程中饮水,对跑步者发生脱水和热休克的风险会有什么影响?(模拟操作,在收集数据后做出选择并从表中选取两行数据支持答案) **问题 3**:当空气湿度为 60% 的时候,气温上升对跑步一小时后的出汗量有何影响?这种影响的生物学原因是什么?(模拟操作,在收集数据后做出选择并从表中选取两行数据支持答案) **问题 4**:当空气湿度为 40% 时,一个人跑步一小时不发生热休克的最高气温是多少?解释数据如何支持答案。(模拟操作,在收集数据后做出选择并从表中选取两行数据支持答案) **问题 5**:此模拟允许你将空气湿度设置为 20%、40% 或 60%。你认为在空气湿度为 50%、气温为 40℃ 并可以饮水的条件下跑步安全还是不安全?(模拟操作,在收集数据后做出选择并从表中选取两行数据支持答案)
2. 蓝色发电厂	**背景**:介绍新型发电厂的基本原理,包括一张流程图,可以点击放大镜放大观察水分子的运动。 **问题 1**:流程图中标出了四个位置,在哪些位置可以找到来自河水的水分子?(选择) **问题 2**:点击放大镜观察水分子发生了什么,选择完成句子,确定水分子运动对两边的影响。(放大观察后下拉菜单选择) **问题 3**:涡轮机和发电机将_____能转化为_____能。(下拉菜单选择) **问题 4**:许多发电厂使用化石燃料,为什么这些新的发电厂比那些化石燃料发电对环境更有益处?(简单构建)
3. 节能住宅	**背景**:介绍住宅的屋顶颜色会吸收或反射太阳光,从而导致房屋内部与外部形成温差,影响能源消耗。介绍操作变量,室内舒适温度 23℃,学生模拟练习。 **问题 1**:提供条件室外温度 40℃ 及以上,学生模拟哪种屋顶更节能,按耗能大小排序。(拖放排序) **问题 2**:提供条件室外温度 10℃,比较白色和黑色屋顶的能源消耗,并解释两种不同颜色的屋顶对太阳辐射的影响。(下拉菜单选择＋建构) **问题 3**:提供条件室外温度在 10℃ 及以下时和在 20℃ 及以上时,红色屋顶和白色屋顶的能耗。(下拉菜单选择) **问题 4**:基于前三个问题和模拟操作,要求选择一个关于室外温度和能源消耗之间关系的陈述。(单项选择)

　　从对试题的概述以及具体试题来看,PISA计算机模拟操作试题具有如下特点。①试题情境真实、新颖,对学生发展十分有意义。三个试题情境分别围绕生活中的脱水现象和热休克现象、新型发电厂、节能住宅展开,对于拓展学生的视野,了解更多前沿知识有重要意义,对改变学生的生活习惯、提升环保意识有重要价值。②交代清楚将要探究的问题的操作模型、变量并设置模拟练习让学生熟悉操作。每个试题都会在介绍背景信息后提出相关的变量或需要学生关注的内容,为学生提供模拟操作的机会,若学生不能在一定时间内完成操作,则会提供帮助信息。③学生需要根据每一步给定的背景或操作要求设定相应的参数来运行操作,也可以自己设定部分参数值,主要体现的是设计操作步骤和控制变量的能力,同时需要学生从操作数据中获取信息来归纳结论或解答问题。④每个问题基本是并列的,具有很高的独立性。比如试题1的问题1是在"气温40℃,空气湿度20％"的情况下,问题2是在"气温35℃,空气湿度60％"的情况下等,试题3的室外温度都给定,每个问题都有自己独立的背景或操作参数,前面的问题解决不会影响后面的操作和问题回答。⑤实验数据采集和处理由计算机自动完成,学生只需要在确定变量参数后点击运行即可。⑥操作过程中需要学生完成的任务主要分为四类:第一类是具体的操作,主要是根据需要设定每个参数值,运行得到多组数据,这类操作并不体现在要回答的问题中,但却是回答问题的依据;第二类是依据数据做出判断或选择,比如该情况下人是否会脱水或休克,按能耗对不同颜色的屋顶排序等;第三类是说明怎样得出结论,也就是数据如何支持做出判断或选择;第四类是调动所学习的科学知识解释现象,比如气温上升导致出汗量增加的生物学原理是什么,新型发电与化石燃料发电比较优势是什么,不同颜色的屋顶对太阳辐射的吸收和辐射的影响。⑦从科学探究的角度来看,计算机模拟操作主要评价学生设计实验操作步骤、进行操作、归纳结论的能力,同时也评价学生的程序性知识掌握情况,比如多次测量。

第四章
美国 21 世纪技能与 NAEP 科学素养测评项目

美国是一个文化多元的国家,其教育水平在国际上处于领先地位。美国教育管理机构分为联邦政府教育部、州政府、学区和学校四级,自建国以来,联邦政府对教育并没有实质性的管理权。20 世纪 60 年代,随着《国防教育法案》的颁布,联邦政府对教育的干预逐渐增加。州政府拥有对教育事业规划、管理、实施的权力。由于各州的经济情况不同,其义务教育年限也有所差异。其中 12 年最为普遍,涵盖学前教育、小学和中学。因此,美国 1996 年颁布的《国家科学教育标准》(*National Science Education Standards*,简称 NSES)和 2013 年颁布的《新一代科学教育标准》(*the Next Generation Science Standards*,简称 NGSS)都是针对幼儿园到 12 年级制定的。12 年的学段划分因地而异。有些采用"六三三"学制,有些采用"六二四"学制,还有些采用"五三四"学制等。

作为国际上领先的教育大国,美国的教育研究一直引领全世界。进入 21 世纪,培养具有 21 世纪能力的未来人才成为世界各国和国际组织共同关注的话题。在联合国教科文组织、OECD 和欧盟等探讨并研究核心素养或 21 世纪必须具备的关键能力时,美国在 2002 年成立了"21 世纪技能联盟"(Partnership for 21st Century Skills)(以下简称"P21 组织")。该组织于 2007 年发布了《21 世纪技能框架》(Framework for 21st Century Learning),并以合作伙伴的形式将教育界、商业界、社区以及政府领导联合起来,尝试将 21 世纪技能融入中小学教育当中。

科学作为美国中小学核心课程之一,一直备受关注。在发展学生的 21 世纪技能的背景下,美国国家研究理事会(NRC)对科学课程进行了修订完善,并于 2011 年颁布了《K-12 年级科学教育的框架:实践、交叉概念和核心概念》(以下简称《科学教育框架》),作为新一代科学课程标准制定的基础文件。与 1996 年美国历史上的第一部科学教育标准 NSES 相比,《科学教育框架》最为明显的特征之一就是使用"科学实践"取代了"科学探究",并在文本中提出 21 科学要发展学生的多种素养,包括阅读、数学和信息素养。2013 年,美国颁布的 NGSS 出台,为美国科学课程的发展明确了方向,也对各州科学课程提出了最基本的标准和规范。

本章将首先对美国 21 世纪技能、1996 年颁布的 NSES 以及 2013 年颁布的 NGSS 进行分析,探析美国 21 世纪技能和科学课程中的核心素养,然后以本书确立的分析框架对美国 NAEP 项目中的科学素养测评框架和试题进行分析,探析其测评框架与试题的特点。

第一节　美国 21 世纪技能与科学课程

在美国,虽然 21 世纪技能研究项目正式启动是在 2002 年,但实际上早在 20 世纪 90 年代美国就已经进行了一定的研究,只是当时的研究更多地停留在职业教育领域和成人教育领域,其目的是应对 21 世纪经济全球化、信息化和技术化所带来的市场巨变。1991 年,美国基本技能获得秘书委员会(Secretary's Commission on Achieving Necessary Skills,简称 SCANS)就发表报告指出,企业需要熟练掌握技术,具备团队合作能力和持续学习能力的员工,学校必须毫无条件地为企业输送具备相应素养和基础技能的毕业生。该委员会列出了学生必须具备的三项基础素养和五项毕业生必须具备的素养。三项基础素养是"听说读写算基本技能""创造性思考、问题解决、推理等思维素养"和"负责任、自尊感、社交能力等个人特质";五项毕业生必须具备的素养是资源管理、人际素养、信息素养、系统化素养和技术素养。① 1994 年美国国家素养研究院（National Institute for Literacy）又启动了"为未来而准备"（Equipped for the Future，简称 EFF）项目，旨在为成人学习开发内容标准的基础框架，更好地满足成人学习者和社会团体的需要。EFF 项目提出了成人在担任公民、家长和就业者角色时所应该具备的素养，分别是沟通技能、决策技能、人际技能和终身学习技能。② 2002 年美国成立"P21 组织"，该组织于 2007 年发布《21 世纪技能框架》，框架包含"21 世纪学生培养目标"和"21 世纪支持系统"，提出了学习与创新素养、信息媒介与技术素养和生活与职业素养三个领域的 21 世纪技能，并从标准、评价、课程与教学、专业发展、学习环境五个方面为教育领域 21 世纪技能的发展提供了支撑。2010 年，P21 组织首次颁布了国家级课程标准《共同核心州立标准》，该标准包含英语语言艺术和数学两科，强调将 21 世纪技能纳入学科培养目标。与此同时，早在 2007 年，NRC 就在研究的基础上提出了 21 世纪工作所需的技能，分别是：适应性（adaptability）、复杂的社交技能（complex communications/social skills）、非常规问题解决（non-routine problem solving）、自我管理与发展（self-management/self-development）和系统思维（systems thinking）。由于学术界对将 21 世纪技能融入课程存有一定的争议，美国国家研究所下属的科学教育健康办公室（the National Institutes of Health Office of Science Education）和 P21 组织委托 NRC 下属的科学教育董事会（National Research Council Board on Science Education）在科学教育领域开展专题讨论与研究，探索 21 世纪技能与学科的结合路径。③ 2009 年，NRC 召集开展专题讨论，主要探讨 21 世纪技能与科学教育改革目标的融合，以更好地促进科学教学变革。NRC 在 2009 年至 2011 年先后发布多份报告对核心素养与科学教育融合及其评价等问题进行探讨。2013 年，经过三年的努力，NRC 与美国科学教师协会（NSTA）、美国科学促进协会（the American Association for the

----

① Department of Laboor. Secretary's commission on achieving necessary skills [EB/OL]. [2023 – 03 – 24]. https://ils.unc.edu/daniel/242/SCANSRept.html.

② The National Institute for Literacy. Equipped for the future: 21st century skills for the new economy [EB/OL]. [2023 – 05 – 11]. https://files.eric.ed.gov/fulltext/ED508479.pdf.

③ National Research Council. Exploring the intersection of science education and 21st century skills: a workshop summary [M]. Washington, DC: The National Academies Press, 2010.

Advancement of Science)以及其他相关机构和研究人员,共同制定了 NGSS。NGSS 以表现期望(Performance Expectations)代替以往的内容标准,来陈述学生通过学习应该达到的水平,并通过工作单的形式将科学与工程学实践、学科核心概念、交叉概念三个维度对应整合在一起,同时还标明了与其他学科、本学科前后的核心概念、州共同核心标准的联系,进而实现了学习内容的横向整合。NGSS 对学习内容的横向整合及其呈现方式以及对素养的关注引领了国际科学教育研究的方向。

一、美国 21 世纪技能

美国不同组织提出了 21 世纪学生应该具备的技能或素养,其中以 P21 组织的"彩虹图"最为引人注目。另外,NRC 提出的 21 世纪技能也引起美国的重视,他们在 21 世纪技能与科学课程结合以及评价方面都有更深入的研究。以下将分别介绍 P21 组织提出的 21 世纪技能和 NRC 提出的 21 世纪技能。

1. P21 组织的 21 世纪技能

P21 组织通过"彩虹图"(见图 4 - 1)的形式来定义 21 世纪学生的学习结果,即学生为了应对 21 世纪工作与生活必须掌握的知识、技能和专长。

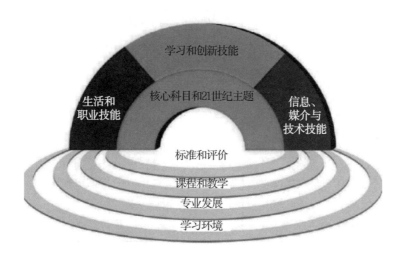

图 4 - 1　P21 组织的 21 世纪技能

"彩虹图"主要由两部分组成,第一部分为学生必须掌握的知识、技能和专长,第二部分为学习的支持系统。第一部分由"核心学科与 21 世纪主题"

"学习与创新技能""信息媒介与技术技能""生活与职业技能"四部分组成，"核心学科与21世纪主题"是其他三项技能学习的基础。第二部分主要包括"标准与评价""课程与教学""专业发展"和"学习环境"四部分。由此可以看出，P21组织希望学生在学习核心科目和21世纪主题(见表4-1)的基础上掌握相关知识，发展学习和创新技能、信息媒介与技术技能以及生活和职业技能(见表4-2)。

表4-1　核心科目与21世纪主题

核心科目与21世纪主题	核心科目	英语、阅读和语言艺术、外语艺术、数学、经济、科学、地理、历史、政府与公民
	跨学科主题	全球意识；财政、经济、商业和创业素养；公民素养；健康素养；环境素养

表4-2　21世纪技能

一级技能	二级技能	三 级 技 能
学习与创新技能	创造与创新	创造性思维；与他人共同创造性地工作；创新实践
	批判性思维与问题解决	有效推理；运用系统思维；做出判断与决策；解决问题
	交流与合作	清晰地交流；与他人合作
信息媒介与技术技能	信息素养	获取与评价信息；使用和管理信息
	媒介素养	分析传媒；创造媒介产品
	信息通信技术素养(ICT)	运用技术研究、评价、组织、交流信息；运用数字化技术；获取和应用技术时关注其伦理或法律环境
生活与职业技能	灵活性和适应性	适应变化；灵活应对
	主动性与自我导向	目标与时间管理；独立工作；做自我导向的学习者
	社交与跨文化技能	与他人有效交流；在多样团队中有效工作
	生产率与责任心	管理项目；产出成果
	领导力与责任心	指导与领导他人；对他人负责

可以看出，核心科目是以往设置的学科课程和5个跨学科主题的学习内容，其目的在于帮助学生进一步学会应对现实生活的具体问题，但是其教学活动不以独立学科存在，而是需要融入核心科目中。

2. NRC 的 21 世纪技能

2007 年,美国国家科学院(The National Academies)[①]召集了一场专题研讨会,收集未来技能需求的相关证据。该研讨会最终得出了在多种工作中(从低收入的服务工作到专业性工作)可以广泛使用的五项技能,分别是适应性、复杂的社交技能、非常规问题解决、自我管理与发展和系统思维。这五项技能界定如表 4-3 所示。[②]

表 4-3　NRC 提出的 21 世纪技能

适应性	有能力和意愿应付工作中不确定的、新的、迅速变化的状况,包括有效应对紧急情况或危机情况,学习新的任务、技术和程序
复杂的社交技能	有能力处理和解释来自他人的口头和非语言信息并做出适当的回应。一个熟练的沟通者能够选择一个复杂想法的关键部分,用语言、声音和图像来表达,以建立共同的理解。熟练的沟通,谈判技巧,与客户、下属和上级沟通的洞察力
非常规问题解决	一个熟练的问题解决者使用专家思维来检验信息的广泛范围、识别模式,并缩小信息以达到诊断问题的能力。将诊断超越到一个解决方案需要了解信息是如何在概念之间联系起来的,并涉及元认知——如果当前的策略不起作用的话,是否有能力思考问题解决策略是否有效,并切换到另一个策略上。它包括创造新的和创新的解决方案的创造力,整合看似无关的信息,以及其他人可能错过的娱乐可能性
自我管理与自我发展技能	包括远程工作、在虚拟团队中工作、自主工作、自我激励和自我监控的能力。自我管理的一个方面是学习工作相关的新信息和技能的意愿和能力
系统思维	理解整个系统是如何工作的,系统中一个部分的动作、变化或故障如何影响系统的其余部分;在工作中采用"大视角"的观点,包括判断和决策、系统分析、系统评价以及工作过程中不同元素如何相互作用的抽象推理

3. NRC 的 21 世纪技能与 P21 组织的 21 世纪技能比较

虽然 NRC 提出的 21 世纪技能和 P21 组织提出的 21 世纪技能从维度划

[①] NRC 为美国国家科学院的执行机构。

[②] National Research Council. Research on future skill demands: a workshop summary [M]. Washington, DC: The National Academies Press, 2008.

分来看存在一定差异,但有研究对其内涵进行分析比较后发现,两者存在很大的一致性。以下按 NRC 的维度将 P21 组织提出的 21 世纪技能进行对应,可以得出如表 4 - 4 所示的结果。

表 4 - 4　NRC 的 21 世纪技能与 P21 组织的 21 世纪技能的比较

适应性	复杂的社交技能	非常规问题解决	自我管理与自我发展技能	系统思维	不一致或没有对应内容
• 创造与创新(对新的、多样的观点持开放、支持的态度) • 交流与合作(与不同团队有效工作及相互尊重的能力;灵活性与主动性,有助于做出必要的比较以实现共同目标) • 灵活性和适应性 • 社交与跨文化技能	• 创造与创新(开发、应用及有效地向他人传达新观点) • 交流与合作(有效运用口语、写作及非言语交流技巧,清楚表达思想与观点;为协作的工作分担共同责任) • 批判性思维与解决问题(能识别和提出主要问题,以澄清不同观点,导向较好解答) • 媒介素养 • ICT	• 创造与创新(把创造性思想付诸行动;创设新的有价值的观点) • 批判性思维与解决问题(有效的推理;运用系统思维;做出判断与决定) • 信息素养(获取与评价信息;使用和管理信息)	• 主动性与自我导向	• 批判性思维与解决问题(运用系统思维) • 领导力与责任心(从更大的、对社区利益负责的角度去行动)	• 信息素养(应用对伦理的、法律的基本问题的理解,获取与使用信息的议题) • 生产率与责任心 • 领导力与责任心

根据两个组织提出的 21 世纪技能的对比可以发现,两者具有很大程度上的一致性,只是因为所选用的词语不同,往往代表了不同的大技能,但细分之后有很多仍然是一致的。在 P21 组织提出的 21 世纪技能中,考虑到学生的学习情况,倘若以学习与创新技能和信息媒介与技术为重点,而将生活与职业技能淡化,比如生产率与责任心、领导力与责任心,则两者基本可以吻合。根据这一比较结果可以看出,在美国 21 世纪能力中,非常规问题解决和系统思维属于认知领域素养,自我管理与自我发展素养属于内省领域素

养,适应性和复杂的社交技能属于人际素养,信息媒介与技术技能属于信息素养。

二、美国科学课程中的核心素养

1996 年,美国颁布的《国家科学教育标准》中,内容标准由八部分构成:科学中的统一概念与过程、科学探究、物质科学、生命科学、地球与宇宙科学、科学与技术、个人与社会角度的科学、科学史与科学本质。2013 年颁布的 NGSS 的框架由三个维度组成,分别是科学与工程实践、交叉概念和学科核心概念。(详见表 4 - 5)

表 4 - 5　NGSS 的三个维度

维度	具 体 内 容
科学与工程实践	提出(对科学)并定义(对工程)问题;开发并使用模型;计划并实施探究;分析并解释数据;运用数学和计算思维;建立解释(对科学)和设计解决方案(对工程);参与基于事实的论证;获取评价和交流信息
交叉概念	模式;因果关系(机制与解释);尺度、比例以及数量;系统与系统模型;能量和物质(流动、循环与守恒);结构与功能;稳定和变化
学科核心概念	物质科学:物质及其相互作用;运动与稳定性(力及其相关作用);能量;波及其在技术中的应用(传递信息) 生命科学:从分子到组织(结构与过程);生态系统(相互作用、能量与力度);遗传(遗传与变异);生物演化(单元与多样性) 地球与宇宙科学:宇宙中地球的位置;地球系统;地球与人类活动 工程、技术和科学的应用:工程设计;工程、技术、科学与社会的关系

与《国家科学教育标准》相比,NGSS 将"工程"作为重要组成部分。NGSS 指出,工程涉及知识和一系列实践,工程的主要目标是解决特定人类需求或愿望产生的问题。要做到这一点,工程师依赖于他们的科学和数学知识以及他们对工程设计过程的理解定义和解决的问题,即明确什么是需要的并设计方案,因此包含工程实践和工程核心思想。其次,"科学实践"取代了"技能"和"科学探究"。NGSS 指出,使用"实践"代替"技能"(skill),主要是为了强调具体进行实践时不仅需要技能而且还需要知识;而《国家科学教育标准》使用的是"探究"(inquiry)一词,随着时间的推进,不同研究团体对"探究"一词的

理解有所差异,"实践"一词能够更好地阐述科学教育中"探究"的内涵,也能更加明确探究所需的认知、社会以及物理实践范围。再次,NGSS十分重视交叉概念或统一概念,强调科学与技术、社会的关系,强调对科学本质的把握。NGSS指出,科学本质也是国家科学教育的重要组成部分,对科学本质的基本理解要达到以下方面:科学探究的开展要运用多种方法;科学知识基于经验证据;科学知识可以基于新的证据进行修订;科学模型、定律、机制和解释自然现象的理论;科学是一种认知方式;科学知识假设自然系统中存在秩序和一致性;科学是人类努力的结晶;科学提出关于自然和物质世界的问题。NGSS还在附录中呈现了科学本质的学习进阶,在表现期望的"工作单"中建立了与科学本质的连接,将其放在科学与工程实践维度。最后,NGSS还特别提出要在科学中使用数学和信息技术工具,包括呈现变量之间的关系、进行定量预测以及在实验室中帮助观察、记录和处理数据等,并在附录中呈现了"使用数学和计算思维"这一实践的学习进阶。由此来看,NGSS更加强调科学学习的情境性,强调理论与实践的结合,强调STEM教育以及学业获得的整合。

美国科学课程体现的核心素养总结如表4-6所示。

表4-6 美国科学课程体现的核心素养

科学课程的主要内容	呈现方式	体现的21世纪技能
学科科学知识	以表现期望来陈述学生通过学习应有的外显行为,而不是"认知要求+内容";以工作单的形式将科学与工程学实践、学科核心概念、交叉概念三个维度对应整合在一起,其中科学与工程技术和社会的关系属于核心知识维度,科学本质属于科学与工程实践维度	
交叉主题知识		
数学与计算思维		ICT
科学与工程实践		批判性思维与解决问题;交流与合作;创新实践;信息素养;ICT
科学与工程、技术和社会的关系		系统思维、批判性思维与解决问题
科学本质		批判性思维;系统思维

总体来看,美国科学课程主要涉及核心素养的认知领域、人际领域和信息技术领域,在内省领域并未有明显的涉及,但科学实践本身是一个复杂的

过程,往往涉及学生情感、目标管理、时间管理等技能,科学实践的过程本身隐含有内省领域。

第二节　NAEP 科学素养测评的内容框架

1963 年,美国教育委员会委员弗兰西斯·凯普尔(Francis Keppel)与美国著名教育学家拉尔夫·泰勒(Ralph Tyler)提议进行全国性评价。[①] 1969 年,美国建立了教育评价体系,即"国家教育进步评价"(National Assessment of Educational Progress,简称 NAEP)。自 1969 年起,NAEP 按周期持续运行,不断完善,至今已超过 50 年。NAEP 是美国唯一具有全国性和持续性的基础教育质量评价项目,也被称为"国家成就报告单",在美国教育领域占据独特的地位,其影响力在国际上也得到公认。NAEP 通过设置多种评价项目,对国家、州和学区三个代表性的学生样本分别进行测试,以监测全美基础教育的质量现状及发展趋势,并发布不同形式的监测报告。

虽然美国已经在 2011 年公布了《科学教育框架》,并在 2013 年公布了 NGSS,但 2015 年 NAEP 的测评框架依旧与 2009 年的相同,而区别于 1996—2005 年的测评框架。2009—2015 年的科学评价框架是在全国众多人士和相关机构的共同努力下构建的,制定的基本依据是《美国国家科学教育标准》和《科学素养基准》两个基本文件,同时借鉴或参考了 TIMSS 和 PISA 等国际教育质量监测框架,并考虑了相关州科学课程标准的内容。

NAEP 科学素养测评也有针对学校、教师和学生的问卷调查,但问卷主要调查的是学生学习科学的实际情况,而非学生"对科学的态度"或者"科学态度",除个别题目涉及学生对科学的喜爱程度外,其余基本都为背景信息,因此不在此赘述。

NAEP 指出,一个具备科学素养的人应该熟悉和了解自然世界的关键事实、概念、原理、规律和科学理论,如物体的运动、细胞在生物体内的功能和地

① NCES. From the NAEP Primer: a technical history of NAEP [EB/OL]. [2023 - 05 - 11]. https://nces.ed.gov/nationsreportcard/about/newnaephistory.aspx.

球材料的性能。此外,一个具备科学素养的人应该具有跨学科的思想,例如,在物理科学、生命科学和地球与空间科学中共同使用的能量守恒。具备科学素养还包括应用科学的原理和思想来提升我们对自然世界的认识并科学解决现实世界的问题。正是在这样的背景下,2009—2015 年的测评框架在评价内容上做出了许多调整,根据当时学习科学以及科学教育研究的相关成果,使用科学实践代替了之前的知做能力维度(包括概念理解、科学探究和实践推理),将科学的本质作为科学实践的一部分内容进行评价,改变了以往使用短语或简单描述对科学内容进行简单陈述的方式,引入了交叉内容。

2009—2015 年 NAEP 科学学业评价内容主要由科学内容(science content)和科学实践(science practice)两部分构成(详见图 4-2)。在 NAEP 的评价框架中,并未找到关于科学态度或情感领域的内容陈述,但在其背景问卷中有关于科学态度的相关调查。

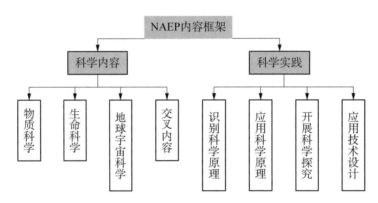

图 4-2 2015NAEP 科学学业评价的内容框架

一、科学内容

科学内容包括物质科学(Physical Science)、生命科学(Life Science)、地球空间科学(Earth and Space Science)三个方面,每个方面又细分成不同的一级和二级主题。其中,物质科学含有通常我们认为的物理知识和化学知识。知识主要以二级标题为单位进行阐述,知识内容的陈述依据是 1996 年颁布的《国家科学教育标准》和《科学素养基准》。知识陈述之后根据年级水平附有相关的注释。例如,能量的形式这个二级主题的陈述和注释,注释主要解释波的评价要把握的几点(见表 4-7)。

表 4-7 科学内容陈述举例:能量的形式

8 年级:能量——能量的形式
内容陈述 能量可以从一个地方转移到另一个地方;太阳辐射的光能通过宇宙到达地球(辐射);燃烧产生的热能通过正在煮饭的铁锅传递给锅里的水(热传递);壁炉的热空气在房间移动(热对流);波(包括声波、地震波、水波和光波)都具有能量,当它们与物体相互作用时会发生能量转移 **注释** 8 年级推荐的关于波原理的评价原则: 波传递能量而不是物质;波是由物体振动引起的,这些振动物体的能量通过波进行传递;水、声和地震波通过介质传递能量

可以看出,这一陈述只是列举相关的知识点,不涉及具体的认知要求。实际上是对要考查的知识范围提出了要求。

测评框架对交叉内容比如"模型"和"形式与功能"并未进行单独的概括抽象,而是基于具体的学科内容进行阐述,对每个学科领域涉及多个学科领域的交叉主题,框架也有相应的陈述,比如在 12 年级的物质科学中的二级主题物理领域"能量的来源与转移"就涉及地球与空间科学(见表 4-8)。

表 4-8 交叉内容陈述举例:能量的来源与转移

物质科学	地球与宇宙科学
P12.11 裂变和聚变是涉及原子核变化的反应。裂变是一个大的核分裂成更小的核和粒子。聚变是指两个相对轻的核在极高的温度和压力下连接。<u>太阳和其他恒星的能量来源主要就是聚变</u>	E12.9 地球系统有内部和外部的能量来源,它们都产生热量。<u>太阳是能量最主要的外部来源</u>。内部能量的两个主要来源是放射性同位素的衰变和来自地球原始地层的重力能

表 4-8 下画线的内容正是两个主题陈述中相互交叉的内容。

从不同年级科学内容考查的比例来看,4 年级学生三个领域所占比例基本相当;8 年级更加强调地球与空间科学;12 年级更加强调物质科学与生命科学。

二、科学实践

"科学实践"是 NAEP 自 2009 年开始在其测评框架中使用的一个词语，在 1996 年的《国家科学教育标准》中很少出现这一词汇，而在 NGSS 中，"科学实践"取代了"科学探究"成为热门词汇，且多以"科学与技术实践"的形式出现。在 2015 年的测评框架中，科学实践包括以下四个层次：识别科学原理、应用科学原理、开展科学探究、应用技术设计。识别科学原理主要关注学生识别、回忆、定义、联系和呈现基本的科学内容陈述中的科学原理，对应认知心理学中对"陈述性知识"的认知，也即"知道是什么"（knowing that）。应用科学原理指使用观察到的模式或者理论模型来解释现在的现象或预测将来可能出现的现象，对应认知心理学中对"图式知识"（schematic knowledge）的认知，也即"知道为什么"（knowing why）。开展科学探究主要强调科学探究的实践过程，因为科学探究本身是一个复杂的过程，探究过程也比较耗时甚至出现反复，因此 NAEP 通过两种方式评价学生的科学探究能力，一种是要求学生"做"出具体的操作，另一种是对科学探究案例的评论。在科学探究的过程中，不仅涉及"知道是什么"和"知道为什么"，而且更多地涉及"知道怎样做"（knowing how）以及"什么时间什么地方应用知识"（knowing when and where to apply knowledge），即认知心理学中的"程序性知识"（procedural knowledge）和"策略性知识"（strategic knowledge）；同时，科学探究的过程也涉及对科学本质的认识。使用技术设计指使用科学知识和技能解决真实环境下的问题的系统过程，由于技术设计（或叫工程设计）是一个复杂且耗时的过程，NAEP 科学测评将使用技术设计局限在考查学生在技术设计背景下应用科学原理的能力；与科学探究相同，在对应的认知要求方面，使用技术设计也同样对应上面提到的四种知识。

识别科学原理和使用科学原理都要求学生要正确陈述或识别出内容陈述中的科学原理，他们之间的不同在于使用科学原理关注什么使科学知识有机制或者说它在准确预测现象和解释自然界观察到的现象时的功用。识别科学原理和使用科学原理没有明确的界线，可能因为学生的熟悉程度不同而导致认知难度不同。

在科学实践这部分，测评框架还特别强调两个跨实践的能力，"准确并有效沟通"和"量化推理",实际上是强调在科学实践过程中评价学生的交流能力以及运用数学的能力。

在不同年级的考查要求中,所有年级都更加强调识别并使用科学原理,开展科学探究和技术设计相关的项目略少。测评框架要求,识别和使用科学原理层次的题目约占总题量的 60%,开展科学层次的题目约占 30%,而使用技术设计层次的题目约占 10%。从 4 年级到 12 年级,使用科学原理层次的题目渐增,而识别科学原理层次的题目略减,更加强调批判性技能、方法性能力和分析能力的考查。

可以看出,NAEP 的内容框架充分整合了知识与实践过程,通过科学实践将内容知识、程序性知识、关于科学本质的认识论知识和策略性知识与能力对应起来,关注技术背景下的科学知识应用。能力框架的构建主要从知识的理解与应用、科学探究和技术背景下的知识应用三个方面展开;思维能力的评价体现在科学实践过程中,其内容框架的构成可以表述为"科学实践+内容知识"。

第三节　NAEP 科学素养测评的表现标准

一、NAEP 表现标准的呈现形式和描述线索分析

由于 NAEP 评价 4 年级、8 年级和 12 年级三个年级的学业成就,每个年级都有对应的表现水平,称为"成就水平"(achievement levels),每个年级的表现水平分为"基础"(basic)、"熟练"(proficient)和"高级"(advanced)三个等级,每个等级下又包括总体的表现水平、科学实践的表现水平和物质科学、生命科学、地球与宇宙科学三个科学内容的表现水平。NAEP 指出,成就水平是累积的,因此,熟练水平的学生也会展示与基础水平相关的能力,而高级水平的学生也将展示与基础水平和熟练水平相关的技能和知识。下面以 8 年级的总体表现水平、科学实践表现水平和物质科学表现水平为例分别进行分析(见表 4-9、表 4-10 和表 4-11)。

表 4–9　NAEP 8 年级总体表现标准

基础水平	①学生应该能够陈述或识别正确的科学原理。②能够解释和预测从微观到全球的多个尺度的自然现象观测；能够描述材料的特性和常见的物理和化学变化；描述运动物体的势能和动能的变化；描述生命系统的组织水平—单细胞、多细胞生物和生态系统；根据遗传特征鉴定相关生物；描述太阳系的模型，并描述水循环的过程。③能够设计观察和实验调查，采用适当的工具来测量变量。④能够提出和评论针对设计问题的个人和地区备选方案的有效性
熟练水平	①学生应该能够说明密切相关的科学原理之间的关系。②能够确定化学变化的证据；使用位置-时间图来解释和预测物体的运动；解释细胞、生物体和生态系统中的代谢、生长和繁殖；用太阳、地球和月亮的观测来解释天空中可见的运动，并预测世界不同地区的地表和地下水运动；能够解释和预测从微观到宏观以及从局部到全球的多种尺度的现象，并提出说明科学原理的观测实例。③能够使用调查中的证据来接受、修改或拒绝科学模型。④能够运用科学的标准来提出和评论针对设计问题的个人和社区反应
高级水平	①学生应该能够发展科学原理和观察解释的替代表述。②能够使用周期表中的信息来比较元素族；基于能量流来解释物质状态的变化；通过多种生命体系追踪物质和能量；通过自然选择和繁殖来预测人口的变化；利用岩石圈板块运动解释地质现象；识别区域天气与大气和海洋环流模式之间的关系。③能够设计和评论涉及抽样过程、数据质量评价过程和变量控制的调查。④能够提出和评论反映基于科学权衡而提出的解决地方和区域问题的替代解决方案

表 4–10　NAEP 8 年级科学实践表现标准

基础水平	①学生应该能够陈述或识别正确的科学原理。②能通过观察解释和预测从微观到全球的多个尺度上的自然现象，使用证据来支持他们的解释和预测。③设计调查采用适当的工具来测量变量。④提出和评论针对设计问题的个人和地区备选方案的有效性
熟练水平	①学生应该能够说明密切相关的科学原理之间的关系。②解释和预测从微观到宏观，从局部到全球的多个尺度的现象，并提出说明科学原理观测的例子。③设计需要控制变量的调查来测试一个简单的模型，采用适当的抽样技术和数据质量审查过程，并使用证据来传达接受、修改或拒绝模型的论据。④提出和评论解决方案，并预测针对设计问题的个人和地方社区的反应的科学有效性
高级水平	①学生应该能够说明不同的科学原理表示之间的关系。②能够解释和预测从微观到宏观以及从局部到全球的多种尺度的现象，并用观察证据来支持他们的思考，形成观察的替代解释。③能够采用适当的抽样技术和数据质量评价程序来设计对可变调查的控制，从而加强用于论证另一个替代模式的证据。④能够提出和评论反映基于科学权衡而提出的解决地方和区域问题的替代解决方案

从上面两个表可以看出，NAEP 总体表现水平主要从科学实践的四个方面展开，即识别科学原理、应用科学原理、应用科学探究和应用技术设计，在

识别和应用科学原理时以"认知动词＋知识"的形式描述了物质科学、生命科学和地球与宇宙科学的知识表现。

表 4‑11　NAEP 8 年级物质科学表现标准

基础水平	学生应该能够通过其属性来<u>识别</u>一类化合物；<u>设计</u>一项调查，以显示反应物和产品在燃烧或生锈等化学过程中的性质变化；<u>描述</u>物体的动能和势能的变化，比如单摆；<u>描述并比较</u>两个以不同速度移动的物体的位置和时间数据；<u>描述</u>作用在物体上的所有力的方向并<u>提出</u>一个系统的例子，其中力作用于一个物体，但物体的运动不会改变
熟练水平	学生应该能够<u>说明</u>化学元素的性质与元素周期表上的位置之间的<u>关系</u>；用经验证据来<u>说明</u>发生了化学变化；<u>展示</u>受多个力对象的运动与位置-时间图之间的对应关系；基于表格中呈现的位置-时间数据<u>预测</u>运动物体的位置并<u>提出</u>将势能转化为其他形式能量的系统的<u>例子</u>
高级水平	学生应该能够<u>解释</u>图表、图形和数据，以<u>展示</u>物质的微粒性和状态变化（如融化和冻结）之间的<u>关系</u>；<u>说明</u>元素周期表上的位置与化学元素族的特征之间的<u>关系</u>；<u>解释</u>进出系统的能量流动状态的变化；<u>识别</u>决定电力发电厂设计的可能的科学权衡；<u>提出</u>正在进行过渡、振动和旋转运动的系统的<u>例子</u>并<u>提出</u>通过接触力和远距离作用的系统的<u>例子</u>

从物质科学的表现水平来看，基础水平更多地体现了"识别""描述"科学原理和应用科学原理解释简单现象，熟练水平更多体现了现象或原理之间的"关系"，高级水平更加强调对现象背后本质的把握和概念原理的应用。

从以上分析来看，NAEP 总体的表现标准是对科学实践和物质科学、生命科学、地球与宇宙科学表现水平的整合，尤其科学实践的要求基本都出现在总体的表现标准当中，而三个内容领域的表现水平则部分出现在总体的表现水平当中，体现的是其"核心"。从科学实践的表现水平来看，主要包含"识别科学原理""应用科学原理解释和预测""设计并实施科学探究"和"应用技术设计"四部分组成；科学内容的水平区分主要从概念原理的识别与描述到应用，从科学现象到现象之间的关系再到现象之后的科学原理。

二、NAEP 表现标准的水平区分因素分析

前面对呈现形式进行分析后发现，NAEP 表现标准以科学实践的四个层次为线索，以下将从这四个方面分析水平区分因素。

1. 识别科学原理和应用科学原理

编号①和②主要是识别科学原理和应用科学原理的内容,由于两者具有一定的重合,因此放在一起进行分析。同时由于涉及很多的概念知识,因此将其按物质科学、生命科学和地球与宇宙科学列出来。

水平	描述或认知过程	概念原理
基础	① 陈述或识别正确的科学原理 ② 解释和预测、描述	物质科学:材料属性、物理化学变化、势能动能变化 生命科学:生命系统组织、遗传特征 地球宇宙科学:太阳系模型、水循环过程
熟练	① 说明密切相关的科学原理之间的关系 ② 确认、解释预测、举例	物质科学:化学变化、位置-时间图和运动 生命科学:代谢、生长和繁殖 地球宇宙科学:太阳、地球和月亮的运动,地表和地下水运动
高级	① 发展科学原理和观察解释的替代表述 ② 比较、解释、预测、识别	物质科学:元素周期表、基于能量流解释物质状态变化 生命科学:多种生命体系、通过自然选择和繁殖 地球宇宙科学:岩石圈板块运动;区域天气与大气和海洋环流模式之间的关系

可以看出,识别科学原理的水平区分因素在于识别的是原理、原理直接的关系,还是对原理的替代表述;应用科学原理的水平区分因素在于认知过程和知识原理的学习进阶,基础水平更加强调描述,熟练水平和高级水平更加强调解释和预测;相比于基础水平,高级水平所应用的概念原理更具有系统性。

2. 科学探究

水平	描述
基础	设计观察和实验调查,采用适当的工具来测量变量
熟练	基于调查的证据接受、修改或拒绝科学模型
高级	设计和评论涉及抽样过程、数据质量评价过程和变量控制的调查

可以看出,科学探究水平区分的因素在于科学探究的层次,基础水平体现的是科学探究的基本操作,比如设计实验、测量变量;熟练水平强调对调查

结果的应用;高级水平体现的是对科学探究过程的评价。

3. 应用技术设计

水平	描　述
基础	提出和评论针对设计问题的个人和地区备选方案的有效性
熟练	运用科学的标准来提出和评论针对设计问题的个人和社区反应
高级	提出和评论反映基于科学权衡而提出的解决地方和区域问题的替代解决方案

可以看出,应用技术设计水平区分的因素在于提出或评论解决方案时依据的科学性以及方案的使用范围。

总体来看,识别科学原理的水平区分因素在于识别的是原理、原理之间的关系,还是对原理的替代表述;应用科学原理的水平区分因素在于认知过程和知识原理的学习进阶,基础水平更加强调描述,熟练水平和高级水平更加强调解释和预测;相比于基础水平,高级水平所应用的概念原理更具有系统性。科学探究水平区分的因素在于科学探究的层次,基础水平体现的是科学探究的基本操作,比如设计实验、测量变量;熟练水平强调对调查结果的应用;高级水平体现的是对科学探究过程的评价。应用技术设计水平区分的因素在于提出或评论解决方案时依据的科学性以及方案的使用范围。随着水平的不断提高,表现标准更加体现了从现象到原理、从单变量到多变量、从适宜到科学、从设计的虚构问题到现实的真实问题的层次升级。

第四节　NAEP 科学素养测评方式与题型

一、NAEP 测评方式

2015 年 NAEP 科学测评主要有四种方式,即纸笔测试、动手操作(hands-on performance tasks)、交互式计算机测试(interactive computer tasks)和问卷调查。由于问卷调查涉及对学生知识态度的调查较少,在此不多阐述,详见表 4-12。

表 4-12　2015NAEP 科学素养测评方式

测评方式	描　述
纸笔测试	主要有两大类题型,选择性和构建性,所占时间基本相当
动手操作	每个年级至少要包含四个动手操作和计算机测试类任务,只针对样本中的部分学生
计算机交互式测评	
问卷调查	学生问卷与纸笔测试同时进行

　　NAEP 本身也是一种"按需"评价的方式,即要求学生在有限的时间内利用有限的资源来完成相应的任务。在 2015 年的测评中,纸笔测试时间约为50 分钟,动手操作或交互式计算机任务时间约为 30 分钟。动手操作要求学生选择相关的器材来解决科学问题,这种评价方式可以评价学生综合运用知识和探究技能的能力,同时反映科学的本质。计算机以及其他相关媒体可以解决复杂测评所面临的挑战,可以通过建立数据库并使用数据库来评价学生选择和评价信息的能力,同时也解决了复杂任务所需提供的材料问题。因此,动手操作和计算机交互式测评是两项非常重要的评价方式。

　　测评框架指出,不要认为对科学探究能力的评价最好或者只能通过动手操作或计算机交互任务才能完成。无论是"做"科学探究,还是"评论"科学探究,当中的部分任务都可以通过纸笔题目进行测试。在"做"这一要求中,任务可以通过表格呈现,然后让学生判断哪一个结论与数据一致,其他任务也可以通过动手操作和计算机交互来完成。对于"评论",可以要求学生对一个存在缺陷的探究设计进行识别并提出改进建议,任务可以基于纸笔或者计算机测试完成。

二、NAEP 题型

　　2015 年 NAEP 的试题题型主要有两大类,选择类(selected response)试题和构建类(constructed response)试题,另外还有一类叫组合型试题(combination items),这类试题往往是多个选择性试题或建构性试题的组合,也往往结合了多种评价方式,比如既有动手操作,也有纸笔记录答案,详见表4-13。

表 4‑13　NAEP 科学素养测评试题题型

题型大类	具体题型	说　　明	
选择性试题	多选项选择（单选）	要求学生从提供的四个选项中选择最合适的一个	
建构性试题	简单建构	要求学生根据要求提供一个正确的单词、短语或者定量关系，列举一个简单的示例或针对给出的情境或结果写出一个简短的解释	
	拓展建构	主要考查学生对概念的理解、推理和交流能力，要求分析情境、选择并实施一个计划	
	概念图任务	主要考查学生对科学原理的联系能力，关注"识别科学原理"层次，也就是知识的组织	
组合型试题	试题群	几个试题的组合，关注"使用科学原理"层次，考查层次逐渐加深	可能含选择性试题，也可能含建构性试题，或者两者都有
	POE 试题	有一个简单的情境，关注"使用科学原理"	
	动手操作任务	要呈现一个具体的背景化任务，实验仪器与资源以及学生的反馈形式	
	计算机交互任务	含多种题型：信息收集与分析、基于证据的探究、模拟、概念图	

选择性试题收集学生的判断信息，从四个选择项目中选择一个。NAEP 指出，在可行的情况下，干扰项应该从学生的心理模型和学习进阶出发，特别是当重点放在使用科学原理时，前概念和对自然或社会的解释与预测应当作为干扰因素。从 NAEP 所提供的例题来看，选择类试题主要用于评价"识别科学原理"和"应用科学原理"，对应陈述性知识和图式知识。

建构性试题包括简单建构、拓展建构和概念图。简单建构要求学生根据要求提供一个正确的单词、短语或者定量关系，列举一个简单的示例或针对给出的情境或结果写出一个简短的解释，学生必须生成相关的信息，而不是简单地从一组给定的选项中识别出正确的答案。拓展建构一般是多维的，涉及多个内容陈述、实践和/或认知需求，可以提供对学生的概念理解和推理水平有用的见解，也可以用来考查学生的科学交流能力，这类试题通常提供一种领域内或跨领域的情境，要求学生分析情况，选择并执行一个方案来解决这个问题，做出反应。也可能需要学生解释他们的反应，呈现推理过程或解决问题的方法。概念图任务涉及较高的认知要求,属于一种复杂的试题类型,可以用来作为学生在科学原理之间建立联系的可靠和有效的评价,涉及识别科学原理的认知要求,特别是这种知识的组织。NAEP 指出,在概念绘图任务中,应该给学生 6~8 个概念术语,要求学生建立一个用定向箭头连接术语的映射地图。学生应该用一个词或短语来标记每一个箭头,以解释一对概念术语之间的关系。一个箭头连接的概念术语被称为命题。

试题群是围绕一个重要的概念或心理模型而将两个或更多的试题集中,这些试题挖掘了"使用科学原理"的实践和"知道为什么"的认知需求。项目集群可以针对特定的科学原理进行深度的考查,通过学生的解释和推理来考查学生关于自然世界的概念和心智模式;也可以开发一组有序的多项选择题,通过从初步的理解到更加合理的前概念的学习过程跟踪学生的表现,进而表明学生的理解情况。

POE(Predict-Observe-Explain)试题群要求学生预测、观察或解释。首先会描述一个情节,然后要求学生预测什么会发生(有时有理由)和/或对异常情况进行解释。POE 项目主要针对"使用科学原理"的实践和"知道为什么"(图式知识)的认知要求。POE 项目可以采用选择类反应或构建类反应的形式。在选择类反应中,学生基于已知的心理模型从一组可能的选项中选择。在构建类反应中,学生的任务是写出(有理由)预测或解释。学生也可以观察一个模拟或视频,然后被要求解释他们观察到的情况。

动手操作要求学生选择相关的器材来解决科学问题,这种评价方式可以评价学生综合运用知识和探究技能的能力,同时反映科学的本质。NAEP 指出,在设计实践性任务时,重要的是要牢记以下几点:学生参与科学探究某个方面的程度取决于谁选择了要研究的问题,谁选择了要进行的程序解决问题并选择答案。评价应该为学生提供一个具有挑战性的问题,但学生必须有机会确定科学合理的程序来解决问题并达成解决方案。要解决的问题包括提出操纵利益变量,控制外部变量的程序,并提供可靠的数据用于争论和证明问题的解决方案。除了让学生确定实验的程序之外,NAEP 的实际操作任务应该是"内容丰富的",因为他们需要知道科学原理来执行这些任务。因此,NAEP 评价中包含的任何实际操作任务都应该为学生提供一个具体、恰当情境化的任务(问题、挑战),实验室设备和材料,以及使练习过程公开的反应形式。

在动手操作性任务中,评分要基于两点:一是执行探究情况,一是解决方案。

计算机交互任务包括以下四种类型:①信息搜索与分析;②实证调查;③模拟;④概念图。信息搜索和分析类试题提出一个科学问题,要求学生查询信息数据库来获取关于概念和经验的信息,进而能够分析并解决问题;实证调查类试题将实际操作任务通过计算机呈现,并邀请学生设计和进行研究,以得出关于问题的推论和结论。模拟类试题建立模型系统(如食物网),针对系统中的变化要求学生预测或解释可能的问题,并允许学生收集数据来解决系统中的问题。概念图可以通过提供概念术语来完成,要求学生用箭头和单词或短语连接术语在计算机上提出方案。

NAEP 测评框架还指出,建构性题目、概念图任务和模仿性任务等通过计算机交互测评可以很好地实现。在科学素养测评中,选择性试题和建构性试题的比例为 1∶1,含组合型试题中的选择性试题和建构性试题;每个年级动手操作试题和计算机交互试题不能少于 4 个,其中动手操作和计算机交互试题均不能少于 1 个。

总体来看,NAEP 收集学生反应信息的方式是多样的,既有纸笔途径收集的学生的判断信息、简单建构和复杂建构,还有计算机途径收集的操作类信息、判断信息和构建类信息,同时还有现实操作类信息和成果。其中选择类试题主要收集学生的判断信息,针对陈述性知识和图式知识,构建类试题包括简单建构、拓展建构和概念图,收集的反应信息不仅反映了学生的知识掌握情况,更重要的是反映了知识运用的思维过程,既涉及陈述性知识,也涉及程序性知识、图式知识和策略性知识。试题群和 POE 试题群是由选择类试题和构建类试题组成的复杂试题集合,能连续、更深层次地收集学生的反应信息,反应学生的思维过程。动手操作性任务既可以包含选择类反应信息,也可以包括构建类反应信息,主要关注执行探究情况和解决方案,针对学生的程序性知识,但也会涉及其他形式的知识。计算机交互任务包括以下四种类型:①信息搜索与分析;②实证调查;③模拟类试题;④概念图。"信息搜索和分析"收集的反应信息是学生的操作和决策信息;"实证调查"收集的是学生的设计操作信息以及最终的决策信息;"模拟类试题"收集的是学生的决策信息;"概念图"收集的是学生的概念图框架,反应的是学生的知识结构信息。学生的背景信息主要通过背景问卷进行收集。

第五节 NAEP科学素养测评的试题情境

NAEP试题来自美国国家教育统计中心（NCES）官方网站（https：//nces. ed. gov/NationsReportCard/）公布的NAEP报告卡部分。由于2015年的评价试题并未对外公布，因此只能以2009和2011年的试题为样本，共选取17道纸笔试题进行研究。由于NAEP2015和NAEP2009、NAEP2011使用的是同一套框架，因此试题特点具有一致性。

一、NAEP试题情境之辨别参数分析

辨别参数包括六个条目，分别是情境范围、情境主题、所致力于发展的学生型面、涉及的学科领域、期待的作业和情境的开放等级。NAEP情境范围基本局限于学科领域，素材大多来自学习内容。从图4-3可以看出，学科的情境（含无情境）所占比例高达82%，而区域的和全球的情境所占比例较少，一共仅占12%。从图4-4来看，情境主题较为丰富，涉及日常生活、科技前沿、环境与自然，但总体来看情境主题多数以学习内容为主。在学校学习内容主题中，部分主题较为关注"科学探究"，因此总体来看，NAEP更加致力于培养一个"学科问题解决者"和"科技探索者"。

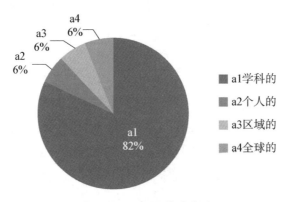

图4-3 NAEP情境范围

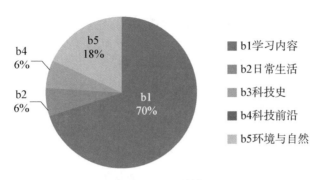

图 4 - 4　NAEP 情境主题

　　从涉及的学科领域来看,多数试题所涉及的学科领域基本都是单学科,只需要学生使用单一学科知识就可以解决。由于 NAEP 多以独立问题形式呈现试题,因此基本不涉及多学科问题,个别小题需要调用两个学科的知识进行作答。从期待的作业类型来看(见图 4 - 5),答案选择和提供解释占有较大比例,分别为 59% 和 17%,同时还包括描述归纳、设计实验方案。由于解释、描述归纳、设计实验方案和提出实施建议等作业类型总体所占比例较大,试题所需要的文字阐述较多,除了一些简单构建类试题外,长构建类试题占有较大比例。例如,第 10 题一共有三部分,第一部分要求描述实验步骤,第二部分要求描述收集数据的方法,第三部分要求确定实验结果。每一部分都需要相当数量的文字描述。从试题的开放性来看,开放性试题所占比例达 23.53%,比例较大。

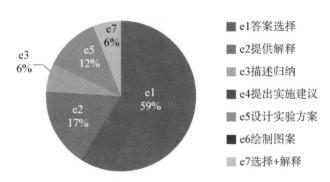

图 4 - 5　NAEP 所期待的作业类型

二、NAEP 试题情境之内容参数分析

在 17 道试题中,物质科学、生命科学和地球与宇宙科学都占有一定的数量,物质科学所占试题量略多。识别科学原理和运用科学原理所占比例较大,应用技术设计试题较少。由于多数试题以独立问题形式呈现,完成试题所需调动的知识和能力都较为单一。如图 4-6 所示,问题与背景之间高度相关的比例约占 76%。部分试题无背景因此未归类,比如第 2 题和第 3 题;部分试题虽然有背景,但背景与具体作答问题基本无关,不提供已知信息或条件。从以试题单元形式所呈现的试题来看,问题基本围绕共同的背景展开,问题之间的作答互不影响,每个试题单元中试题的完成所需调动的能力超过一个,比如第 11 题和第 12 题所组成的试题单元"摩擦力",完成这两道试题需要调动的能力分别为"识别科学原理"和"使用科学探究"。对于独立问题形式呈现的试题,背景信息十分简单,主要提供已知信息或提供一种环境。所有试题的问题作答与具体内容知识高度相关,不涉及数学计算或科学公式计算。

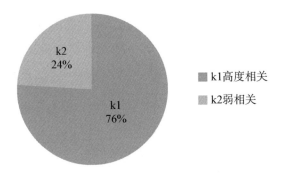

图 4-6　NAEP 问题与背景的相关性

三、NAEP 试题情境之装扮参数分析

从图 4-7 可以看出,65% 的小题以"文字＋图片"的形式呈现,另有 35% 的试题完全通过文字呈现试题。由于 NAEP 试题多为单问题试题且选择题所占比例较大,因此只以文字形式呈现的试题多集中在这类试题中,试题的图形式呈现相对较为单一。

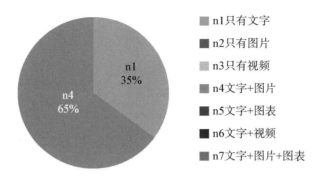

图 4-7　NAEP 情境图形式呈现

第六节　NAEP 科学素养测评的试题设计

一、NAEP 试题设计的框架——表现期望

在 NAEP 的评价框架中,科学实践既提出了要评价的能力,也提出了认知要求,将能力与知识联系起来。首先,在科学实践中,涉及不同的描述性行为动词,比如描述、测量、分类观察、陈述和识别等,这些动词是将不可观察的素养呈现出来的重要手段。然后,NAEP 也提出了认知要求,这些认知要求分为四个层次,分别是"知道是什么""知道怎样做""知道为什么"和"知道何时何地应用知识"。实际上,这四个认知层次对应了四类知识,即陈述性知识、程序性知识、图式知识和策略性知识,而这四个认知层次也同时对应了科学实践(如表 4-14)。

表 4-14　认知要求与科学实践

认知要求	对应知识	对应科学实践
知道是什么	陈述性知识	识别科学原理
知道怎样做	程序性知识	开展科学探究
知道为什么	图式知识	应用科学原理、开展科学探究和应用技术设计
知道何时何地应用知识	策略性知识	开展科学探究和应用技术设计

"知道是什么"涉及陈述性知识。这种认知需求建立了学生应该知道和理解基本科学事实、概念和原则(例如,密度是每单位体积的质量)的期望,并且他们应该能够回忆、定义、表示、使用和关联这些基本原则。这种认知需求与科学实践中的识别科学原理最相符合。

"知道怎样做"涉及程序性知识。这种认知需求建立了学生在科学中应用科学事实、观念和原则的期望。例如,学生应该知道如何执行简单(常规)和复杂的程序,例如系统地观察和记录哪些物体沉入水中并漂浮在水中,使用天平测量物体的质量,计算物体的密度,以及设计和解释探究结果(例如,操纵一个变量并持有其他变量)。程序性知识对应科学实践框架中大部分的"开展科学探究"。

"知道为什么"涉及图式知识。这种认知需求建立了学生可以解释和预测自然现象的期望,以及如何和为什么科学主张被评价,论证和证明或者确认(用原理和模型进行解释和推理)。也就是说,这种认知需求涉及学生对自然世界如何运作的理解(如为什么有些物体沉没在水中,而有些物体在水中漂浮),为什么光对大多数植物的传播至关重要,或者为什么月亮会有圆缺。这种认知需求与"应用科学原理""开展科学探究"和"应用技术设计"实践重合。

"知道何时何地应用知识"涉及策略性知识,通常被称为将当前知识转移到新的情况(任务或问题)。策略性知识涉及知道何时何地在新形势下使用科学知识,通过新颖的任务来推理实现目标。策略性知识确定了学生可以掌握现有知识并将其应用于一种新颖的情况。这类特定问题和背景下的知识往往多体现在"开展科学探究"和"应用技术设计"中。

认知要求之间是相关的,不是独立的(类似于科学实践)。比如,当解释"为什么"时,学生需要"知道是什么",有时候可能还要"知道如何"。此外,根据任务的新颖性,策略性知识(知道何时以及在哪里应用知识)可能会发挥作用。

科学内容和科学实践结合可以产生表现期望(performance expectation),而表现期望是用来指导试题构建的依据,类似于考试大纲中对知识的认知要求,或者说考查深度。表 4-15 是以科学内容与科学实践结合产生的 8 年级表现期望样例。

表 4-15 8 年级表现期望

<table>
<tr><td rowspan="2" colspan="2"></td><td colspan="3">科学内容陈述</td></tr>
<tr><td>物质科学</td><td>生命科学</td><td>地球宇宙科学</td></tr>
<tr><td rowspan="4">科学实践</td><td>识别科学原理</td><td>确定可能用来测量蚂蚁速度和飞机速度的单位</td><td>识别用来做糖的植物原材料</td><td>认识到风是空气从高气压到低气压的运动形成的</td></tr>
<tr><td>应用科学原理</td><td>一个对象(例如,一个玩具车)以恒定速度沿直线运动,预测正当这个物体在下坡时速度会怎样?</td><td>解释为什么糖主要在生长的植物的茎上移动(例如,马铃薯、胡萝卜)</td><td>解释山地土壤一般比漫滩土壤贫瘠的原因</td></tr>
<tr><td>开展科学探究</td><td>设计一个实验来确定一个电池供电的玩具车的速度如何随附加质量的变化而变化</td><td>根据存在缺陷的假设或错误推理,评论各种饮食的可能后果</td><td>给定五个城市的太阳辐射年趋势的数据(按月份编入索引),确定这个位置是在北半球还是南半球</td></tr>
<tr><td>使用技术设计</td><td>评价下面的汽车设计,以确定哪一辆最有可能在下山时保持一个恒定的速度</td><td>确定农业肥料流入湖泊可能产生的生态副作用</td><td>描述陡坡钻蚀(如侵蚀)以切断道路的后果</td></tr>
</table>

二、NAEP 针对科学探究能力的试题设计

NAEP 的"应用科学探究"主要强调科学探究的实践过程,其评价有两种方法。

一种是对科学探究案例的评论,设计一个虚构的角色来进行实验,由学生对实验方案、操作或结论等方面进行评价或提出改进意见。以第 12 题为例,该试题是对科学探究案例的评论,题目描述了实验的操作过程并指出其中存在错误,要求学生指出其中的一个错误并对实验进行改进。

12. 梅格设计了一个实验,看看三种运动鞋中哪一种摩擦力最大。她使用下面列出的设备。运动鞋 1、运动鞋 2、运动鞋 3 和弹簧秤。她使用下图所示的设置并将弹簧秤拉到左边。

梅格在体育馆地板上测试第一种运动鞋,在草地上测试第二种运动鞋,在水泥人行道上测试第三种运动鞋。老师对梅格设计实验的方式不满意,请

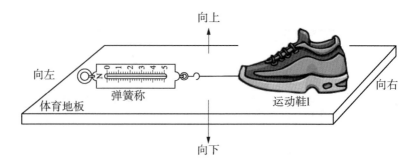

描述梅格设计的实验中的一个错误。

_____

描述梅格应如何改进实验才能找出三种运动鞋中哪一种摩擦力最大。

_____

另一种评价科学探究的方法是要求进行具体的"做",这种"做"可以体现在纸笔测验中,但更多地体现在现场操作和计算机交互测评过程中。在纸笔测验中,主要指要求学生自己来设计实验验证某个假设,包括写出实验的操作步骤、如何获取结果、如何评价结果。第 10 题即是这一方面的集中体现。该试题提出了一个问题,即同一块土地上豆类植物比其他植物长得高究竟是遗传造成的还是得到了更多的水灌溉? 试题要求描述一个实验来提供证据,并给出了实验用到的种子。这一试题没有给出任何的其他引导信息,也没有给出选择项,而是要求学生自己构建答案。实验设计中要考虑到变量的控制、数据的收集以及结果的评价,加之文字描述较多,因此难度较大。这道题答案不唯一,属于开放性试题。

10. 两个农民注意到有些豆类植物比其他植物长得高,即使它们生长在同一块地上。一位农民认为身高的差异是遗传造成的;另一个农民认为这是因为田间的一些植物比其他植物得到更多的水。请描述一个实验,为农民提供正确的证据。你可以用高和矮的植物的种子。

描述你将遵循的步骤。

_____

描述如何收集数据。

_____

你认为植物长得高是遗传还是获得更多的水造成的?

_____

三、NAEP 针对"识别与应用科学原理"的试题设计

识别科学原理主要关注学生识别、回忆、定义、联系和呈现基本的科学内容陈述中的科学原理,认知要求比较低,基本对应布卢姆教育目标分类学(修订版)的"记忆"层次。题型多以选择为主,但个别简单建构题也会涉及。应用科学原理指使用观察到的模式或者理论模型来解释现在的现象或预测将来可能出现的现象,基本对应布卢姆教育目标分类学的"理解"层次,以试题 7(如下)为例,学生要能够根据食物网的知识和已知条件进行推理,做出正确选择并能说明选择原因。从试题题型来看,这一能力对应的评价试题既可以是选择性,也可以是建构性试题。

7. 某一年,一种寄生虫感染松鼠并使松鼠的数量显著减少。

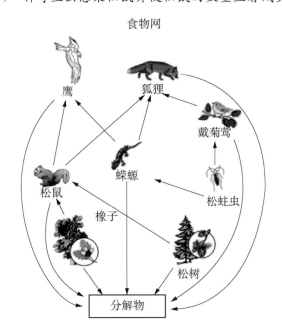

食物网

松鼠数量的减少对狐狸种群最有可能产生什么影响？只选择一个答案。

◎数量将增加　　◎数量将减少　　◎数量将保持不变

用食物链解释你的答案。

_____

松鼠数量减少对蝾螈种群最有可能产生什么影响？只选择一个答案。

◎数量将增加　　◎数量将减少　　◎数量将保持不变

用食物链解释你的答案。

_____

四、NAEP针对"应用技术设计"的试题设计

应用技术设计指使用科学知识和技能解决真实环境下问题的系统过程。这类试题情境比较复杂，需要学生考虑的因素较多，多为建构性试题，需要学生使用较多的语言描述。根据NAEP评价框架，应用技术设计的能力也可以通过选择题进行评价。以第16题为例。该试题首先描述了一个现实问题，并指出了两种方案，在这一背景下要求学生解释每种方案并对其进行评价。

16. 有些房子建在海岸线附近，沙丘在房子和水的中间，每年有一部分沙丘被海洋侵蚀。为了防止沙丘被侵蚀，一些市民建议在沙丘上种草，还有一些人建议修建一个海堤，这是沿着海岸线的一道坚实的屏障。

解释每个计划如何防止沙丘的侵蚀。

_____

给出每个计划的环境优势和劣势。

种草的环境优势：_____；种草的环境劣势：_____

建造海堤的环境优势：_____　建造海堤的环境劣势：_____

五、NAEP计算机交互试题设计

NAEP中每个年级都有交互试题，以下从每个年级选择一道进行分析。三个任务的基本信息见表4-16。其中"开裂的混凝土"为4年级试题，"瓶装蜂

蜜"为 8 年级试题,"热传递"为 12 年级试题。

表 4-16　NAEP 计算机模拟操作任务

主题	题 目 概 述
1. 开裂的混凝土	**背景**:在冬天,一个城市混凝土路面的小裂缝越来越大。你将通过探究预测并验证当混凝土裂缝中水结冰时会发生什么。 **问题 1**:左边的烧杯里有水,温度计显示水温。点击放大温度计并读数。 **问题 2**:预测如果温度降到－1℃,水会发生什么变化? **问题 3**:(模拟操作降温后)点击"放大"读取烧杯中冰块的体积。 **问题 4**:(呈现虚拟人物的数据后简短构建)描述当水变成冰时,体积发生了什么变化? 变化了多少? **问题 5**:如果冰变成水,你认为体积会怎么样?(选择并解释) **问题 6**:(模拟升温后读取水的体积)当冰变成水时,体积发生了什么变化?(选择并解释) **问题 7**:如果地面温度降到－1℃,请预测人行道上的裂缝会发生什么变化?(选择并解释) **问题 8**:(观看降温后地面结冰的视频)描述裂缝发生了什么? 解释为什么? 如何阻止裂缝变大?
2. 瓶装蜂蜜	**背景**:液体蜂蜜和水在浇注时流动的速度不同。你将使用玉米糖浆、蜂蜜、橄榄油和水四种液体来研究这些液体倾倒时的行为以及温度如何影响液体的流速。 **探究思路**:球通过液体的速度越快,说明液体倒出时流动的速度就越快。请使用计算机模拟钢球落入液体并落入杯底,用秒表记录时间。每个钢瓶内都含有不同液体。 **问题 1**:(模拟操作后选择)哪种液体在 20℃时流动最慢? **问题 2**:(模拟操作后选择并解释)30℃时哪种液体的流速与水的流速相同? **问题 3**:研究温度如何影响液体的流速,可以选择液体种类。描述你将如何研究高温下的液体比低温下的液体流速快。 **问题 4**:(模拟操作后选择多项)哪种液体在较高温度下比在较低温度下流动得更快? **问题 5**:研究蜂蜜的温度和流量的关系,(模拟操作后)选择符合的折线图并使用数据解释。 **问题 6**:哪种温度范围最适合用来灌装蜂蜜以满足这两个条件? 选择并解释。
3. 热传递	**背景**:你将研究哪种金属最适合制作锅底。比热容是选择用于烹饪锅的金属时要考虑的几个特性之一。调查可用于锅底的两种金属的比热容。(可以随时点击查看比热容的定义和公式) **探究思路**:(介绍量热计)你将使用模拟量热计来研究当一块不同温度的金属被放置在其中时,量热计中水的温度会有多大的变化。(介绍变量

（续表）

主题	题 目 概 述
	操作:质量、温度、材料) **问题 1:**(根据模拟数据的曲线图选择并解释)水温和铜的温度如何变化? 为什么? 描述这一变化过程中水分子和铜原子如何变化。 **问题 2:**(模拟操作后作出判断并解释)水和铜的温度如何变化? 用数据 支持。 **问题 3:**(模拟操作后作出判断并解释)水和铜哪种物质具有较高的比 热容? **问题 4:**(开始比较铜和铝的比热容)描述如何使用量热计,如何调控质量 和温度。 **问题 5:**(模拟操作后判断并解释)铜和铝哪个比热容更高? 依据数据 说明。 **问题 6:**(基于探究判断并解释)哪种金属适合用于做烹饪锅的底部?

从上表的题目内容描述和具体试题来看,NAEP 计算机交互试题具有以下特点。

(1) 无论是 4 年级还是 8 年级或是 12 年级都设有一定的真实背景。例如"开裂的混凝土"以某城市冬天开裂的路面裂缝变大为背景,"瓶装蜂蜜"以某工厂灌装蜂蜜为背景,"热传递"以选择制作烹饪锅的材料为背景,都体现了与现实生活的关联,属于自然情境下的探究活动。

(2) 会将现实问题转化为探究问题,明确交代探究的目的。例如"开裂的混凝土"要探究水结冰会发生什么,"瓶装蜂蜜"要探究四种不同液体的流动性以及温度对其流动性的影响,并将其转化为钢球在液体中的运动,"比热容"要探究两种金属的比热容大小。

(3) 学生需要根据每一步的目的或操作要求设定相应的参数来运行操作,主要体现的是设计实验方案和控制变量的能力,同时需要学生从操作结果中获取数据或信息,包括"正确读数""从图像中获取数据信息""观察现象"。

(4) 学生是在文字描述的引导下一步步进行操作的,虽然他们可以选择操作哪些变量,但总的实验方案是确定的,他们只需在总的方案下根据每一步的目的和要求进行合理操作。

(5) 在高年级,实验数据采集和处理是由计算机自动完成的。例如,在"热传递"试题中,学生进行相应的操作后系统会自动记录该操作下的质量、金属、初始温度和末态温度,学生还可以根据数据生成相应的图形。

(6)探究过程中需要学生完成的任务主要分为五类:第一类是描述操作方案或思路,比如要测量什么,控制哪些变量,使用哪些设备甚至怎样使用,这类任务往往不是直接要求的任务,而是得出结果必须会的操作和知识;第二类是描述操作过程中或操作后发生了什么,比如描述当水变成冰时,体积发生了什么变化;第三类是依据数据得出结论,做出判断或选择;第四类是说明怎样得出结论,也就是判断或选择的依据;第五类是将探究得到的结论运用到背景所提出的现实情境中解决问题,比如试题 1 学生要回答如何做来阻止裂缝变大这个问题,试题 2 学生要回答哪种温度范围最适合用来灌装蜂蜜,试题 3 学生要判断哪种金属适合用于做烹饪锅的底部。

(7)从科学探究的角度来看,NAEP 计算机交互任务主要评价学生猜想预测、制定实验计划或设计操作步骤、进行操作、归纳结论以及观察现象和数据等方面的技能和能力。

六、NAEP 现场操作任务设计

NAEP 指出,在设计实践性任务时重要的是要牢记以下几点:学生参与科学探究某个方面的程度取决于谁选择了要研究的问题,谁选择了要进行的程序解决问题并选择答案。评价应该为学生提供一个具有挑战性的问题,但学生必须有机会确定科学合理的程序来解决问题并达成解决方案。要解决的问题包括提出可操作的变量,控制外部变量的程序,并提供可靠的数据和证明问题的解决方案。除了让学生确定实验的程序之外,还需要应用科学原理来执行这些任务。因此,NAEP 评价中包含的任何实际操作都会为学生提供一个具体、恰当情境化的任务(问题、挑战),实验室设备和材料以及使练习过程公开的反应形式。在动手操作性任务中,评分基于两点:一个是执行探究情况,另一个是解决方案。

以下选取 4 年级和 8 年级的两个操作任务进行研究。4 年级的任务为"电路",8 年级的任务为"磁场"。两个任务的设计和要求概述如表 4 - 17所示。

表 4-17 NAEP 动手操作任务

名称	设 计 概 述
电路	准备工作:检查器材数量、说明有 4 个任务、按要求操作检查器材是否完好 第 1 部分:学习组装电路。给出电路图,要求学生按照要求连接电路,回答问题 1:什么是完整电路? 根据什么判断电路是否连好? 第 2 部分:设计电路,确定那个物体导电(稻草、牙签和回形针)? 问题 2:预测哪个导电? 做出选择并说明理由。 问题 3:连接一个电路图(画图)。 问题 4:实验并记录观察到的现象(在表格中)。 问题 5:判断哪个物体是导体,依据数据说明理由。 第 3 部分:设计不同的电路。将两个灯泡串联在电路中,观察灯泡的发光情况。 问题 6:观察到了什么? 解释你认为可能的原因。 第 4 部分:探究未知的盒子。设计电路探究两个未知盒子中哪一个里面是灯泡。 (另一个里面是导线) 问题 7:画出两个盒子连接上的电路图。 问题 8:哪个盒子中是灯泡? 说明你怎样判断的。
磁场	准备工作:检查器材数量、介绍任务、说明评分关注点。 第 1 部分:仅使用 4 根未知属性的条形棒(编号 1、2、3 和 4),确认它们是什么(一个强磁铁、一个弱磁铁、一根铜棒和一根铁棒)。 问题 1:写出验证程序、观察到的现象并确认结果,填入表格。 第 2 部分:使用测试磁铁识别条形棒。 问题 2:写出验证程序、观察到的现象并确认结果,填入表格。 问题 3:比较表前两次实验的确认结果是否相同,填入表格并分析原因。 第 3 部分:证明强磁体比弱磁体磁性更强。(前面已经判断出强磁体和弱磁体) 问题 4:记录所使用材料、操作程序、操作结果。 问题 5:判断哪个是强磁体、哪个是弱磁体并说明理由。

从上表可以看出,NAEP 动手操作任务具有以下特点:

(1) 操作任务是学生较为熟悉的学习内容,比如电路和磁体都是对应年级学生学习过的内容。

(2) 会给学生发一个操作手册。这个操作手册上包括对准备工作的说明、操作任务的介绍和每一部分需要记录数据的表格和做出选择或解释的对应题目。8 年级操作手册中还包括对评分关注点的说明,"磁场"的评分关注"设计你的程序来识别金属棒,设计你的程序来比较不同磁铁的强度,记录你的观察结果,根据您的调查提供解释"。

(3) 需要学生记录在试题册上的内容比较多。4 年级的电路关注画出电路图、观察到的现象、判断的依据。8 年级的磁场关注实验设计和现象,要求学生用文字写出来的东西比较多(见表 4 - 18),需要学生填写操作程序、观察到的现象,确认棒的属性。

表 4 - 18　NAEP 操作任务表格

棒代码	操作程序和观察现象		确认棒的属性
1	程序:	现象:	
2	程序:	现象:	
3	程序:	现象:	
4	程序:	现象:	

(4) 操作任务含有多个子任务,需要根据要求利用所给器材完成多个操作任务,比如"电路"要完成四个任务,包括任务 1"学习组装电路",识别电路的组成成分,任务 2 利用电路判断物体是否导电,任务 3 连接串联电路,任务 4 探究未知盒子。"磁场"也要完成三个子任务。

(5) 操作任务需要学生调用学习过的内容知识,比如"导体和绝缘体""同名磁极相互排斥,异名磁铁相互吸引"等,个别作答试题学生可以凭借记忆或经验来完成,如电路的构成,哪些物体能导电。

(6) 操作任务可以评价学生的动手操作能力、设计实验方案能力、数据记录与处理能力、基于现象和证据做出推理的能力。

(7) 从评价框架和评分指南来看,不仅关注学生在操作过程中的具体表现,而且关注学生"写在"纸上的思维过程和结果。评分选择了组合的方式来确定等级。

第五章
英国关键技能与 NCA 科学学业测评项目

英国是一个具有"自治"传统的国家,长期没有全国统一的学生评价。1988 年的《教育改革法》(*Education Reform Act*)规定英国所有公立学校实施统一的国家课程。英国的教育体制可以分为学前教育(3～5 岁)、义务教育(5～16 岁)、延续义务教育(16～18 岁)和高等教育(18～22 岁)四个阶段。义务教育又划分为四个关键阶段:KS1(5～7 岁)、KS2(7～11 岁)、KS3(11～14 岁)、KS4(14～16 岁),其中 KS1 和 KS2 相当于我国的小学阶段,KS4 阶段相当于我国的高中阶段。1988 年的《教育改革法案》要求每个关键阶段末都要进行全国统一的学业评价,称为"国家课程评价"(National Curriculum Assessment,简称 NCA)项目。1993 年,英国对国家课程评价进行了调整,把 KS2 和 KS3 的全国统一考试仅局限于英语、数学和科学这三门核心课程;突出教师主导评价(teacher assessment)的地位和作用,将其作为国家课程评价的核心组成部分;改进 KS4 评价,将英国普通中等教育证书考试(General Certificate of Secondary Education,简称 GCSE)与前三个阶段分离,明确了英国普通中等教育证书考试的独立地位,同时保留 GCSE 原先的评分标准和体系。2009 年,政府取消了 KS3 的国家课程测验,[1]因此,义务教育结束后学生要参加 GCSE 考试并获得相应的证书。16 岁以后的教育具有选择性,没有统一的课程标准,学生在该阶段(延续义务教育)可以选择在本校或者其他

---

① 杨涛,李曙光,姜宇. 国际基础教育质量监测实践与经验[M]. 北京:北京师范大学出版社,2015.

招收 12、13 年级学生的学校或学院继续学习 3～5 门课程,两年后参加升入大学的"国家普通职业资格"(General National Vocational Qualification,简称 GNVQ)考试或者"高级水平普通教育证书"(General Certificate of Education Advanced-level,简称 A-Level)考试(相当于国内的高考)。

自 1988 年以来,英国已经多次进行课程改革,1999 年、2007 年和 2013 年英国先后三次对国家课程进行修订。1999 年课程改革的背景下,英国资格与课程局(Qualifications and Curriculum Authority)提出了六大关键技能(key skill),希望高中生在掌握基本技能的前提下,具有坚实的关键技能基础,并能在自己的一生中不断更新,将有力地促进终身学习、工作和生活质量的提高。作为高中课程改革的一个重要方面,关键技能的学习和训练得到了进一步的加强,目前关键技能的学习已渗透到 16～19 岁学生的全部学习活动中(包括普通教育和职业资格方面),而且通过为关键技能设立独立的证书,鼓励所有学生都参加关键技能的学习。[1] 从 2012 年开始,英国又提出功能性技能(functional skill),指在英语、数学和信息通信技术(ICT)领域基础的应用性技能。从 2017 年开始,关键技能资格证书取消,代之以功能性技能资格证书。[2]

科学课程作为英国义务教育的三大核心课程之一,是每次课程变革的重要组成部分。在英国,KS1～KS4 阶段的科学课程都以综合课程的形式开设,在国家课程的指导下开展评价。

本章将首先对英国关键技能和 2013 年修订的国家课程进行分析,探析英国如何在科学学科领域体现关键技能,然后以本书确立的分析框架对英国 NCA 项目中的科学素养测评框架和试题进行分析,探析其测评框架和试题的特点。

① 汪霞.高中生应有怎样的技能素养:21 世纪英国高中课程对技能学习的要求[J].课程·教材·教法,2003,23(2):74-78.

② OFQUAL. Removing key skills criteria [EB/OL]. [2023-03-24]. https://www.gov.uk/government/news/removing-key-skills-criteria.

第一节　英国关键技能与科学课程

关键技能在英国(英格兰)具有较早的历史。早在 1979 年,英国继续教育部(Further Education Unit)就在其发布的文件《选择的基础》(*A Basis for Choice*)中提出了关键技能(core skill),并有了为职业学习开发关键技能导向的课程的想法。1982 年,继续教育部又出版了文件《基础技能》(*Basic Skills*),规定了关键技能的两条原则:通用性(genericness)和可迁移性(transferability)。通用性指这些技能在各种工作和学习环境下都可以用到,迁移性指该技能可以从一个环境迁移到另一个环境下。[①] 之后的近 20 年,英国不同的部门相继提出或修订了关键技能,但都始终遵守通用性和可迁移性两条原则。1987 年,英国继续教育部(Further Education Unit)将素养(competence)定义为"成功表现所需的知识、技能和态度经验的发展"。1996 年的迪林报告(The Dearing Report)提出一个连贯性的国家框架来实现对义务教育后的学业成就的管理,尝试将普通国家职业资格与学术水平 A-Level 考试两条路径进行整合,以使学生能够同时适应学术和就业两条道路。该报告提出在一些主要技能领域发展素养,包括交流、数字应用、信息技术、团队合作、问题解决和提升自己的学习及表现。1999 年,英国资格与课程局提出了六大关键技能(key skill),国内也译为"核心素养"。2000 年 9 月,该关键技能资格(key skills qualification)出现在 A-Level 课程当中。[②] 2013 年 OCR(Oxford Cambridge and RSA)发布的 AS/A-level 课程文件中依旧使用该关键技能。[③] 2017 年开始,交流、数字应用和信息技术三个主要关键技能资格认证逐渐被功能性技能所代替,团队合作、问题解决和自我管理学习继续存在。

[①] ANTHONY K. The evolution of key skills towards a tawney paradigm [J]. Journal of Vocational Education and Training, 2001, 53(1):21-36.

[②] ANTHONY K. The evolution of key skills towards a tawney paradigm [J]. Journal of Vocational Education and Training, 2001, 53(1):21-36.

[③] OCR. Qualification details [EB/OL]. http://www.ocr.org.uk/qualifications/as-a-level-gce-physics-h158-h558/.

一、英国的关键技能

英国的关键技能框架包含六大能力,分别是交流(communication)、数字应用(application of number)、信息技术(information communication technology,ICT)、团队合作(working with others)、问题解决(problem solving)和提升自己的学习和表现(improving own learning and performance)。具体内容见表 5-1。

表 5-1　英国的关键技能

交流	听、说、读、写的技能
数字应用	能理解与数字相关的信息,能进行计算,能理解结果并呈现自己的发现
团队合作	包含在为共同目标奋斗的情形下,支持自己与人协作的方法和内省技能,也含有对别人的尊重
信息技术	发现、探索、开发和呈现信息,包括文本、图片和数字
问题解决	鼓励学习者发展并证明他们有系统地解决问题的能力,以便努力解决他们的问题,并从这一过程中学习。三种类型或组合问题的处理:诊断问题,主要取决于分析得出的结论;设计问题,主要取决于合成创造一个产品或过程;应急的问题,通常涉及资源的分配和获得他人的合作,例如,当组织活动时
提升自己的学习和表现	发展独立的学习者,独立的学习者能朝着自己想要达成的目标前进,不断提升自己学习的质量和表现,这一素养包含过程性技能,比如设定目标、计划、学习、回顾,也包括内省技能,比如交流自己的需求、接受建设性反馈、协商学习机会和支持

在这六个能力中,前三项有时被称为"主要"关键技能。他们包括识字和算术的基本技能。剩下的三项经常被称为"更广泛"或"软"的关键技能。由此来看,英国的六大关键技能中,前三项"主要"关键技能含有更多的学习领域成分,分别对应英语、数学和信息技术,属于基础素养,但同时又具有通用的属性。其中交流和团队合作均属于人际领域;数字应用和信息技术属于信息领域;问题解决属于认知领域,同时又是一种综合性素养;提升自己的学习和表现类似于"自我管理",属于内省领域。

二、英国科学课程中的核心素养

《英国国家课程 2013》(KS1~KS4)指出,高质量的科学教育为学生了解世界提供了一个基础。在掌握基本知识和概念的基础上,英国鼓励学生认识到推理解释的巨大作用,形成对自然现象的好奇心和热情,掌握如何使用科学来解释发生的事情、预测事物的行为,分析其中的原因。该课程指出,科学课程要确保三个方面:一是通过各分支知识学习发展学生的科学知识和对概念的理解;二是通过不同的科学探究类型使学生理解科学的本质、过程和方法;三是在科学知识的基础上理解科学在当下和将来的应用及其意义。该课程同时指出,国家科学课程要在整个课程中反映语言表达在学生发展过程中的重要性,包括认知的、社交的和语言的方面。由此可以看出,英国国家科学课程总目标含四部分内容:一是理解科学知识与概念;二是掌握科学探究的方法和过程;三是理解科学的应用及其价值意义;四是发展学生的表达能力。其中也内涵了对科学本质的理解,主要是希望在科学探究的过程中形成。

在每个学习阶段的具体课程目标中,2013 年英国科学课程目标主要分两部分:科学地工作(working scientifically)和科学知识。在 KS1～KS2 阶段,主要以综合形式呈现知识目标,每个年级的知识目标有所差异;在 KS3～KS4阶段,主要以生物、化学和物理分科的形式呈现知识目标,且对"科学地工作"要求层次更加清晰(见表 5-2)。

表 5-2 《英国国家课程 2013》科学课程目标

学段		总目标	具体目标	说明
小学	KS1	• 了解科学知识与概念 • 掌握科学探究的方法和过程 • 理解科学的应用及其价值意义 • 发展学生的表达能力	科学地工作	是统一主题,含提问、观察、使用简单设备、进行简单试验、确认与分类、尝试回答问题、收集记录数据等多项技能
			科学知识	包含植物、动物(含人类)、日常物品、季节变化等,1 年级和 2 年级稍有不同
	KS2		科学地工作	分低年级和高年级,"科学地工作"是统一主题,描述与 KS1 有所不同,科学知识主题也有变化
			科学知识	
中学	KS3 KS4		科学地工作	是统一主题,含科学的态度、实验技能与探究、分析与评价、测量四个主题
			科学知识	分生物、化学和物理学科,内容分别呈现

由此来看,英国科学课程中的核心素养可以归纳为科学知识和"科学地工作"两大类,而"科学地工作"其含义远大于科学探究。在这一课程目标中,能够看出英国科学课程试图体现在科学知识学习的基础上发展学生的科学能力和态度的意图。从具体内涵来看,可以认为,英国科学课程体现了核心素养的认知领域、人际领域、信息领域和内省领域。其中"科学地工作"从整体上看涉及更多的实践成分,隐含了对目标、时间的管理以及问题解决过程的监控(见表 5 - 3)。

表 5 - 3　英国科学课程体现的核心素养

科学课程内容	呈现方式	体现的关键技能
科学知识	含物理、生物、化学三大知识领域(含地球与宇宙),以"认知要求＋知识内容"方式呈现	
科学的态度	学科内的统一主题,基于知识学习而发展	学习与自我提高
实验技能与探究	学科内的统一主题,基于知识学习而发展	与人合作、解决问题、交流
分析与评价	学科内的统一主题,基于知识学习而发展	解决问题、信息技术
测量	学科内的统一主题,基于知识学习而发展	数字应用,信息技术

第二节　NCA 科学学业测评的内容框架

自 1988 年的《教育改革法案》始,英国在每个关键阶段末[1]都进行全国统一的学业评价,即前文提及的"国家课程评价"项目。2009 年以前,英国国家课程评价主要通过标准化成就测验(SATs)进行,但由于考试结果的重要性对学生造成了过度压力,受到了各方的质疑和抵制。因此,政府从 2009 年开始取消了 KS3 国家课程测验,并取消 KS2 科学的书面全国测评,改为抽样测评和教师主导评价(teacher assessment)相结合的方式。至此,国家课程评价形

---

① 英国义务教育划分为四个关键阶段:KS1(5～7 岁)、KS2(7～11 岁)、KS3(11～14 岁)、KS4(14～16 岁),其中 KS1 和 KS2 相当于我国的小学阶段,KS4 阶段相当于我国的高中阶段。

成了以大规模纸笔测验和教师主导评价相结合的方式,科学学业测评只在
KS2阶段以抽样的方式进行。

2016年,英国开展了国家新课程实施后的首次科学学业测评,测评工作
由标准与测评部(Standards and Testing Agency)负责。测评对象包括公立
学校、学院和特殊学校的KS2末学生,基本相当于我国的小学毕业生。该测
评从全国1900所学校中随机选取约9500名学生参加统一测验,每个学校随
机抽取5名学生。本节以2016年英国"国家课程评价"科学学业测评项目(以
下简称NCA-S)为研究对象,对其测评框架与试题进行分析。

如图5-1所示,2016年的NCA评价框架指出,科学课程测评内容由两
大领域组成,一是内容领域,一是认知领域(cognitive domain)。

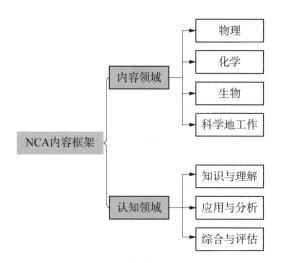

图 5-1　NCA科学学业评价的内容框架

一、内容领域

内容领域包含与新课程对应的物理、化学、生物三大知识分支和"科学地
工作"。在英国国家课程文本中,使用"科学地工作"代替了1999年国家课程
文本中的"科学探究"领域。在2003～2012年,科学探究作为一个非常重要的
领域在科学测试中被强调,大约占到测试的40%。在2014年的国家课程中,
"科学地工作"作为一个统一主题出现,不再成为一个独立的领域,测试问题
也都以生物、化学和物理背景整合。

英国资格与评价局 2014 年发布的用于指导教师以及课程开发者准备 2016 年科学课程评价的方案文本,对评价内容进行了详细说明,比如"光"主题的评价内容包括 3 年级到 6 年级的 9 条内容,描述十分详细,具体见表 5－4。

表 5－4　NCA"光"主题评价内容

主 题 要 求	内容来源年级
P3a 认识到有光的情况下才能看到物体,黑暗就是因为没有光	3
P3b 注意到光的反射	3
P3c 认识到来自太阳的光是危险的,有许多方法可以保护眼睛	3
P3d 认识到从光源发出的光遇到不透明物体遮挡时会形成影子	3
P3e 发现影子大小变化的规律	3
P6a 认识到光沿直线传播	6
P6b 应用光的直线传播原理来解释我们之所以看到物体是因为他们发光或反射的光进入了我们的眼睛	6
P6c 解释我们看到物体的原因是光直接从光源进入我们的眼睛或光源发出的光经物体反射进入我们的眼睛	6
P6d 应用光的直线传播原理解释为什么影子的形状与投射物体的形状相同	6

"科学地工作"包括计划、实施、测量、记录、得出结论、报告、进一步的工作七个部分,具体条目见表 5－5。

表 5－5　"科学地工作"具体条目

主题	对应的评价条目
计划	提出相关的探究问题并使用不同类型的方法进行探究* 计划不同类型的科学探究来探寻问题的答案,包括识别和控制变量
实施	设置简单的实践探究,比较和公平地试验*
测量	在适当的时候系统、细心地观察,使用标准单位和多种仪器进行准确测量,包括温度计和数据记录器* 使用多种科学仪器进行测量,在适宜的时候重复测量以增加准确性和精确度*

主题	对应的评价条目
记录	采用多种方式收集、记录、分类和呈现数据以帮助回答问题 使用简单的科学语言、画图、标记图、关键词、条形图和表记录数据 使用科学图表和标签、分类键、表格、散点图、条形图和线图记录数据和复杂的结果
得出结论	使用结果得出简单的结论，对新价值进行预测，提出改进意见并提出进一步的问题 识别简单的科学观点和过程直接的差异、相似性或变化 使用直接的证据回答问题或支持发现 确定用于支持或反驳观点或论点的科学证据
报告	报告调查结果，包括口头和书面解释，展示或介绍结果和结论* 以口头和书面的形式报告和呈现探究发现，包括结论、因果关系、结果的解释性和可信度，如展示和其他方式呈现*
进一步的工作	应用测试结果做出预测并设置进一步相对合理的测试*

注：表中"*"表明该内容只能部分在纸笔测试中进行评价。

可以看出，评价内容的描述形式使用"行为动词＋内容"的方式。这些描述是 KS2 末学生应该达到的具体内容要求，包括"科学地工作"和生物、物理、化学四个领域，使用的行为动词有"回忆""描述""认识""记录""应用……得出结论""使用证据辩论""辨别""解释"等，具体如"科学地工作"的一个表现性标准是"使用数据做出预测"，物理知识领域的一个表现性标准是"应用光的直线传播原理解释为什么影子的形状与投射物体的形状相同"。该"内容标准"并不能被教师平时用作评价指导，因为该"表现描述"仅列出了在纸笔考试中学生应该具有的表现。

英国科学素养评价框架含两个部分，第一部分为纸笔测试，第二部分为教师主导评价。由于纸笔测试不能考查新课程所列出的每一个内容目标，因此，在其评价方案中将无法通过纸笔测验进行考查的内容列出来。比如"连接一个简单的电路，确定电路每个部分的名称"，这一内容目标要求学生要能够连接电路，这在纸笔测试中无法实现，不过可以利用纸笔测试考查学生对构成电路的各部分元件名称的掌握情况，还可以考查学生设计电路的能力。"科学地工作"有些目标也无法通过纸笔直接测试出来。对于这些无法通过纸笔测验检测的内容,将要求教师通过"教师主导评价"的形式进行测评。

二、认知领域

认知领域是根据学生的认知水平确定的,测评学生是否达到新课程所要求的认知程度,试图将科学测试中的思维技能与智力过程清晰地呈现出来。认知领域既可以作为测评的内容,也可以作为构建测试题目的工具。

认知领域分为三个层次:知识与理解;应用与分析;综合与评价。认知领域的详细说明及所占比例见表 5-6 和表 5-7。

表 5-6 认知复杂度模型

复杂度维度	知识与理解(低)	应用与分析	综合与评价(高)
操作或概念的每个组成部分的复杂度及其之间的关联	记忆先前学习的信息并说明对事实的理解	在实际情境中应用知识,将信息分解成简单的更小部分,从中发现证据以支持结论	整体上从一个新颖的角度编辑观点或者提出建议方案,基于证据做出判断并能进行论证
	• 记忆或描述简单的事实性知识 • 对物体及其特征进行直接的观察 • 从简单的数据源或文本或图示中读取信息或提炼信息	• 在给定的情境中应用信息 • 基于知识或简单的证据提供解释 • 确定数据类型并进行比较 • 基于给定的数据做出预测 • 分析数据源	• 将不同数据源或信息联系起来提供解释 • 从给定的信息和知识出发进行推理推断 • 基于证据得出结论并与科学理解相联系

表 5-7 不同认知复杂度所占比例

认知复杂度	所占比例
知识与理解	30%～50%
应用与分析	30%～50%
综合与评价	10%～30%

总体来看,NCA 的内容框架由具体的内容知识、相当于科学探究能力的"科学地工作"和认知领域三部分构成。采用"认知过程+具体知识"的形式

来呈现内容细目,并说明有些知识或技能不能通过纸笔测验进行评价。6 年级的评价内容包括从 3 年级到 6 年级的学习内容。"科学地工作"本质上是一系列技能的集合,指明了对每个阶段科学的性质、过程和方法的理解,希望学生在掌握这些技能和方法的基础上建立对科学本质的理解。认知过程对应布卢姆教育目标分类学的认知过程,同时考虑了任务情境的复杂性,根据操作或概念的每个组成部分的复杂度及其之间的关联分为"知识与理解""应用与分析"和"综合与评价"三个层次。NCA 内容框架设计明显围绕知识内容展开,除了将科学探究分解为一系列技能列入内容领域外,对科学能力没有明确的分类和表现描述。

第三节　NCA 科学学业测评的表现标准

英国的表现水平称为"表现描述"(performance descriptor)。在 2016 年的评价方案中,用表现描述来说明关键阶段 2 结束时达到预期标准的学生的典型特征。该表现水平并未分层次,而是详细地描述了达到关键阶段 2 的学生应该具有的特征,否则就是没达到。表现水平分为"科学地工作""物理""化学"和"生物"四部分。表 5-8 仅列出"科学地工作"和"物理"部分的表现标准。

表 5-8　NCA 表现描述

科学地工作	学生应该能够在熟悉或不熟悉的"科学地工作"背景下回忆并运用他们的知识、理解和技能。学生应该能够(没有预定的优先次序或层次): ● 回忆并使用适当的术语,如准确性、结论、证据、公平测试、方法、观察、模式、预测、可靠性、结果、支持(证据)和变量 ● 确定最适合回答科学问题的方法,并选择最适合的任务所需的设备和证据来源 ● 知道何时使用不同类型的科学研究,仔细观察,根据需要使用适当的单位进行精确的测量或读数,并在必要时确定何时重复测量,以确保给出的结果是可靠的 ● 使用一系列方法记录、呈现和解释不同来源的数据,包括表格、图表(条形图和线图)和图例 ● 运用他们对科学概念的理解,从数据中得出有效的结论 ● 使用数据对缺失值进行预测 ● 识别或使用证据来支持或反驳思想或论点 ● 承认证据的有效性和可靠性以及事实和意见之间的差异

（续表）

物理	学生应该能在<u>熟悉</u>或<u>不熟悉</u>的背景中回忆并运用他们的知识和理解情况，能得出结论，并能对信息进行综合和简单的评价。学生应该能够（没有任何优先顺序或层级的意图）回应以下大多数陈述，倘若没有达到 3 或 4 年级的水平则比较危险 • 回忆并使用适当的<u>术语</u>，如吸引力、导体、摩擦力、重力、绝缘体、牛顿、不透明、轨道、俯仰、排斥、球体、半透明、透明、振动、电压、体积和防水性等 • 解释我们如何<u>看到</u>其他物体（来自单一反射），并以简单的示意图形式表示 • 解释<u>阴影</u>的形成以及阴影的大小如何变化 • 解释声音如何形成，并描述他们需要一种媒介从源头到耳朵的传播 • 描述太阳系中的物体（球体）的形状和太阳系中物体相对于彼此的运动 ……

可以看出，NCA 的表现标准并不是真正意义上的表现标准，更类似于内容标准，但在描述上比内容标准略概括，是对 KS2 阶段学生所应达到的水平的描述，属于"门槛标准"。

从具体的描述来看，"科学地工作"体现在两个方面：一是对相关术语的回忆和使用，这些术语更类似于程序性知识，是开展探究必须具备的基本术语；二是各探究要素的具体要求，基本包括了器材方法的选择、数据的收集与处理、得出结论、解释评价等科学探究的整个过程，实际上列出了 KS2 学生必须具备的科学探究技能。"物理"部分也包括两部分：一是相关概念和术语的回忆与使用，不仅包括物理概念，也包括一些器材的名称或特征，比如轨道、透明；二是具体的知识描述，采用"认知动词＋知识点"的形式，与内容标准类似。根据表现标准中的描述，这些"门槛标准"是所有学生应该达到的，至少要达到大多数，而且必须要达到 3 年级和 4 年级的水平，而内容标准当中实际上对 3～6 年级的内容进行详细描述。由此，也证明 NCA 表现描述是与内容标准对应的"门槛标准"。

第四节　NCA 科学学业测评方式与题型

一、NCA 测评方式

英国科学学业评价方式有两种：一种是纸笔测验，一种是教师主导评价。

两种方式都依据相同的内容标准,但在评价方式和题型方面有很大差异。科学纸笔测验以三张独立的试卷呈现,每张试卷对应生物、化学或物理中的一门,每门有五个版本的试卷,每个学生拿到其中的一个版本,依次进行,不同学生的版本顺序不同。纸笔测验总时间是 75 分钟。详见表 5-9。

表 5-9 2016 年科学测验基本构成①

组成部分	描述	试卷编号	分值	大约用时
试卷 b	生物情境下	1～5(选一个)	22	25 分
试卷 c	化学情境下	1～5(选一个)	22	25 分
试卷 p	物理情境下	1～5(选一个)	22	25 分
	共计	3	66	75 分

教师主导评价是一种过程性评价,要求教师在教学过程中根据指导框架和期望标准收集学生的学习信息,比如某一实验的探究过程,以书面的探究报告形式收集起来。教师主导评价要在当年规定的时间内提交给上级部门,作为学业评价的依据之一。

二、NCA 题型

无论是三张试卷的那一张,都包含两大类题型:选择类(selected response)和构建类(constructed response),其中构建类又可以分为简短构建类(short constructed response)和拓展构建类(extended constructed response)。选择类题型要求学生根据有限的观点进行选择,包括多选项单选、配对题和正误判断题;简短构建类试题不提供任何选项,要求学生根据要求进行简短回答,包括为物体或过程命名、填空、完成图表等;拓展构建类试题要求学生做出较多的回答,包括解释、评论、补全探究计划的某个部分、画图或描述一系列数据等,题型的具体描述见表 5-10。

---

① GOV. UK. Key stage 2: science sampling test framework [EB/OL]. [2016 - 11 - 4]. https:// www.gov.uk/government/publications/key-stage-2-science-sampling-test-framework.

表 5 - 10　题型描述

	选择题(低)	简答题	论述题
在多大程度上要求考生设计策略来处理和回答问题	在问题信息中给出反应类型,回答策略明确提供	在问题信息中没有给出反应类型,但学生如何确定答案的策略明确提供	学生需要构建他们自己的拓展性反应
	多项选择、匹配、正误判断、圈出、排序、表格填空、从表格中选择正确的数据、从一个关键辨认	• 简单开放性反应试题,比如定义程序、组成部分、物体和变量 • 描述、给出一个不同点、方式或理由,完成一个条形图或线形图	较长的开放性反应试题,可能是两行文字,比如描述关系或者提供解释
		通过箭头或循环表格画出或完成一个表格	

2016 年的科学素养测评中三种类型的试题所占比例如下:选择类占 35%～50%;简短构建类占 30%～45%,拓展构建类占 15%～30%。

总体来看,NAC 主要通过纸笔测验和教师主导评价两种方式收集学生的反应信息。其中纸笔测验是一种终结性评价,而教师主导评价是一种形成性评价。纸笔测验的反应形式包括选择类反应、简短构建类反应和拓展构建类反应。选择类反应包括多项选择、匹配、正误判断、圈出、排序、表格填空、从表格中选择正确的数据、辨认等类型,有明确的反应策略;简短构建类反应是简单的开放性反应试题,比如定义程序、组成部分、物体和变量,描述、给出一个不同点、方式或理由,完成一个条形图或线形图,通过箭头或循环表格画出或完成一个表格等;拓展性构建类反应对应较长的开放性反应试题,可能是两行文字,比如描述关系或者提供解释。教师主导评价的反应信息十分多样,包括学生的作业、课堂表现、实验报告等。

第五节　NCA 科学学业测评的试题情境

英国 NCA 试题会在英国政府网站(https://www.gov.uk/)公开,2017 年公布了 6 套 2016 年 KS2 科学测试试题,物理、化学和生物各 2 套,本章选取物理、化学和生物试题各一套展开研究,共 14 个试题单元 59 个小题。根据情境分析框架对 NCA 的试题进行分析,得到以下结果。

一、NCA 试题情境之辨别参数分析

从情境范围来看,NCA 情境基本在学科和个人生活范围,不涉及区域或全球问题。从情境主题来看,个别试题涉及科学史,比如"试题单元 D 天花"就是一道以科学史为背景的试题,但从所占比例来看(见图 5-2),仍然以学习内容和日常生活主题为主。在学校内容和日常生活相关的主题中,有部分试题具有明显的探究过程,致力于培养一个学科内部或日常生活中的科学探索者。比如以两个同学探究鞋底的"抓地力"直接进入问题或者给出已有的材料进行探究等,所体现的是对具体知识的理解和运用具体知识解决问题的能力。虽然以物理、化学和生物卷分别独立呈现试题,但从试题解答所需的知识来看,仍然有一定数量的试题需要学生调动两个学科的知识才能解答,如图 5-3 所示,涉及多学科领域的试题占 29%。

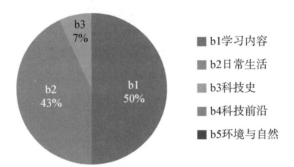

图 5-2 NCA 情境主题

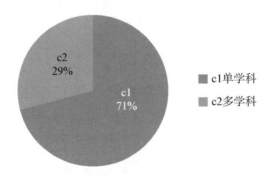

图 5-3 NCA 情境涉及的学科领域

从期待的作业类型来看,包括答案选择、提供解释、描述归纳、提出实施建议、设计实验方案、绘制图表、选择＋解释等。从图 5-4 可以看出,"答案选择"和"描述归纳"所占比例基本相当,都超过 30％,提供解释占 26％,其余作业类型所占比例较少,其中"绘制图表"包括"完善条形图"和"画出受力示意图"。总体来看,需要语言描述的试题较多,"描述归纳"和"提供解释"已经占到57％,但语言描述的篇幅一般都比较短。少量试题要求作出选择并进行解释。

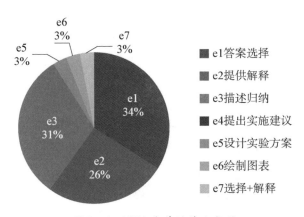

图 5-4 NCA 期待的作业类型

从试题的开放程度来看,开放性试题占有一定比例,比如在"B 种子传播"中,在用扇子模拟风让种子传播之后,要求学生提出自然界中在风的作用下传播种子的案例;在"F 流动的油"中,要求学生提出一个方案能保证实验合理操作,实际上主要考的是控制变量,但由于需要控制的变量比较多,所以答案并不唯一。

二、NCA 试题情境之内容参数分析

从内容参数来看,对知识内容的考查主要以评价方案中列出的内容标准或表现标准为依据,每道试题评价对应的那一条都有明确的说明。在能力的评价方面,将"知识与理解""应用与分析"和"综合与评价"作为能力领域列出,考查知识的认知水平,个别试题的考查目标直接针对科学探究的具体条目,比如 C3、E1、E2、K3、K4 均评价科学探究的某一方面。由于没有总体背景,只是围绕一个相关的主题或事物设计试题,所以各小题可能在背景方面有较大差异,每个小题内部可能有一个背景,或者几个小题共同围绕一个背

景,这就使得部分问题的解决需要依赖前面的作答。从分析结果来看,有 4 个试题单元中的部分小题需要依次作答,问题之间并不明显独立,占所有试题单元的 28.57%。从问题与背景的相关性来看(见图 5-5),75% 的问题与背景高度相关,从问题与具体知识的相关性来看(见图 5-6),63% 的问题与具体知识高度相关。说明多数试题情境提供了相应的已知条件,少数试题背景只是提供一个环境,与试题作答无关,约有 37% 的试题考查程序性知识,比如从表格中获取信息归纳结论、描述因果关系等,不需要学生直接回忆所学的具体内容进行解答。试题几乎不涉及具体的科学公式计算或数学计算。

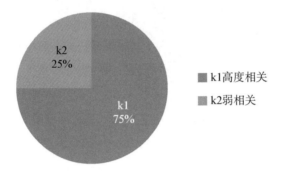

图 5-5　NCA 问题与背景的相关性

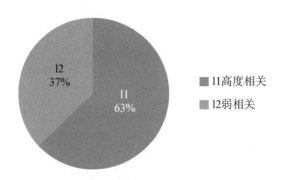

图 5-6　NCA 问题与具体知识的相关性

三、NCA 试题情境之装扮参数分析

如图 5-7 所示,从情境的图形式呈现来看,既有只以文字或图片呈现的试题,也有文字、图片、表格混合呈现的试题。从所占比例来看,单独以文字

形式呈现的试题和"文字＋图片"形式呈现的试题最多,都占到 35％以上,"文字＋图表"和"文字＋图片＋图表"的形式也占有一定比例。

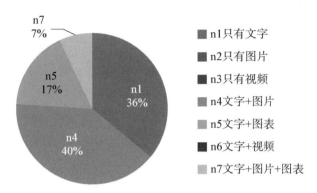

图 5-7　NCA 情境图形式呈现

第六节　NCA 科学学业测评的试题设计

一、NCA 针对科学探究能力的试题设计

NCA 科学学业评价从内容框架设计到表现标准再到试题设计都是围绕学科知识展开的。因此,试题设计工作依据内容标准设计,本身已经含有对认知水平的要求,认知过程实际上就成为"能力"的体现。"科学地工作"作为与内容知识并列的主题,其本质上是科学探究,包括提问、观察、使用简单设备、进行简单试验、确认和分类、尝试回答问题、收集并记录数据、归纳结论等多项技能或能力。2016 年的科学学业评价方案指出,"科学地探究"并不作为一个独立的维度进行评价,而是在评价内容知识的过程中进行评价。以下以试题单元 K 为例,对 NCA 中能力的评价进行分析。

试题单元 K:磁力

K1.阿里有 4 块不同的磁铁和一些回形针,回形针可以被磁铁吸引。请在照片上画一个箭头,以显示回形针上磁力的方向。

K2. 指出作用在回形针上、与回形针受到的磁体吸引力方向相反的力。

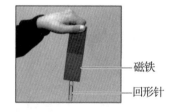

磁铁

回形针

K3. 阿里想找到磁性最强的磁铁。他向磁铁添加回形针，每次一个，这些回形针可以连成一个链条。当没有更多的回形针被粘住时，他就停下来。他用另外 3 块磁铁重复了这个实验。阿里怎么知道哪块磁铁的磁性最强？

_____

K4. 右图显示了阿里的结果。图上的一个轴已经被标记出来，为"磁体"，请你写出另一个轴的标签。

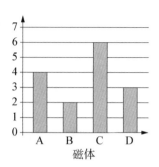

_____

K5. 阿里把磁铁 A 移向磁铁 B，发现即使不接触磁铁 B，磁铁 B 也会远离磁铁 A。为什么磁铁 B 会远离磁铁 A？

_____

K6. 阿里尝试用不同的方式把磁铁放在一起。请在表格的每一行勾选一个方框，以显示磁铁是彼此靠近、远离还是不移动。第一个已经为你完成了。

磁体	彼此靠近	彼此远离	不移动
▢▮ ▢▮	✓		
▢▮ ▮▢			
▮▢ ▮▢			
▮▢ ▢▮			

在这一试题单元中共有 6 道小题，根据评价报告对这一题目属性的分析，可以将其评价内容总结如表 5 - 11 所示。

表 5 - 11　NCA 试题单元 K 题目属性

试题编号	内 容 维 度	认知维度	说　　明
K1	观察磁体之间如何相互吸引和排斥,磁体可以吸引哪些物体,不能吸引哪些物体	应用与分析	评价学生"用箭头表示磁体对回形针施加的力的方向"的能力
K2	解释不受支持的物体落在地球上是因为重力的作用	知识与理解	评价学生回忆"物体受地球吸引"的能力
K3	测量:在适当的情况下,进行系统仔细的观察,使用包括温度计和数据记录工具在内的一系列设备以及标准单位进行精确测量	应用与分析	评价学生"在给定实验器材的背景下如何设计实验来测量磁力大小"的能力
K4	记录:应用简单的语言、图表、表格、关键词、画图等来记录实验发现	知识与理解	评价学生"通过标注图表中的坐标轴来记录数据"的能力
K5	预测两个磁铁是否会互相吸引或排斥,这取决于磁体两极的放置	知识与理解	评价学生"描述磁体的放置方向会影响两个磁体的相互作用效果"的能力
K6	预测两个磁铁是否会互相吸引或排斥,这取决于磁体两极的放置	知识与理解	通过选择放置好的两个磁体的作用情况来评价学生"对磁体、吸引和排斥作用"的理解

从上表可以看出,"科学地工作"是作为与物理知识等同的内容知识进行评价的,而能力维度则是"知识与理解""应用与分析"等认知过程维度。K3和 K4 就是针对"科学地工作"的要素技能进行评价,K3 评价进行测量的能力,K4 评价记录数据的能力,对应的认知过程分别为"应用与分析"和"知识与理解"层次。

另外还有几道试题评价"科学地工作"这一能力,比如 E1 和 E2。E1 评价学生分析表格中给出信息进而得出一个简单结论的能力,认知过程属于"应用与分析",题型为简短构建。E2 评价学生设计"公平"实验的能力,认知过程属于"综合与评价",题型为选择。可以归纳得出,NCA 对"科学地工作"的评价体现在对科学探究构成要素的评价,但并非直接评价,一般表现为学生对已有实验计划或方案的评价、对数据记录的补充和归纳结论。这些构成要素对应一定的认知过程。

二、NCA 教师主导评价的设计

教师主导评价本质上是一种过程性评价,需要教师在教学过程中根据评价要求开展评价,属于学校内部的评价,因此,没有具体的试题。英国国家标准与资格部会在评价的前一两年发布"教师主导评价细化"的文件,列出教师主导评价中学生的表现期望和评价样例,以指导教师开展评价工作。2014 年实施新课程以来,教师主导评价框架处于不断修订当中,2016 和 2017 年都使用临时评价框架,该框架包括学科评价的原则和期望标准。

1. 评价原则

以科学学科教师主导评价框架为例,主要原则有:

• 临时框架仅用于关键阶段末教师主导评价,不作为整个关键阶段教师跟踪学生进步的依据。临时框架并不包含所有国家课程的内容,而是重点强调评价的主要方面。

• 学生达到框架中所列出的成就标准要能够表现出更为广泛的技能,而不局限于被评价的技能。

• 临时框架不作为指导个人学习、课堂教学实践或方法的依据。

• 教师必须依据每个学生在课程学习中的一系列表现证据做出评价。

2. 期望标准

科学学科期望标准包含"科学地工作"和"科学内容"两部分,使用"学生能……"的形式列出了期望学生达到的标准。以下是"科学地工作"的期望标准和科学内容的部分期望。

"科学地工作":必须基于国家科学课程中的科学内容进行教学。学生要能:

• 描述和评价他们自己或别人的科学概念,这些概念与国家课程中主题相关;通过多种途径使用证据。

• 基于自己正在学习的科学现象提出自己的问题,选择合适的方法,制定计划来尝试回答这些问题或来自别人的问题,必要的时候能辨认并控制变量,包括观察不同时期的变化,注意模式、分类、分组,进行对比、设计合理的测验,使用大量的二手信息资源尝试找到答案。

● 使用大量的科学仪器进行正确准确的测量并能正确读数,能在需要的时候多次读数。

● 使用科学图示和标注、分类关键词,表格、散点曲线图、条形和线形图记录数据和结果。

● 采用不同的方式呈现结果,得到结论,基于数据和观察提出需要进一步探究的问题。

● 使用国家课程中合适的科学语言和概念来解释、评价并交流他们的方法和发现。

科学内容:学生要能

● 使用光源、光的反射、光的直线传播原理和光进入人眼的原理,解释我们如何看到物体以及影子的形成与大小变化原理。

● 使用声的相关概念和原理解释声音的形成和被听到的过程,比如声音的产生与振动有关,传播需要介质。

● ……

在评价过程中,为了说明学生达到了这些标准,教师必须要有证据来说明学生达到了所要求的成就标准。对于有生理缺陷或其他学习障碍的学生,可以使用其他类似的交流与学习方法进行评价。因此,在评价之前,要将学生分为两类,一类是要达到期望标准的学生,一类是不需要达到期望标准的学生,比如针对听力损伤学生的可视化看字读音教学法。对于因生理缺陷而无法完成所要求内容的学生,可以在评价时不将其列入范围,比如无法写作的学生不需要进行动手写作方面的评价。[①]

表 5 - 12 是 2016 年教师主导评价的要求,主题是"影子",属于物理学科内容,教师要根据这一要求对学生的学业进行评价。

---

① GOV. UK. 2017 interim frameworks for teacher assessment at the end of key stage 2 [EB/OL]. [2016 - 11 - 4]. https://www. gov. uk/government/publications/2017-interim-frameworks-for-teacher-assessment-at-the-end-of-key-stage-2.

表 5‑12　NCA 教师主导评价样例

标题	影子
年级	6
考核科学内容	使用光源、光的反射、光的直线传播原理和光进入人眼的原理来解释我们如何看到物体及影子的形成与大小变化原理
考查"科学地工作"的内容	注意模式
背景	● 在先前的学习中,学生探究了光如何沿着直线传播,也学习了光经过反射如何进入我们的眼睛而使人看到物体 ● 在这一活动中,学生制作影子木偶,然后在给定时间内探索。他们将被提出以下问题:你怎样改变影子的大小? 为什么会这样? 你能看到其中的模型吗? 学生将通过画图示和使用语言的方式进行解释
注释	学生解释当光被不透明的物体阻挡时影子是如何形成的,确定影子的大小和形状是如何改变的并解释变化的原因,涉及光源、物体和他们之间的相对距离

可以看出,这一要求同时将科学知识内容和"科学地工作"列为评价目标,并对评价背景进行说明。在这一案例中,对学生提出了考核要求:①建立影子的场景,也就是利用器材产生影子;②根据要求探索关于影子的相关问题,包括影子产生的原因和大小改变的原因;③要能使用语言(包括口头语言和书面语言)和图示来解释自己的结论。

学生在教师的指导下完成相应的学习任务,教师对学生的学习过程进行评价,同时对学生提交的作业或报告进行评价,图 5‑8 就是一个学生学习"影子"主题时完成并提交的作业。

可以看出,教师主导评价其本质是一种表现性评价,目的是评价那些无法在纸笔测验中进行评价的科学知识和探究能力。评价过程由学校教师主导完成。评价过程中教师除了要为学生提供相应的器材和实验要求外,还可以与学生进行一定的沟通交流,甚至给予一定的提示,以使学生明确探究的方向。整个评价过程依据国家考试部门颁布的教师主导评价纲要,包含知识能力考核的认知要求和表现标准,是教师开展评价的依据。图 5‑8 是 NCA "影子"主题的学生作业。

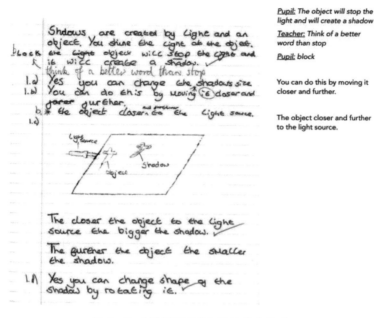

Pupil: The object will stop the light and will create a shadow

Teacher: Think of a better word than stop

Pupil: block

You can do this by moving it closer and further.

The object closer and further to the light source.

图 5-8　NCA"影子"主题的学生作业

第六章
加拿大全球素养与 PCAP 科学素养测评项目

　　加拿大是一个多民族的联邦制国家,教育事务主要由各省区教育部负责,联邦政府不设全国统一的教育部。各省区教育部负责省区内的教育政策文件、课程设计与实施、教学评价等事务。虽然加拿大各省区学校教育存有一定的差异,但基本上中小学教育持续11～13年。有些省区小学持续到 8 年级,中学为 9～12 年级;有些省区则是小学持续到 6 年级,初中 7～9 年级,高中为 10～12 年级。例如,教育水平先进的安大略省采用的是前面一种学制,在中学设置多样的选修课程,实施学分制。学生在完成高中学业后参加省区内的考核,并结合高中学业成绩报考大学,个别省区要修读大学预科。加拿大实施选拔性招生与开放入学并存、高校自主招生与省内集中申请并存的综合选拔式招考制度。

　　加拿大在 1967 年成立了教育部长理事会(Council of Ministers of Education,简称 CMEC),该理事会属于政府间组织,由各省区教育部长组成,设有理事会主席,由各省区部长轮流担任。该理事会主要负责讨论相关政策问题,在共同关心的领域开展活动、项目,是教育组织和联邦政府进行协商和合作的一种手段,同时是各省区在国际上的教育代表。[①]

　　加拿大没有国家统一课程,各省区教育部一般会邀请来自大学、教育研究机构、中小学的教师等共同开发学科课程标准。尽管

---

① CMEC. About US. ［EB/OL］. https://www.cmec.ca/11/About_Us.html.

目前中小学以分科课程为主,但各省区都在强调跨学科课程的开发以及跨学科能力的培养,跨学科能力已经成为各省区学科课程目标的重要组成部分,如阿尔伯塔省的跨学科能力包含"知道如何学习""批判性思维""管理信息""创新""创造机会""应用更多素养""展示很好的交流技能和能力以与他人合作""展示对全球和文化的理解,考虑经济和可持续发展"和"识别和应用生涯和生活技能"。① 可以看出,在各省区课程中,强调发展学生 21 世纪必须具备的关键能力和必备品格。

　　科学作为加拿大学生必须学习的核心课程之一,与阅读和数学一起被认为是加拿大年轻人掌握基础知识和基本技能都必须要学习的课程。1995 年,CMEC 就学校课程达成了一个协议,首先在科学学习领域开展学校课程合作。部长们认为,面对即将到来的 21 世纪,加拿大各省区要为学生提供发展其科学素养的知识、技能与态度。1996 年,CMEC 负责实施了学校成就指标项目(School Achievement Indicators Program,简称 SAIP)科学 I 评价,该测评主要考查学生对日常生活中科学问题的理解,包括科学概念知识、科学概念的应用以及科学本质的理解。1999 年和 2004 年又分别进行了 SAIP 科学 II 和 III 评价。② 1997 年 CMEC 发布《泛加拿大科学学习成果共同框架》(Common Framework of Science Learning Outcomes K to 12)(以下简称"科学框架"),该框架主要面向各省区的课程开发者,尤其在教育部门工作的人员,各省区自行决定何时以及如何使用该框架,为方便不同地区使用,该项目的所有工作都是用法语和英语同时进行的。进入 21 世纪,随着全世界培养适应 21 世纪社会和未来发展所需的人才热潮以及国际大型测评项目 PISA 和 TIMSS 的实施,CMEC 开始酝酿一个全国性学业成就评价项目——泛加拿大评价项目(Pan-Canadian Assessment Programm,简称 PCAP),试图通过大规模测评的结果为国家教育政策提供建议,以提高全国的科学教育质量。同

---

① 胡军,刘万岑.加拿大基础教育[M].上海:同济大学出版社,2015:67.
② CMEC.PCAP 2016 assessment framework [R].Toronto,2016.

时,CMEC 还提出了全球素养(global competencies),并指出,全球素养建立在读写和计算素养的基础上,是为学生应对复杂的、不可预测的未来以及快速变化的政治、社会、经济、技术和生态环境而准备的。[①]

本章将首先对 CMEC 提出的全球素养和《泛加拿大科学学习成果共同框架》中的科学素养进行分析,然后以本书确立的分析框架对加拿大 PCAP 项目中的科学素养评价框架和试题进行分析,探析其测评框架与试题的特点。

第一节　加拿大全球素养与科学课程

加拿大全球素养是 CMEC 近些年才提出的一个概念,对各省区的科学课程构建并不具有直接意义上的指导作用,而各省区根据当前的社会发展和国际形势提出了各自的核心素养或就业技能,如安大略省针对社区学院、职业学院等提出的基本就业技能(Essential Employability Skills,简称 EES)含计算(numeracy)、交流、批判性思考与问题解决、信息管理、个人能力(personal skill)、人际交往(interpersonal skill)。[②] 阿尔伯塔省在基础教育阶段提出的跨学科能力包含"知道如何学习""批判性思维""管理信息""创新""创造机会""应用更多素养""展示很好的交流技能和能力以与他人合作""展示对全球和文化的理解,考虑经济和可持续发展"以及"识别和应用生涯和生活技能"。

由于本节所选取的对象是 CMEC 所提出的全球素养和"科学框架",而"科学框架"的提出在先,全球素养的提出在后,因此,谈不上全球素养在"科学框架"中的体现,但对全球素养和"科学框架"的单独分析却是十分必要的,可以看出加拿大"科学框架"所强调的能力,同时为后面分析 PCAP 奠定基础。

---

① CMEC. Global competencies[EB/OL]. https://www.cmec.ca/682/Global_Competencies.html.

② ACCC. Essential employability skills [EB/OL]. Employment Ontari. The Ministry of Training, Colleges and Universities. http://www.tcu.govon.ca/eng/general/college/progstan/essential.html.

一、加拿大全球素养

CMEC 认为全球素养是一系列首要的态度、技能和知识，可以在各种情况下以跨学科的形式存在，并在本地和全球各种情况下发挥作用，有助于教育成果、人际关系、就业、健康和幸福生活。他们指出，有越来越多的工作不仅需要具体学科技能（认知素养），也需要关于人的技能和自我的知识（人际和内省素养）。全球素养可以帮助学生提升他们的深度学习能力，使他们成为一个终身学习者。此外，全球素养的发展可以增加学生对全球经济、社会、政治的理解，对技术和环境的理解，而这种理解对于学生应对将来的社会是十分必要的。

为了支持跨省区教育系统对全球素养的培养和测量，CMEC 在泛加拿大背景下对全球素养进行了清晰界定和描述。部长们一致同意以下六大素养：批判性思维与解决问题；创新、创造力和创业精神（innovation, creativity, and entrepreneurship）；学会学习或自我意识和自我主导（learning to learn/self-awareness and self-direction）；合作；交流；全球公民和可持续性（global citizenship and sustainability）。

1. 批判性思维与解决问题

CMEC 对"批判性思维和解决问题"的界定：主要针对复杂事件与问题，涉及采集、处理、分析和解释信息以作出明智的判断和决定。投入理解和解决问题的认知过程所涉及的能力包括愿意作为一个建设性和反思性公民实现自己的潜力。

"批判性思维与解决问题"具体包括以下方面：解决有意义的、现实生活中的复杂问题；采取具体步骤来解决问题；设计和管理项目；获取、处理、综合、解释和批判性的分析信息来做出明智的决定（批判性和数字素养）；参与探究的过程来解决问题；观察到模式，建立联系，在不同情境中迁移，包括现实世界中的应用；在所有领域，如学校、家庭、工作场合、与朋友交往和社区等都能联系、构建并运用知识；分析社会、经济和生态系统的相互作用。

2. 创新、创造力和创业精神

CMEC 对"创新、创造力和创业精神"的界定：将想法转化为行动以满足需要的能力。这一能力基于探究来提升概念、理念或产品，进而为解决复杂的经济、社会、环境问题提供新的方案，涉及领导力、冒险、独立/非常规思维和尝试新的策略、技术或方法。创业精神和技能，包括对一个想法的持续关注和衡量。

"创新、创造力和创业精神"具体包括以下方面：提出有助于复杂的社会、经济和环境问题的解决方案；通过创造性的过程来增强概念、理念或产品；思维和创造中的冒险；形成并能表达支持新观点的有见地的问题和想法；验证假设和能使用新的策略或技术进行实验；通过探究有所发现；在创造性过程中表现出主动性、想象力、创造力、自发性和独创性；追求新的想法并表现出领导来满足社区的需要；用道德的企业家精神领导和激励。

3. 学会学习或自我意识和自我主导

CMEC 对"学会学习或自我意识和自我主导"的界定：在学习过程中逐渐意识到并展示自己的能力，包括发展动力、毅力、韧性和自我调节的倾向。相信自己的学习能力（成长心态），并结合计划、监控，反思自己的过去、现在和将来的目标、潜在的行动和策略以及结果。反思与思考（元认知），促进在不断变化的世界中的终身学习、适应能力、幸福感和学习迁移。

"学会学习或自我意识和自我主导"具体包括以下方面：学习与监督学习过程（元认知）（如独立性、目标设定、动机）；相信学习和成长的能力（成长心态），并监督学习的进展；发展个人、教育和职业目标，坚持克服困难达成挑战；自我调节，以成为终生学习者；反思思考、经验、价值观和关键反馈，以加强学习；培养情商以了解自己和他人；适应变化并表现出对逆境的复原力；管理生活的各个方面：身体、情感、人际关系、自我意识、精神和精神健康；在加拿大的背景下发展身份（如来源和多样性），并考虑自己与他人和环境的联系；考虑过去，了解现在，展望未来。

4. 合作

CMEC 对"合作"的界定：涉及有效参与和合作中的认知（包括思维和推理）、人际和内省素养的相互作用。为了共同建构知识、意义和内容，在不同的环境、角色、小组和领域内应用技能并不断增加技能的深度和多样性，在物理和虚拟环境中向他人学习。

"合作"包括：参与团队合作，建立积极的、互相尊重的关系，建立信任，共同操作和正直的行为；向他人学习并帮助他人学习借鉴；共同建构知识，意义和内容;承担团队中的各种角色;以敏感和建设性的方式处理分歧和冲突;具有多种社区/群体的社交网络;尊重不同的观点;恰当地使用丰富的技术与他人合作。

5. 交流

CMEC 对"交流"的界定:交流包括在不同的语境和不同的受众、目的下接收和表达意义(例如,阅读、写作、观察和创造、听和说)。有效的沟通越来越多地涉及了解当地和全球的观点、社会和文化背景,并在适当的时机负责任地安全使用数字媒介来适应和改变各种环境。

"交流"包括:在不同的场合用法语和/或英语口头和书面有效且有礼貌地进行表达;提出有效的问题以获取知识;使用多种媒体进行交流;根据目标和受众选择适当的数字工具;倾听并表现出同情,理解所有观点;掌握多种语言知识;发表意见和倡导某种理念;创造一个积极的数字足迹。

6. 全球公民和可持续性

CMEC 对"全球公民和可持续性"的界定:全球公民和可持续性涉及以不同的世界观和角度来认识和解决对当前生存十分关键的生态、社会和经济问题,这些问题彼此联系,相互依赖。它还包括获取作为一个公民参与社会所需的知识、动机、性格和技能,欣赏人类和观点的多样性,具备为所有人创造更好和更可持续的未来的能力。

"全球公民和可持续性"包括:了解生态、经济和社会力量和他们之间的相互联系,以及它们如何影响个人、社会和国家;在建设可持续社区方面负责任和有道德地采取行动;承认歧视并促进公平、人权和民主参与的原则;了解土著传统和知识及其在加拿大的地位;以负责任、包容、可持续和道德的方式为当地、国家、全球和虚拟社区的社会和文化做出贡献;参与地方、国家和全球倡议,以产生积极的差异;向不同的人学习并发展跨文化理解;以文明安全的方式参与网络。

CMEC 对六大全球素养进行了细致描述,并描述了学生应该具备的行为。CMEC 同时还指出,六大全球素养是建立在读写和计算基础技能之上的,而且实际上这六个泛加拿大全球素养与各省区在新课程、项目或运动中所提出的优先发展的素养显著一致。因此,随着各省区课程、教学与评价中的素养研究与实践工作的开展,这些全球素养可能不断发展。

二、加拿大科学素养框架

"科学框架"为加拿大的科学素养提出了愿景和基础声明,概述了一般和具体的学习成果,并为这些成果提供了说明性的例子。该框架为每一个参与省区的课程发展提供了共同基础,并可能使跨学科的科学学习成果更加一致。该框架还可以加强科学课程的统一,以有利于学生的流动性、开发高质量的泛加拿大学习资源,促进科学教师在专业发展活动中的协作。该框架提出的愿景是"所有加拿大学生,不论性别或文化背景,都将有机会发展科学素养",并指出"科学素养是与科学相关的态度、技能和知识的不断发展的组合,学生需要发展探究、解决问题和决策的能力,成为终身学习者,并对周围的世界保持好奇感"。

该框架指出,科学教育的目的具体有:鼓励所有年级的学生发展对科技工作的好奇心;使学生利用科学技术获取新知识,解决问题,提高自身素质和生活质量;为学生批判性地处理与科学有关的社会、经济、伦理和环境问题做准备;为学生提供科学基础,为他们提供更高层次的学习机会,为科学相关的职业做好准备,并使他们从事与自己的兴趣和能力相关的科学工作;发展学生的各种能力以及与各种职业生涯相关的科学、技术和环境知识与态度。

在这些目的之下,根据科学素养的愿景和加拿大发展科学素养的需要,CMEC 提出了四个基础声明,分别是科学、技术、社会和环境(STSE),技能,知识以及态度,这些基础陈述阐明了学生科学素养的四个关键方面。具体描述见表 6-1。

表 6-1 《泛加拿大科学学习成果共同框架》的四个基础

四个基础	二级主题	具体说明
科学、技术、社会和环境(STSE)	• 科学技术的本质 • 科学与技术的关系 • 科学技术的社会环境背景	• 科学是人类特有的社会活动;科学也是一种学习方法;随着新的知识和理论取代现有的知识和理论,科学理论不断被检验、修改和改进;我们对世界的理解大部分来自知识的稳定和逐渐积累。技术主要是针对人类适应环境所产生的问题提出解决办法 • 科学和技术之间有重要的关系,但也有重要的区别,科学与技术的目的和过程不同

（续表）

四个基础	二级主题	具体说明
		• 对 STSE 认识的增长可能涉及以下元素:理解的复杂性;语境的拓展性;批判性判断和决策
技能	• 启动和规划 • 执行和记录 • 分析和解释 • 沟通和团队合作	• 启动和规划是提问、发现问题,发展初步想法和计划的技巧 • 执行和记录是执行行动计划的技巧,包括通过观察收集证据,在大多数情况下操作材料和设备 • 分析和解释是检查信息和证据的能力,处理和陈述数据以便解释、评价和应用结果 • 交流技巧在思想发展、测试、解释、辩论和商定的每一个阶段都是必不可少的。团队技能也很重要,因为科学思想的发展和应用是社会和课堂合作的过程
知识	• 生命科学 • 物质科学(含物理和化学) • 地球与空间科学 • 统一概念(四个)	• 生命科学包括研究领域,如生态系统、生物多样性、组织研究、细胞研究、生物化学、基因工程和生物技术 • 物质科学包括化学和物理学,它研究物质、能量和力。物质有结构,各成分之间有相互作用。能量链与宇宙中的引力、电磁力和核力有关。物质和能量、动量以及电荷的守恒定律由物理科学来解释 • 地球与空间科学包括地质学、气象学和天文学等研究领域 • 四个统一概念分别是稳定与变化、能量、相似性与差异性、系统的相互作用
态度	• 欣赏科学 • 科学探究 • 协作 • 管理职责 • 安全	• 欣赏科学:认识科学在他们生活中的作用和贡献,意识到科学的局限性和影响 • 对科学的兴趣:培养对科学研究的热情和持续的兴趣 • 科学探究:鼓励学生发展支持积极探究、解决问题和决策的态度,如开放的思想和灵活性、批判性和尊重证据、主动性和毅力、创造性 • 协作:鼓励学生发展支持协作活动的态度,使学生形成一种人际责任和对多样性的开放态度,对多种观点以及其他人的努力和贡献的尊重 • 管理职责:鼓励学生在与社会和自然环境有关的科技应用中承担责任,鼓励学生从各种角度考虑与可持续性有关的问题 • 安全:鼓励学生在科技环境中表现出对安全的关注

从表中可以看出,"科学框架"的四个基础实际上是科学学习的四个内容领域。其中,基础1STSE包含了科学的本质、技术的本质、科学与技术的关系以及科学技术与社会和环境的关系;基础2技能则包含启动和规划、执行和记录、分析和解释、沟通和团队合作四个技能,基本涵盖了科学探究的几个维度。不过,"科学框架"指出,这四个技能的罗列顺序并不意味着是一个线性的序列,也并非每一个科学探究所需要的一组技能。科学的每一次探究和应用都有其独特的特点,决定了所涉及的技能的特殊组合和顺序。基础3知识则包括生命科学、物质科学、地球与空间科学三个领域,其中物质科学又包含物理和化学知识。四个统一概念意味着整合大概念,以便提供解释、组织和连接知识的情境,将科学学科的理论联系起来,并显示它们在逻辑上是平行的和内聚的,为三个领域知识建立联系提供方法,有利于帮助教师和学生整合不同的科学思想。基础4态度是行为的广义方面,是在模仿榜样和选择性接受的基础上形成的。态度不以技能和知识的方式获得的,不能在任何特定时刻观测到,但随着时间会自发地表现出来。态度发展是一个涉及家庭、学校、社区和整个社会的终身过程。

根据以上分析可以看出,CMEC提出的"科学框架"四个基础实际上勾画了科学素养的基本框架,因此,可以认为四个基础就是在泛加拿大意义上提出的科学素养,涵盖科学内容、科学技能、科学态度和STSE。

第二节　PCAP科学素养测评的内容框架

在20世纪80年代以前,加拿大没有全国统一的学业质量评价体系。受美国以及国际大规模学业质量评价的影响,加拿大逐渐将全国统一的学业质量评价提上日程。1989年,在联邦政府的资助下,CMEC启动前文提及的学校成就指标项目(SAIP),这是加拿大各省区教育部长首次就国家评价的内容达成共识。1991年12月,部长们签署了一份谅解备忘录,同意评价13岁和16岁儿童在阅读、写作和数学方面的成就。1993年9月,同意将科学纳入评价范围。评价项目向两个年龄段学生提供相同的评价工具,以研究学生在一定学习后的知识和技能变化,收集到的信息将用于各省区教育重点的设置和教育项目的改进。该评价项目每年测试一项,三年一轮循环。从 1993 到 2004 年,共完成三个循环,科学评价分别在 1996 年、1999 年和 2004 年进行。2003 年,加拿大各省区的教育部长们开始探讨新的泛加拿大评价项目,来自多个省区的具有丰富经验的多位专家代表和包括测评理论、大型评价、教育政策相关的外部机构人员共同组成一个工作组,探讨新的泛加拿大评价方案。

CMEC 认为,虽然加拿大各省区的学校课程存在差异,使得评价项目异常复杂,但无论在哪个省区,作为加拿大年轻人都要通过阅读、数学和科学学习类似的技能。因此,PCAP 的设计主要就是针对不同省区的学生学业表现,要评价各省区统一年龄段(8 年级)的学生是否在核心学科上达到了相同的表现水平。

PCAP 含阅读、数学和科学三个领域,每三年一次,每次评价都重点关注一个学科,即主评价,多数学生要完成该学科的测试任务。另外两个学科为副测试,也需要少量学生完成测试任务。所有学生都要完成三个领域的问卷问题,只是主测试学科的问卷问题更多一些。2013 年科学为主评价,2016 年阅读为主评价。

2007 年,新的泛加拿大评价项目(即 PCAP)开始运行。PCAP 科学评价将科学素养(scientific literacy)定义为"学生为了理解科学相关问题并基于证据做出决策而必须具备的一种发展型素养,包括对科学本质的理解,使用知识、技能和态度进行科学探究,解决科学问题,进行科学推理的能力"。PCAP 2016 年和 2013 年的科学素养测评框架相同,都是基于 SAIP 科学评价和"科学框架"构建,内容包括三种能力、四个知识领域和具体情境下的态度。三种能力分别是科学探究、解决问题和科学推理;四个知识内容领域分别是生命科学、物质科学、地球科学和科学本质。图 6-1 是 2016 年 PCAP 科学素养测评的主要内容(不含态度)。

一、能力

CMEC 2015 年发布的科学素养评价框架文件指出,PCAP 科学测评将能力的评价摆在优先位置,指出当学生参与可以证明他们的科学探究、问题解决和科学推理能力的科学活动时,他们的科学素养就得到了发展。能力由科学探究、问题解决和科学推理三部分组成。科学探究要求学生能提出或解决

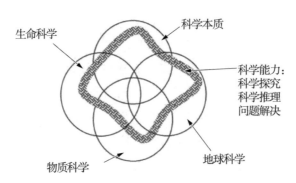

图 6-1　2016 年 PCAP 科学素养测评的内容框架

与事物本质相关的问题,涉及广泛意义上的探索,重点关注调查过程,关注的是科学"为什么"和"怎样"的问题;解决问题要求以创新的方式应用他们的科学知识寻找实践问题的答案,学生在应用科学知识、技能以及对科学本质的理解的过程中解决与科学相关的问题;科学推理涉及比较、理性解释或使用现有的理论推论进行推理。每种能力的界定和具体评价细节见表 6-2。

表 6-2　三大能力的界定与具体评价内容

能力	界定	评价的具体内容
科学探究	理解科学探究如何实施,为解释自然现象提供证据	• 形成假设 • 进行观察 • 设计与实施调查 • 组织与交流信息 • 分析与解释数据 • 应用科学调查的结果 • 根据呈现的证据得出合适的结论 • 基于提供的证据对结论进行解释 • 根据结论确认假设的合理性
解决问题	使用科学知识和技能解决社会与环境背景下的问题	• 定义问题 • 交流与问题解决相关的目标 • 通过识别科学观点来解决问题 • 为一个确定的问题选择合适的解决方案 • 证明和解释结果(交流、反思) • 概括问题解决途径(认识到对科学的应用不拘泥于科学环境) • 提供使用该解决方案的理由以及如何满足这解决问题的标准 • 确认解决问题所做出的假设的合理性 • 处理问题时表现出可持续发展和管理的意识

（续表）

能力	界定	评价的具体内容
科学推理	能应用科学知识和技能进行科学推理和建立联系，进而帮助决策，解决与科学、技术、社会和环境相关的问题	• 识别模式 • 形成合理论据 • 验证结论 • 判断论据的有效性 • 依据证据建立有效论据和解释 • 联系科学观点，建立彼此相关联的整体 • 根据证据进行推理，为指定问题做出明智决策 • 使用推理帮助理解科学相关的问题 • 基础证据提供做出决策的理由 • 确认决策的假设了解和局限性 • 开发和使用模型 • 表现出对基于证据的知识的尊重和支持 • 对与科学相关的问题表现出兴趣和察觉意识

2016 年 PCAP 科学素养测评框架指出，科学探究、解决问题和科学推理三者所占的比例约为 34％、12％和 54％。

二、知识领域

四个知识领域分别是科学本质、生命科学、物质科学和地球科学。其中，科学本质被定义为对科学知识的本质和形成科学知识的过程的理解，其内容如表 6-3 所示。

表 6-3　科学本质的评价内容

知识领域	具体评价内容
科学的本质	• 理解如何收集证据、发现关系、提供与科学知识发展相关的解释 • 区分科学术语与过程和非科学术语与过程 • 描述基于证据进行决策的科学探究过程和解决问题的过程 • 区分定量和定性的数据 • 识别测量的特征（如仪器和操作流程的可重复性、变量和准确性） • 区分各种类型的科学解释（如假设、理论、模型和定律） • 举例说出促进技术发展的科学原理 • 在与科学本质相关的问题中表现出科学素养

PCAP2016 年科学素养测评框架指出，2016 年科学本质、生命科学、物质科学和地球科学四个知识领域的测评比例分别为 34％、25％、25％和 16％。

PCAP 同时还指出,虽然科学与技术之间存在紧密关系且都是发展科学素养的重要组成部分,但科学评价并不针对技术素养。

三、科学态度

PCAP 指出,学生对科学的态度决定了学生将来的科学职业追求。新的科学知识的创造是经济增长的关键因素,学生对科学的态度在很多国家也是一个社会关心的话题。

为了分析学生的科学态度,PCAP 科学主要评价:

- 对科学相关事件的兴趣和察觉意识;
- 对基于证据的知识的尊重与支持;
- 可持续发展和管理的意识。

根据 PCAP 的测评要求,结合图 6-1 可以看出,四个知识领域具有重合性,三大能力是四个知识领域都需要发展的能力。科学态度的评价内容包括科学的态度和对科学的态度。

第三节   PCAP 科学素养测评的表现标准

一、PCAP 表现标准的呈现形式和描述线索分析

PCAP 科学学业评价的表现水平称为"表现水平"(performance level),共分为四个层次。水平 4 为最高水平,水平 2 为期望水平,水平 3 高于期望水平,水平 1 低于期望水平。表现水平不仅有总体的表现水平,还有科学能力的表现水平、科学的本质表现水平,以及物质科学、生命科学、地球与宇宙科学四个内容领域的表现水平。以下仅以总体表现水平(见表 6-4)和物质科学表现水平(见表 6-5)为例进行分析。

表 6-4 PCAP 总体表现标准

水平 4	①学生表现出对科学中复杂和抽象概念的理解。②③他们可以识别许多复杂的生活情境中的科学成分,将科学概念和知识应用于这些情境,可以比较、选择和评价适当的科学证据来回应生活情境;可以使用完善的探究能力适当地联系知识并对一定的情境具有批判性的见解;可以根据他们的批判性分析构建

（续表）

	基于证据的解释和论据；可以结合多种来源的信息解决问题并得出结论，且可以提供交流科学知识的书面解释
水平 3	①学生表现出对科学原理相关概念的理解。②他们表现出一些科学探究的技巧，能整合并解释各种图表、图示和表格中的信息，选择相关信息分析并得出结论；提供传达科学知识的解释。③学生可以有效地处理可能涉及明确现象的情况和问题，推断科学的作用。他们可以选择和整合来自不同科学学科的解释并将这些解释直接与生活情境的各个方面联系起来。学生可以对自己的行为进行反思，使用科学知识和证据来交流决策
水平 2	①学生在各种情况下认识并运用他们对基础科学知识的理解。②他们从表格、图表和图示中解读信息，得出结论并通过简短的描述来回应他们的理解。③学生可以在一系列环境中明确描述科学问题，可以选择事实和知识来解释现象并应用简单的模型或探究策略。他们可以解释和使用来自不同学科的科学概念并直接应用，还可以根据事实进行简短的沟通并根据科学知识做出决定
水平 1	①学生可能会认识到一些基本的科学事实，②可能会解释简单的绘画图表，完成简单的表格并将基本知识应用于实际情况。在这个层面上，③他们可以在熟悉的背景下提供可能的解释，或者根据简单的调查得出结论。他们可能有直接的推理能力并对科学探究的结果做出书面解释

表 6-5　PCAP 物质科学的表现标准

水平 4	学生表现出对物质状态和物理变化的理解，了解国家发展对环境的影响，可以利用这些知识来设计实验
水平 3	学生可以通过溶解实验来解释证据，识别趋势并得出结论；可以分析实验证据，使用包括图表在内的多种表示形式来表达他们的理解；对如何选择能够确保精确测量固体和液体的实验设备有一定的了解，也了解相变过程中发生的物理变化
水平 2	学生能在给定的背景下应用物质的知识；可以识别物质的状态并将状态的变化与物质的粒子理论联系起来；掌握可再生和不可再生能源及其应用知识
水平 1	学生认识一些关于物质的基本信息，并且理解能量可以在日常情况下在物体之间传递。在熟悉的情况下，他们认识到温度对颗粒的运动和物质的状态有影响，可以用直接的推理来进行与熟悉的背景相关的简单解释，如运动器材

从总体表现水平的描述来看，PCAP 的水平区分主要从①理解科学概念、②科学探究的要素和③解决问题的要素三个大的方面展开，但区分水平的因素较为模糊，每个层级的描述具有较大的差异。

从物质科学的表现标准来看，其中涉及部分科学内容知识，但这些内容知识的描述并没有体现在总体的标准中。也就是说，PCAP 虽然从总体上、科学能力、科学本质以及三个内容领域对表现水平进行了描述,但在总体的表现标准中,只以简单的一句话来描述内容知识的表现水平,不涉及具体的知识描述,但在物质科学、生命科学、地球与宇宙科学的水平描述中则涉及具体的知识。

二、PCAP 表现标准的水平区分因素分析

根据前面的分析,PCAP 总体表现标准围绕理解科学概念、科学探究的要素和解决问题三个要素展开,以下对总体表现标准中的三个要素单独进行分析以确定水平区分因素,再将其与科学能力表现标准和物质科学表现标准进行对比。

1. 理解科学概念

水平	① 对科学概念的<u>认识或理解</u>
4	理解;复杂和抽象概念
3	理解;科学原理相关的概念
2	认识并运用;基础科学知识
1	可能会认识到;一些基本的科学事实

在编号①中,水平区分因素在两个方面:一是认知过程,从"认识"到"理解";另一个是知识的系统性、整合性和抽象性,从"认识到基本科学事实"发展到"理解基础知识"再到"理解相关概念",最后到"理解复杂和抽象概念"。

从物质科学表现标准来看,两者基本一致,只是在物质科学表现标准中,水平 3 更加强调实验在知识形成与理解过程中的作用。

2. 科学探究的要素

水平	② 从表格、图表中获取信息,得出结论,回应问题。
4	完善的科学探究能力;×;×;比较、选择和评价适当的科学证据来回应生活情境
3	一些科学探究技巧;整合并解释各种图表信息;分析并得出结论;用科学知识解释
2	应用简单的模型或探究策略;从表格、图表和图示中解读信息;得出结论;通过简短的描述来回应
1	×;可能会解释简单的图表;×;将基本知识应用于实际情况

在编号②中,以科学探究的要素为线索进行描述时,主要从获取信息、得出结论和回应问题三个方面展开,也会用一句话总体概况学生的科学探究能力。对"获取信息"的描述从"解释简单的图表,完成简单的表格"到"从表格图表中解读信息"再到"整合和解释表格、图表中的信息"到最后能识别"真实情景中的信息";对"得出结论"的描述从不做要求到"得出结论"再到"分析得出结论";对"回应问题"的描述从"简短描述"到"科学解释"再到"使用科学证据来回应"。

从科学能力表现标准中对科学探究的描述来看,总体表现标准中的科学探究描述显得比较粗糙,在描述中更具有综合性,不易把握细节信息,而科学能力表现中对每个水平科学探究的要素进行了较为详细的说明,如水平 4 不仅总体上要求具有高水平探究技能,还从全面理解变量的必要性、设计新实验、改进实验、了解精确测量的意义几个方面进行了较为详细的描述。

3. 解决问题的要素

水平	③识别或明确科学问题;解释现象或处理问题;沟通交流;决策
4	识别许多复杂的生活情境中的科学成分;根据批判性分析构建基于证据的解释和论据;结合多种来源的信息解决问题并得出结论,提供交流科学知识的书面解释
3	有效处理可能涉及明确现象的情况和问题;选择和整合来自不同科学学科的解释并与生活情境联系;反思,使用科学知识和证据来交流决策
2	明确描述科学问题;选择事实和知识来解释现象,解释和使用来自不同学科的科学概念;简短的沟通;根据科学知识做出决定
1	×;熟悉的背景下提供可能的解释或根据简单的调查得出结论,直接的推理能力;做出书面解释;×

在编号③中对水平的区分并不清晰,每个水平可能侧重于解决问题的某一方面而不仅仅是程度区分,但可以看出随着水平的提升,情境的复杂性越高、熟悉度越低,使用的信息或知识更加丰富,更加强调整合性,比如从"熟悉的背景下提出可能的解释"到"一系列环境中提出问题"再到"涉及明确现象的环境中解决问题"最后到"批判性分析",从"直接推理"到"使用不同学科的科学概念"再到"选择和整合不同学科的科学概念"最后到"整合多种来源的信息",从"探究结果的书面解释"到"根据事实进行简单沟通,根据科学知识

做决定"再到"使用科学知识和证据交流决策"最后"提供交流科学知识的书面解释"。在水平区分过程中，也使用一些表示程度的形容词，如"简单的""完善的"和"熟悉的"。

总体来看，PCAP总体表现标准和科学能力水平描述以及知识水平描述有一定的差异。在总体表现标准中，区分"理解科学概念"水平的因素是认知过程(如认识、理解)和知识的系统性、整合性和抽象性；对科学探究的描述主要从获取信息、得出结论和回应问题三个方面展开，也会用一句话总体概况学生的科学探究能力，区分"获取信息"水平的因素是图表、表格等呈现工具的复杂性(如简单表格)和获取信息的质量(解读、整合)，区分"得出结论"水平的因素是得出结论的过程(如直接得出、基于分析)，区分"回应问题"水平的因素是回应的质量(如简单描述、科学解释、基于证据)；对"解决问题"的水平区分并不清晰，每个水平可能侧重于解决问题的某一方面而不仅仅是程度区分，但可以看出随着水平的提升，情境的复杂性越高、熟悉度越低，使用的信息或知识更加丰富，更加强调整合性。在科学能力的水平描述中，科学探究的水平区分体现在科学探究技能掌握的数量、探究方法和认识论知识的理解；问题解决的水平区分体现在解决问题的策略复杂性、环境复杂性和方案的复杂性。在知识水平的描述中，体现出从细节零散基本事实到基本原理概念的掌握再到基于实验的概念理解与应用，最后到概念的整体理解或抽象概念的理解。由于PCAP对科学探究、解决问题和科学推理的界定具有很多的重合性，如解决问题过程中会涉及科学探究和科学推理，科学探究中会涉及科学推理，因此在水平描述过程中，很难区分是围绕哪一种能力展开的描述，而且由于因素的不断变化，对水平的区分不易把握。

第四节　PCAP 科学素养测评方式与题型

一、PCAP 测评方式

目前，PCAP科学评价只使用纸笔任务进行测评。纸笔测验试题是以"评价单元"(assessment units)的形式组织起来的。测试单元包括一个适当的情境和具体的问题,具体的问题即作答问题。评价单元的情境一般是开放性的,每个单元包括 3~5 个测试试题,每个测试试题评价一个能力和一个知识,态度试题则镶嵌在每个评价单元的具体背景中。试题设计假设每个学生都有一定程度的阅读素养,科学试题的文本选择尽可能接近 8 年级学生的水平,避免出现那些以评价阅读或数学能力为主的问题,所使用的词汇也尽量与这一水平的学生理解水平相适宜。

PCAP 科学认为,虽然学生对真实生活问题与情境充满好奇,但他们的社会与环境经历往往是个人和区域性的,这个年龄段的学生往往比较理想化,具有强烈的公平意识,具有对思维和情感的反思意识。考虑到这些,每个评价单元的背景材料都与 8 年级学生的学习相关且是学生感兴趣的,同时与 STSE 紧密相关。健康、运动、媒介、环境、消费都是背景材料的重要选题。试题开发者必须保证试题的背景对学生来说是适宜的,要充分考虑文化多样性和地理环境的多样性。评价单元的背景材料是一个开放的情境,可以以简要的叙述形式或表格、图示、图表等形式呈现出来。

2016 年 PCAP 评价框架指出,表现性任务通常要求对一项作品的完成过程或任务实施过程进行观察,而 PCAP 科学评价与数学和阅读是在同一个小册子中的,留给科学笔试的时间只有 90 分钟。考虑到时间限制和经济因素,PCAP 评价没有设置表现性评价任务,因此在加拿大科学课程文件中十分强调的小组合作技能就无法进行评价。

PCAP 科学收集关于学生态度的信息主要通过两种形式:一种是镶嵌在背景材料中的态度试题;另一种是学生问卷。两种形式下收集的关于学生态度的信息都试图反应学生的态度变化及其对学业成就的影响。

二、PCAP 题型

PCAP 指出,要测量复杂的和整合性的技能,通常需要多样的反应形式,这样既能很好地反映学生的学业获得,又能在较大程度上测量学生的复杂技能。2016 年的 PCAP 反应形式主要有三种:选择类(selected-response)、构建类(constructed-response)和拓展构建类(extended constructed-response)。其中,拓展类构建试题主要应用于阅读领域,科学领域主要采用前两种反应形式,两者的比例约为 3∶1,每一个选择题的分值为 1 分,构建类试题的分数则根据任务的性质和所考查的技能而异,一般为 1 分、2 分或 3 分。

传统的选择类试题包含一个题干陈述和四个选项,其中一个为正确选项,另外三个为干扰项,这种题目一般只关注一个单独的知识内容,评分也很简单。PCAP 的选择类试题除了这一传统的单选题外,还包括判断类试题,如判断正误、是与不是、同意与不同意,这类题目要求学生判断某一描述或结论的正确性,评分也很简单。

构建类试题要求学生写出答案。答案可以是一个简单的短语,可以是两到三个句子,还可以是若干个片段,也可能要求学生根据要求画表格、图表、图示或设计实验。PCAP 包括开放性的构建类试题,以测量学生的高阶认知技能和内容知识。构建类试题给分层次灵活,可以通过多步骤评价学生的过程技能。

总体来看,PCAP 科学学业评价主要以纸笔测验进行,这就限制了所能评价的内容,不能较好地反应学生的素养水平。虽然纸笔测验有诸多局限性,但 PCAP 还是尽力以试题单元为单位,设置良好的背景材料来评价学生的素养水平。PCAP 最大的一个特点就是将态度的评价镶嵌在试题当中,要求学生在一定背景下做出相应的反应,但学生反应信息没有错与对、好与坏之分。由于只有纸笔测验,试题的题型仍然只有传统的题型,只是 PCAP 会涉及一些开放性构建类试题来测量学生的高阶素养。

第五节　PCAP 科学素养测评的试题情境

本研究所获取的试题来自加拿大教育部长理事会(CMEC)官方网站(https://www.cmec.ca/en/),由于 2013 年科学是主测试学科,2016 年科学是副测试,因此以 2013 年公布的试题为研究对象,共选择取 6 个试题单元 19 道小题进行研究。由于 PCAP2013 与 PCAP2016 的评价框架相同,因此试题特点具有一致性。本书根据情境分析框架对试题进行归类总结,得出结果如下。

一、PCAP 试题情境之辨别参数分析

辨别参数包括六个条目,分别是情境范围、情境主题、所致力于发展的学

生型面、涉及的学科领域、期待的作业和情境的开放等级。从表 6－2 可以看出，PCAP 涉及各个层次的情境，包括学科的、个人的、区域的和全球的。图 4－13 呈现了各部分的比例分布，可以看出，区域的和全球的情境共占66％，说明 PCAP 较为关注全球和区域性的问题或事件。从图 6－3 可以看出，素材来源主要是环境与自然，说明 PCAP 的试题情境特别关注全球与区域性的环境和自然问题，致力于培养具有区域和全球视野的环保主义者。例如，"气候变化"这一试题就是围绕全球变暖问题这一真实的自然情境展开，不需要经过特别的加工即可为学生提出问题。以这样一个真实的背景为题材，背后所体现的是环保主义的理念倡导，让学生在解决问题的过程中同时接受环保教育，关注全球变暖问题。部分情境关注区域生态问题，但也有两个情境直接取材于学校的教学。"解决方案"虽然与生活有一定的相关性，但直接给出了实验器材，而"物质的状态"则直接可以理解为教学内容的呈现。

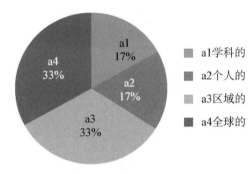

图 6－2　PCAP 情境范围

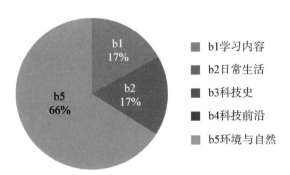

图 6－3　PCAP 情境来源

　　从涉及的学科领域来看,每道试题所涉及的学科领域基本以单学科为主,只有一道试题单元涉及多学科或学科间问题,说明很多试题只需要学生使用单一学科知识就可以解决。从期待的作业类型来看,类型比较丰富,包括选择答案、提供解释、描述归纳、提出实施建议、设计实验方案、"选择＋解释"等,需要语言描述的试题较多。从图 6-4 可以看出,其中答案选择占53％,描述归纳占 21％,其余所占比例都比较少,不涉及绘制图表问题。

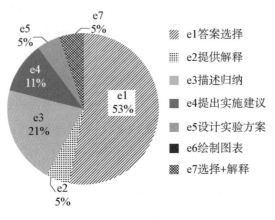

图 6-4　PCAP 期待的作业类型

　　从试题的开放程度来看,开放性试题占 17.65％,一些试题要求提出一定的建议,一些试题要求回顾一些特征,如"A4 水是有生命的还是无生命的?解释你的答案""C2 命名生物的四个特征""F4 描述人类为帮助子孙后代维持沿海海洋生态系统而采取的两个步骤"都具有一定的开放性。

二、PCAP 试题情境之内容参数分析

　　在 19 道样例小题中,生命科学所占比例较大,科学的本质作为考查内容在两道小题中有所体现,B4 主要考查"识别测量的特征(如仪器和操作流程的可重复性、变量和准确性)",F3 主要考查"区分哪些问题可以作为科学探究的问题"。这两个内容都是与"科学探究"这一能力结合起来进行考查的。每个试题单元基本围绕一种能力展开,如试题单元 ABC,个别试题单元也会涉及多个能力,如 F。在三大能力中,科学推理考查得最多。态度镶嵌于试题中进行考查,比如在"D 气候变化"这一试题单元中,主要围绕全球气候变暖问题设

计问题,"我并不担心气候变化""气候变化是我的责任",要求学生从"非常不同意""不同意""同意""非常同意"中选择一个自己认为符合的选项,并在题干上陈述,没有错误与正确之分。另外一个态度试题 F4 也紧密围绕情境设计,是一道单项选择题。从每个小题的问题与背景的关系来看,约 32% 为强相关(见图 6-5),从问题与具体知识的相关性来看,约 63% 高度相关(见图 6-6),说明 PCAP 的多数背景只是塑造一种环境或氛围,并不提供相关的已知信息或条件,约有 37% 的试题作答基本不涉及具体的学科知识,而需要学生利用程序性知识和关于科学本质的知识进行作答,已知条件往往包含在背景信息中,部分需要从图片或图表中获得,然后通过科学推理进行作答。部分试题没有提供任何的已知条件,需要学生回忆或创造。在 PCAP 评价框架中,"科学的本质"知识是与具体学科知识并列存在的,这部分知识在试题中得到了明显体现。所有试题均不涉及数学计算或应用科学公式的计算。

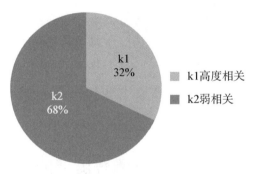

图 6-5　PCAP 问题与背景的相关性

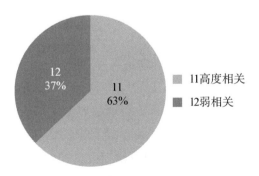

图 6-6　PCAP 问题与具体知识的相关性

三、PCAP 试题情境之装扮参数分析

从情境的呈现形式来看,基本都以文字和图片或图表的混合形式呈现。个别试题除了一个总的背景信息之外,在单独的小题之下又有一个更为具体的背景信息。前面已经分析过,PCAP 使用了大量的图片作为背景,但这些图片并不提供相关的已知信息,如试题单元"F 调查盐沼生态系统"的呈现为"文字+图片",但图片只提供一片草地与河流的整体图,并不含任何具体的条件和信息,只是一种装饰。

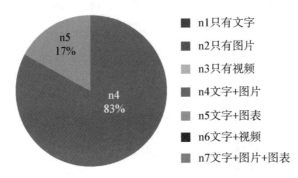

图 6-7 PCAP 情境图形式呈现

第六节 PCAP 科学素养测评的试题设计

一、PCAP 试题设计的依据

PCAP 科学素养评价试题的设计依据是"科学框架"中的学习结果描述,该学习结果描述了"STSE""技能""知识"和"态度"四个基础的学习结果,分为一般学习结果和具体学习结果。例如,STSE 的一个具体学习结果是"描述收集证据、发现关系、提出解释在发展科学知识中的作用";技能的一个具体学习结果是"从实践问题和事件中提出可供探究的问题";知识的一个具体学习结果是"使用动能的概念和物质的粒子模型来解释温度";态度的一个一般学习结果是"赞赏(appreciate)科学技术在我们认识世界的过程中所发挥的作

用"。可以看出,该学习结果描述使用了"行为动词＋具体学习内容"的形式来呈现,因而能够作为 PCAP 科学素养评价试题设计的依据。

二、PCAP 针对科学探究能力的试题设计

PCAP 将科学探究界定为"理解科学探究如何实施,为解释自然现象提供证据",包括从提出问题到对结论进行评价的整个过程。对科学探究的评价可以是在生活问题、社会问题和全球问题背景下,对科学探究的某个环节应该具备的能力进行评价,如获取信息、归纳结论,也可以在专门的探究性任务或活动中进行评价,包括判断问题是否可以探究、重复测量、归纳结论、理解探究方案等多方面的能力。

以试题单元 B 为例,在 B2 中,要求学生列出完成这一探究所需要的设备,而且要能准确测量,学生要能够理解探究过程,要知道测量什么物理量,才能根据物理量确定需要的测量工具。而 B4 实际上是对"重复实验"这一"科学的本质"知识的理解,也是科学探究过程中的一项重要操作。可以看出,虽然评价试题的题型不同,但这两道试题都是在实验探究的环境下进行,考查的实际上是学生对科学探究的整体理解和部分操作的理解,且能理解这种操作背后的原因或结果。

试题单元 B:

背景:一个学生给三个容器加了等量的糖。每个容器中都有 400 毫升的水但温度不同。一段时间后他的观察结果如下图所示。

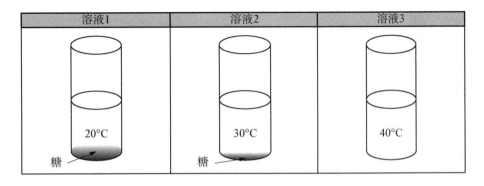

B2. 列出学生应使用的三件设备,以获得准确的结果。

B4. 精心设计的科学调查应该在重复时产生相同的结果。

对于下面的陈述你是同意还是不同意,请选择"是"或"否"。

陈 述	是	否
1. 如果调查以相同的方式重复,结果将是相同的		
2. 如果使用各种不同的测量工具,结果将是相同的		
3. 如果使用不同的程序重复实验,结果将是相同的		

三、PCAP 针对"问题解决"的试题设计

PCAP 将问题解决定义为"使用科学知识和技能解决社会与环境背景下的问题",包括定义问题、交流与问题解决相关的目标、通过识别科学观点来解决问题等多个方面。以试题单元 F 为例,这一试题是在一定的背景下解决如何保证有机体从水中捞出后能活着被运送到班级进行展示的问题。首先,这是在环境背景下的一个实际问题;其次,要解决这一问题必须调用生命科学相关的知识;最后,根据这一知识来提出运送设备应该达到的标准。其实这一试题也可以理解为需要通过推理来寻找合适的运送设备的问题。

试题单元 F:调查盐沼生态系统

背景:据估计,芬迪上湾 65% 的盐沼由于农业、住宅开发相关的人类活动以及为了限制潮汐水流的移动建造障碍和涵洞而遭受损失。盐沼对沿海海洋生态系统非常重要,它们是沿海食物链的主要生产区域,以及诸如鱼类、昆虫和鸟类等野生动物的栖息地。

F2:女孩决定保留他们捕获的有机体,以便向科学教师展示。列出他们需要考虑的两个标准,以保持机体活着并将其安全地运送到班上。

　　1._____;2._____

从试题单元 F 也可以看出,这一试题是以"文字+图片"的形式呈现的,但图片本身并不含任何的已知信息,只是帮助呈现一种"环境"。

四、PCAP 针对"科学推理"的试题设计

PCAP 对科学推理进行界定并将其作为一种重要的能力进行评价。根据 PCAP 评价方案,科学推理的考查比例达到 54%,远超科学探究和问题解决。PCAP 对科学推理的界定是"能应用科学知识和技能进行科学推理和建立联系,进而帮助决策,解决与科学、技术、社会和环境相关的问题"。由于 PCAP 将科学推理界定为能够"建立联系"的一种广泛能力,包括在提出问题、利用信息进行预测、归纳结论、提出建议整个过程中,因此,评价科学推理能力的试题较多,既可以是选择,也可以是构建类试题。试题都设置有一定的情境,提供较多的信息,希望学生根据给出的信息通过推理来做出选择、归纳结论、提出建议等,相关题目即便不调用所学的具体科学知识也可以通过获取的信息进行推断完成。

以试题单元 F 为例,F4 要求"描述人类为帮助子孙后代维持沿海海洋生态系统而采取的两个步骤"。要写出这两个步骤,关键要获取题目中关于"栖息地""土地利用"等方面的信息,由这些信息推理写出可能需要采取的两个步骤。实际上,学生即便不学习科学知识也可以完成,这种推理更多的是需要识别当前的模式或问题,然后有针对性地进行预测。

试题单元 F:调查盐沼生态系统

F4:新不伦瑞克东南部沿海管理项目(SENBCSP)的建立是为了提高公众对沿海栖息地及其相关问题的认识。SENBCSP 的目标是促进生态环境良好的土地利用实践,从而保护野生动物栖息地和湿地功能。

描述人类为帮助子孙后代维持沿海海洋生态系统而采取的两个步骤。

1. _____

2. _____

第七章
澳大利亚通用能力与 NAP 科学素养测评项目

　　澳大利亚是联邦制国家,其教育实行分权式课程管理体制,由各州或地区一级的教育机构主要负责教育管理工作。虽然各州学校教育存有一定的差异,但基本上中小学教育持续 13 年,包括为期一年的学龄前儿童义务教育,属于小学预备教育(Foundation, F)[1],一般称为 F 阶段(5 岁);1～7 年级的七年小学教育(6～13 岁);8～12 年级的五年中学教育(14～16 岁)。其中小学 F 年级到中学 10 年级为义务教育阶段(相当于国内的小学和初中),在 12 年级,所有学生必须参加由州政府组织的毕业考试,通过考试的学生获得由各州颁发的高中毕业证书,这一证书可以作为大学录取的依据。

　　澳大利亚从 20 世纪七八十年代开始就逐步加强联邦政府对课程与评价的管理,尝试国家统一的课程和质量管理。80 年代初,澳大利亚全国课程发展中心(CDC)发表的报告《澳大利亚学校的核心课程》(Core Curriculum for Australian Schools)是 80 年代澳大利亚课程改革的首次尝试,表明联邦政府试图在全国范围内大力提倡与推广中央制定的"核心课程",从而保证全国教学质量的统一标准。[2] 1986 年澳大利亚政府颁布的报告《加强澳大利亚的学校》(Strengthening Australia's Schools)提出通过建立全国统一的课程,

---

① F 代表 Foundation,属于澳大利亚义务教育的一部分,相当于小学预备班,小孩从 5 岁开始上学,也相当于国内的幼儿园高级班。

② 汪霞.八十年代以来澳大利亚课程改革轨迹[J].比较教育研究,1998(02):37-40.

使教学内容适应国家的经济发展目标。之后的数十年,虽然澳大利亚政府在建立国家课程和教育质量评价体系方面取得了一定进步,但国内对于建立统一的课程与评价体系的反对声音依然十分强烈。2007 年开始,当时的新一届政府用行动证明了对"国家课程大纲"的重视。2008 年 4 月,"国家课程委员会"(National Curriculum Board)成立,负责开发全国性的从幼儿园到高中的课程,12 月,澳大利亚部长委员会(The Ministerial Council)正式签署了《澳大利亚青年教育目标墨尔本宣言》(*Melbourne Declaration on Educational Goals for Young Australians*),该宣言明确了知识和技能的重要性,将学习领域、通用能力(General capabilities)以及跨课程优先主题(Cross-curriculum priorities)视为支持 21 世纪学习的课程开发基础和前提条件,并要求以此为依据开发《澳大利亚课程》(The Australian Curriculum)。同年,澳大利亚全国读写计算能力考评计划(National Assessment Program-Literacy and Numeracy,简称 NAPLAN),在澳大利亚的中小学开始实施。2009 年 5 月,澳大利亚课程、评价与报告局(The Australian Curriculum, Assessment and Reporting Authority,简称 ACARA)正式成立,负责监督《澳大利亚课程》的制定。《澳大利亚课程》覆盖英语、数学、科学、人文社会科学、艺术、技术、健康与体育和语言共 8 个学习领域。2010 年,数学、英语、历史、科学四科的国家课程(F－10 年级)首先颁布,七大通用能力和跨学科优先主题被纳入课程框架中,成为与学习领域并列的课程目标。从 2011 年开始,澳大利亚在国内多所学校试验推行新课程,并于 2013 年起全面实施。2015 年 ACARA 对澳大利亚课程网站上呈现的 F－10 年级课程进行审查和修订,之前的《澳大利亚课程》(7.5 版)在 2020 年底被《澳大利亚课程》(8.4 版)取代。在各州或地区,《澳大利亚课程》只是一个指导性框架而非具体的课程标准,州或地区教育部门仍然依据本州的实际情况来确定如何建立并实施新课程,如澳大利亚首都特区(Australian Capital Territory,简称 ACT)在 2015 年全面实施《澳大利亚课程》(7.5 版)中的数学、英语、历史和科学,2016 年底全部使用《澳大利亚课程》(8.0 版),而新南威尔士州(New South Wales)则重新设计了课程大纲来诠释《澳大利亚课程》的理念,2014 年新课程大纲开始正式在学校实施。[①] 各州或地区也仍然负责课程评价和资格认定工作,但其工作开展必须依据《澳大利亚课程》的相关内容和学业质量标准,同时参考本州或地区内的相关文件信息。

科学作为澳大利亚课程的重要学习领域之一,是澳大利亚教育质量监测和国家学业水平考试的重要领域之一。在 1～10 年级,科学课程以综合形式开设;在 11～12 年级,科学课程以物理、化学、生物和地球与环境科学的形式分别存在。澳大利亚从 2003 年开始对科学学业水平进行抽样评价,评价对象为小学 6 年级学生。评价结束后政府会发布相关评价报告,将评价结果发送给学校和教师作为改进教学的参考。

本章将首先对澳大利亚与通用能力相关的研究报告和 2015 年颁布的《澳大利亚课程:科学》(8.0 版)进行分析,再对澳大利亚通用能力框架和科学课程进行介绍分析,探析澳大利亚将通用能力与科学学科融合的路径与方法,然后以本书确立的分析框架分别对澳大利亚的 NAP - SL(National Assessment Program-science literacy, NAP - SL)项目的测评框架和试题进行分析,探析其测评框架和试题的特点。

第一节　澳大利亚的通用能力与科学课程

2010 年 12 月,《澳大利亚课程(F-10):英语、数学、科学和历史》正式颁布,同时期还发布了通用能力的相关信息文件(包括对每一项能力的描述、依据,它们在课程中的角色以及与具体学习领域中的关系)。通用能力被确定为澳大利亚课程的一个关键维度,与各学习领域、跨学科优先主题并列为澳大利亚课程的三个维度。关于通用能力的文件指出,《澳大利亚课程》基于这

[①] ACARA. Curriculum [EB/OL]. [2023 - 03 - 25]. http://www. acara. edu. au/curriculum/learning-areas-subjects/science.

样一种信念:满足日益变化的社会需求,创造一个多产的、持续的和公平的社会,年轻人需要更加广泛的、适应性的一系列知识、技能、行为和意向。[1] 虽然课程是以学习领域为单位组织的,但它包括通用能力和跨课程优先主题,可以增加学习领域的丰富性和深度,帮助学生理解他们学习之间的相关性和联系。

2011 年 6 月 10 日到 8 月 7 日,通用能力在全国开始进行咨询讨论。咨询结果表明,通用能力受到了很大支持(超过 80%),并得到了很多相关反馈,具体包括:通用能力要与《澳大利亚青年教育目标墨尔本宣言》一致;要将其置于 21 世纪课程中;将其作为学生学业的一个重要期望;与具体学习领域联系起来并丰富学习领域;阐明其远见,保证明确性、连贯性和范围;确定其结构和组织。[2]

目前,澳大利亚通过发布相关资料不仅对通用能力和跨学科优先主题的内涵进行了专门的界定与解读,还对每一项具体能力如何发展、如何评价进行了系统阐述;不仅讲述了每一项具体能力如何教学评价,还对在具体学科领域的课程中如何发展能力进行了阐述。

澳大利亚课程网站指出,教师应教授和评价通用能力,并将其纳入各学习领域。州和地区教育当局将决定是否以及如何对学生的通用能力进行进一步评价或报告。[3]

一、澳大利亚的通用能力

澳大利亚课程网站指出,在澳大利亚的课程中,能力包括知识、技能、行为和倾向(disposition)。学生能力的发展表现为在复杂多变的环境中、在学校学习和在校外生活中,自信、有效、适当地运用知识和技能结果。通用能力在澳大利亚课程中扮演着重要的角色,使澳大利亚年轻人能够在 21 世纪成功地生活和工作。在校学生在不同课程、跨课程的项目的学习中以及校外生活

① The Australian curriculum: general capabilities ［EB/OL］. ［2023 - 03 - 25］. www. australiancurriculum. edu. au.

② Australian Curriculum, Assessment and Reporting Authority. General capabilities consultation report ［R］. Sydney, 2011.

③ The Australian curriculum: general capabilities ［EB/OL］. ［2023 - 04 - 22］. https://www. australiancurriculum. edu. au/f-10-curriculum/general-capabilities/.

中发展并使用这些能力(见图 7-1)。2010 年澳大利亚课程中的七大通用能力是:读写能力(literacy)、计算(numeracy)、信息和通信技术(ICT)能力(information and communication technology capability)、批判性与创造性思维(critical and creative thinking)、道德认识(ethical understanding)、个人与社会能力(personal and social capability)和跨文化理解(intercultural understanding)。

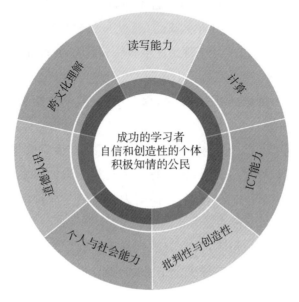

图 7-1 澳大利亚课程中的七大通用能力

1. 读写能力

澳大利亚课程网站指出,在澳大利亚课程中,学生在发展知识、技能和性格的同时,也要能有意识地理解和使用语言,以便在学校内外学习和交流并有效地参与社会活动。读写能力包括学生听、读、看、说、写,创造口头、印刷、视觉和数字文本,并在不同环境中根据不同目的使用和修改语言,是学生了解、理解、分析和评价信息,创造意义、表达思想和情感,提出想法和观点,与他人交流,参加学校以外的活动和生活所需要的知识和技能。任何学习领域的成功都取决于能否使用重要的、可识别的和独特的知识,这对于学习和代表学习领域的内容是很重要的,但成为有学问的人不仅仅要有知识和技能。某些行为和性格有助于学生成为有效的学习者,使他们自信地广泛使用他们的读写能力。读写能力含两大过程:一是通过听、读、看理解文本;二是通过说、写和创造构建文本。

2. 计算能力

澳大利亚课程网站指出,在澳大利亚课程中,当学生在多个学习领域以及生活中形成他们的知识,在发展能力的过程中自信地使用数学,就说明学生具备了计算能力。计算能力包括学生在广泛的情境下使用数学时所表现出的知识、技能、行为和倾向,它使学生认识和理解数学在世界上的作用,且有意向和能力有目的地使用数学知识和技能。当教师在课程中确定计算的要求时,学生就有机会将他们的数学知识和技能迁移到数学课堂以外的情境当中,这些机会有助于学生认识数学知识与其他学习领域和更广阔世界的相互联系并鼓励他们广泛运用数学技巧。

3. ICT 能力

澳大利亚课程网站指出,在澳大利亚课程中,学生 ICT 能力的发展是在其有效地使用 ICT 学习,适当地获取、创造和交流信息与观点,在各种学习领域以及校外生活中合作解决问题的过程中逐渐形成的。ICT 能力使学生学会利用他们所能掌握的数字技术,适应新技术的发展并在数字环境中控制自己和他人的风险。为了参与知识经济并在当今和未来的技术社会中获得发展,学生需要知识、技能和信心,使信息和通信技术在学校、家庭、工作和社区中发挥作用。学生发展 ICT 能力与信息获取和管理、信息创造和展示、问题解决、决策、沟通、创造性表达和经验推理等任务相关,包括进行研究、创建多媒体信息产品、分析数据、设计解决问题的方法、控制过程和设备以及在独立工作和与他人合作的同时支持计算。学生围绕 ICT 及其使用发展知识、技能和能力,以及跨环境和应用的能力,学会信任、关心和考虑使用信息和通信技术,了解其可能性、局限性和对个人、群体、社区的影响。

4. 批判性与创造性思维

澳大利亚课程网站指出,在澳大利亚课程中,学生在学习和评价知识、澄清概念和想法、寻找可能性、考虑替代方案和解决问题的过程中,培养批判性思维和创造性思维。批判性思维和创造性思维使学生在学校和学校以外的所有学习领域中,运用理性、逻辑、机智、想象力和创新等技能,广泛、深刻地思考问题。通过运用一系列的思维技能,学生在遇到问题、不熟悉的信息和新想法时可以形成对复杂现象和过程的理解。此外,思维知识的逐步发展和运用可以提高学生的学习动机和学习管理能力,使他们变得更加自信,成为自主的问题解决者。批判性思维是大多数智力活动的核心,它让学生学会识别或发展论点,使用证据支持论点,得出合理的结论并利用信息解决问题,包括解释、分析、评价、排序、推理、比较、质疑、推论、测试和推广假设。创造性思维使学生学会在特定的情境中产生和应用新的思想,以一种新的方式看待现有的情况,找出可供选择的解释,发现或创造新的联系,从而产生积极的结果,包括把部分整合形成一个整体、一些原始的东西、筛选和提炼思想、发现可能性、构建理论和对象并根据直觉行事。

5. 个人与社会能力

澳大利亚课程网站指出,在澳大利亚课程中,学生在学习如何理解自己和他人的同时,要能更有效地管理自己的人际关系、生活、工作和学习,从而培养了个人和社会能力。个人和社会能力包括识别和调节情绪,培养同理心,换位思考,建立积极的关系,做出负责任的决定,在团队中有效地工作,应对挑战情境,发展领导力。个人和社会能力支持学生成为创新和自信的人,使他们能够管理自己的情绪、心理、精神和身体健康,乐观地面对生活和未来。在社会层面,它有助于学生形成和维持健康的关系,使他们在家庭、社区和社会中扮演成功的角色。

6. 道德认识

澳大利亚课程网站指出,在澳大利亚课程中,学生在理解和调查伦理的概念、价值观和本质特征的过程中,发展道德认识并理解推理如何帮助做出伦理判断。道德认识包括学生建立一个强大的个人和社会导向的伦理观,以帮助他们应对不同情境下的冲突和不确定性,同时形成影响他人价值观和行为的意识。作为《澳大利亚青年教育目标墨尔本宣言》的规定之一,它主要通过发展学生的个人价值和属性,如诚实、韧性、他人的认同和尊重,以及行为能力与道德操守来实现。学生在探索伦理问题,与他人互动、讨论观点的过程中,学习道德认识并学会做一个民主社区负责任的成员。探讨道德认识的方法包括提供理由、达成一致、寻找意义和原因并提供证据。通过诸如全球变暖、可持续生活和社会经济差异等真实案例来探究这些概念,可能涉及群体和独立探究、批判性和创造性思维以及团队合作,这也将同时有助于个人和社会能力的发展。

7. 跨文化理解

澳大利亚课程网站指出,在澳大利亚课程中,学生在学习尊重自己的文化、语言和信仰以及其他人的文化时,发展跨文化理解能力。他们逐渐认识到个人、群体和国家身份是如何形成的、文化的变量和变化的性质。跨文化理解涉及学生学习和接触不同文化的方式,认识到共性和差异,建立与他人的联系,培养相互尊重的意识。跨文化理解鼓励学生以共同的兴趣和共性基础为起点,在自己的世界和他人的世界之间建立联系,通过协商来调解差异,能够发展学生的沟通能力、理解他人的能力和批判性分析跨文化经历的能力。跨文化理解激发学生对他人生活的兴趣,培养诸如好奇心、关心、移情、互惠、尊重和责任、开放的思想和批判性意识,以及支持新的和积极的跨文化行为的价值观和能力。表达同情、尊重和承担责任被认为是澳大利亚课程中跨文化理解发展的关键。

澳大利亚课程不仅在一般意义上对通用能力的内涵、意义以及发展通用能力的策略进行了描述,同时在每一个学习领域对通用能力进行了简单描述。该描述或者对学习内容中涉及的通用能力进行了说明,或者提出了通过具体教学情境来发展通用能力的建议。根据澳大利亚课程说明,不同学习领域中通用能力的应用程度不同。阅读、计算、ICT 和批判性思维是学生成为一个成功的学习者必须具备的基础能力。其中,阅读、计算和 ICT 主要通过英语、数学和技术学习领域来发展,这些能力在不同课程之间的发展和使用对有效教学十分关键。个人与社会能力、道德认识和跨文化理解主要关注生活、行为和学习与他人相处的方式,虽然所有的学习都涉及个人和社会方面,但这些能力在个人、社会和文化学习方面最为突出。[①]

二、澳大利亚科学课程中的核心素养

澳大利亚在 2015 年 8 月同时发布了《澳大利亚课程:科学》(F－10)(8.0版)和《澳大利亚课程:高中科学》(8.0 版),两个针对不同学段的科学课程在形式上存在一定差异,如高中以生物、化学、地球与宇宙单独呈现学习目的、

---

① The Australian curriculum: general capabilities [EB/OL]. [2023－04－22]. www.australiancurriculum. edu. au.

课程组织以及具体内容,而F－10年级的科学课程则以综合科学的形式来呈现。两者最大的区别是F－10年级的科学课程中并未对通用能力和跨学科优先主题进行阐述,高中科学课程则对通用能力和跨学科优先主题在科学学习领域的呈现进行了说明。另外,核心概念(key ideas)是F－10年级的科学课程中提出的重点内容,该课程指出:设计核心概念是为了支持不同年级水平科学知识有序呈现和其连贯性,核心概念为科学理解各领域的概念发展提供了支架且能够支持科学探究技能的关键部分,使学生更能认识科学的本质。在高中科学课程中并未专门说明,但在具体的内容描述中仍然体现了核心概念的作用。

澳大利亚科学课程(F－12)主要由三个分支组成,分别是科学理解(science understanding)、科学探究技能(science inquiry skills)和科学作为人类努力的结晶(science as a human endeavour)。同时还有包含六个核心概念,分别是:模式、秩序和组织;形式和功能;稳定性和变化;系统;物质和能量;尺度和测量。

根据《澳大利亚课程:科学》(F－10)和《澳大利亚课程:高中科学》对课程结构和内容的描述,可以将其课程目标归纳为表7－1。

表7－1 澳大利亚科学课程的结构和内容

一级主题	二级主题	说 明
科学理解	生物;化学;地球与宇宙;物理	高中与之相同
核心概念	模式、秩序和组织;形式和功能;稳定性和变化;系统;物质和能量;尺度和测量	贯穿在各知识领域的水平描述中
科学探究技能	提问和预测;规划和执行;处理和分析数据和信息;评价;沟通	高中提出了通用探究技能,基本也可以划分为这几个二级主题,但深度要求增加
科学作为人类努力的结晶	科学的本质与发展;科学的应用与影响	高中有另外的描述,但基本可以分为这两个二级主题

在高中科学课程中,还有一部分非常重要的内容是通用能力在科学学习领域的表现。由于高中科学课程分科呈现,对通用能力的呈现在每个学科领域稍有不同,但总体上基本相同。以下以物理学科为例,具体如表7－2所示。

表 7 – 2　通用能力在物理课程中的体现

读写能力	读写能力是学生发展科学探究技能的重要因素,也会通过科学理解和科学作为人类努力的结晶两部分影响学生对科学内容的理解。主要表现:学生收集、解释、综合和批判性地分析各种呈现风格的信息、模式和形式(包括文字、流程图、符号、图表和表格);评价信息来源,比较和对比在文本中呈现的观点和信息;以流利的方式和符合逻辑的思维交流某些过程和观点,构建基于证据的论点并能针对不同的受众选用适当的呈现风格、结构和特征进行交流
计算	计算对于学生使用各种科学探究技能十分关键,包括观察和记录,确定、呈现和分析数据,解释趋势和关系。主要表现:学生采用计算能力来解释复杂的空间和图形表示,欣赏物理系统的结构方式、相互作用和空间尺度上的变化;从事数据分析,包括与可靠性和概率有关的问题,解释和操作数学关系来计算并做出预测
ICT 能力	信息和通信技术(ICT)的能力是科学探究能力的一个关键部分。主要表现:学生使用一系列策略来定位、获取和评价来自多个数字源的信息;收集、分析和呈现数据;建模解释概念和关系;交流和分享科学观点、过程和信息。通过探索科学作为人类努力的结晶的概念,学生评价信息和通信技术对科学发展和社会科学应用的影响,特别是在整理、存储、管理和分析大型数据集方面
批判性与创造性思维	批判性思维与创造性思维是特别重要的科学探究能力。科学探究需要有能力构建、审查和修改关于日益复杂和抽象情景的问题和假设,设计相关的调查方法。具体表现:解释和评价数据;询问、选择和交叉参考证据;分析过程、解释、结论和要求的有效性与可靠性,包括反映他们自己的过程和结论。科学是人类努力的结晶,学生在发展科学理解和科学探究技能的同时,设计出解决问题、预测可能性、预见后果和推测可能结果的创新解决方案,还要认识到批判性和创造性对个人的作用以及批判和审查在科学发展和创新应用中的重要性
个人与社会能力	个人和社会能力是物理学习中一系列活动的组成部分,表现在学生发展和实践沟通技能、团队合作、决策、主动进取、越来越自信和老练的自律等方面。具体表现:学生在独立和合作探究中培养技能;采用自我管理技能有效地计划,有效地遵循程序,安全地工作;利用合作技能开展探究,分享研究和讨论想法;在科学作为人类努力的结晶的各个方面,学生们要能认识到自己的信念和态度在应对科学问题及其应用中的作用,考虑其他人的观点并衡量科学如何影响人们的生活
道德认识	道德行为是科学探究的一个重要组成部分。主要表现:学生评价实验科学的伦理、实践守则以及科学信息的使用和科学的应用;明白探索科学中正直意味着什么,在探究中理解、批判性地分析和应用道德准则;考虑自己的探究对别人、环境和生物体的影响;利用科学信息评价他人的主张和行动并就一系列社会、环境和个人问题以及科学应用问题提供伦理决策

（续表）

跨文化理解	跨文化理解是理解"科学作为人类努力的结晶"的基础。主要表现：学生们赞赏不同文化对发展科学理解的贡献以及在不同文化合作中工作的挑战；意识到在不同文化群体中提出一些辩论需要考虑文化敏感性；对他人的立场表现出开放的态度；逐渐认识到文化因素影响着科学，也认识到科学影响社会和被社会影响的方式

总体来看，澳大利亚科学课程形成了自己独特的结构体系，以科学理解（科学知识）、科学探究技能和"科学作为人类努力的结晶"三个主题为基本框架，相互联系；六个核心概念是科学课程内部的跨学科主题，在物理、化学、生物和地球与宇宙科学之间以及不同阶段的科学课程间起到连贯作用；通用能力在科学课程中的体现说明了科学课程对学生核心素养发展的贡献。

第二节　NAP 科学素养测评的内容框架

为了保证学业质量，向政府、教育部门、学校和社区提供关于年轻一代的学业信息，以确认年轻一代是否达到了重要的学业目标，澳大利亚国家评价项目（The National Assessment Program，简称 NAP）应运而生。该项目由教育委员会（Education Council）主导运行，包括国家读写与计算评价项目（the National Assessment Program-Literacy and Numeracy，简称 NAPLAN）和三年一次的科学素养、公民素养、ICT 素养抽样评价，同时负责国际性抽样测评，比如 PISA 和 TIMSS。其中 2008 年开始的 NAPLAN 针对 3 年级、5 年级、7 年级和 9 年级学生，每年进行一次；抽样测评则每三年一次，轮流进行，比如 2013 年进行的是公民素养评价，2014 年进行的是 ICT 素养评价，2015 年进行的是科学素养评价。

科学作为"国家课程"的重要学习领域之一，在澳大利亚教育质量监测和国家学业水平考试中占有重要比例。澳大利亚全国科学素养评价项目（National Assessment Program-science literacy，简称 NAP - SL）自 2003 年开始运行，评价澳大利亚小学生的科学素养水平。2018 年以前其测评对象都是小学 6 年级学生，2018 年开始将 10 年级学生也纳入测评范围，以加强对学生科学素养进步的监测。

与 2003～2012 年的测评框架不同,2015 年和 2018 年的测评框架根据 2010 年颁布的《澳大利亚课程:科学》(F－10)进行了修订。同时,2015 年和 2018 年的测评全部借助计算机完成。

图 7－2 是 NAP－SL 测评框架的发展与规划图。可以看出,2003～2012 年的科学素养测评框架主要依据进阶地图和主要科学概念,学生的熟练水平基于进阶地图和心理测量理论。2018 年的测评框架主要基于《澳大利亚课程:科学》来构建,而 2015 年的测评框架是向 2018 年测评框架的过渡,虽然也建立在进阶图的基础上,但同时考虑了《澳大利亚课程:科学》的基本内容。

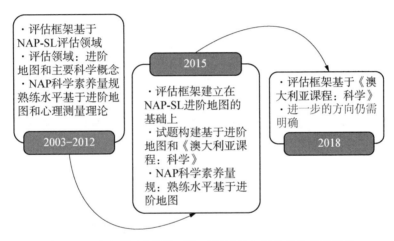

图 7－2　澳大利亚 NAP－SL 测评框架和科学素养量规发展

资料来源:ACARA. National Assessment Program—Science Literacy Assessment Framework 2015[R]. Sydney: Australian Curriculum, Assessment and Reporting Authority, 2015.

图 7－3 描述了澳大利亚 NAP－SL2018 框架的设计思路。该框架以《澳大利亚课程:科学》(F－10)为依据,同时兼顾发展学生通用能力的目标。基本思路:首先依据课程标准、通用能力和教育目标分类学的相关理论确定内容维度和认知维度(cognitive dimension),然后将认知维度和内容维度结合生成表现期望(performance expectations),即期待学生在完成任务的过程中做出的表现,再依据表现期望的内容和水平以及计算机测评的特点设计对应的评价任务,最后设计结果的呈现与报告方案。

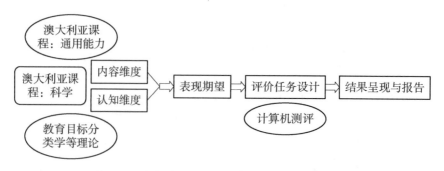

图 7-3 澳大利亚 NAP-SL2018 框架的设计思路

虽然 2018 年的报告比较新且更能体现核心素养的理念,但 2015 年的测评框架仍然具有重要的参考价值且是后续分析的基础,故以下同时对 2015 年和 2018 年的评价框架展开分析。

一、澳大利亚 NAP-SL2015 测评框架

图 7-4 是 2015 年 NAP-SL 的简要测评框架,仍旧基于 2003~2012 年的 NAP-SL 结构构建框架,但同时与澳大利亚科学课程对应。NAP-SL 结构主要由两部分构成,一部分是主要科学概念,另一部分是科学素养进阶图。

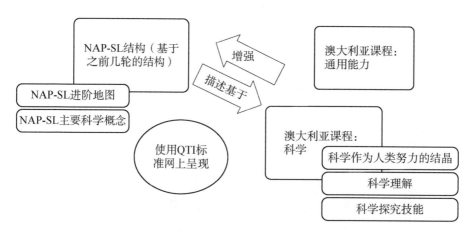

图 7-4 澳大利亚 2015 年 NAP-SL 简要测评框架

资料来源:ACARA. National Assessment Program—Science Literacy Assessment Framework 2015 [R]. Sydney: Australian Curriculum, Assessment and Reporting Authority, 2015.

1. 主要科学概念

主要科学概念分为四个领域,分别是地球与宇宙、能量和力、生物以及物

质,实际上对应了澳大利亚国家科学课程的四大内容领域:地球与宇宙科学、物理科学、生物科学和化学科学。之所以称为"主要概念",是因为受测试时间的限制,只能测试一些非常重要的概念,因此更加强调其"核心"性。为了方便测评使用,NAP-SL2015 以举例的形式对该大概念进行了说明,同时与新科学课程标准的内容进行了对应。

2. 科学素养进阶图

科学素养进阶图从横向和纵向清晰呈现了学生需要达到的学业水平或熟练水平。横向从"实验设计与数据收集""理解实验数据"和"应用概念理解"三个分支展开描述,对应了澳大利亚科学课程的"科学探究技能"和"科学理解"两大分支(见表 7-7),"科学作为人类努力的结晶"则渗透其中。有关纵向的内容将在第三节进行分析。

表 7-3　科学素养进阶图的三个分支及其与科学课程的对应关系

分支	具体描述	对应的澳大利亚科学课程分支
A	实验设计与数据收集:形成或识别探究问题和假设,计划探究和收集证据	科学探究技能:提出问题和预测;计划和实施科学作为人类努力的结晶
B	理解实验数据:根据自己或别人的数据,理解证据和得出结论,评价证据和他人观点的真实性,交流结果	科学探究技能:处理和分析数据与信息;评价;交流科学作为人类努力的结晶
C	应用概念理解:应用对科学的认识来描述或解释自然现象,理解与现象有关的报告	科学理解科学作为人类努力的结晶

注:依据 NAP-SL2015 测评框架和澳大利亚国家课程整理而来。

二、澳大利亚 NAP-SL2018 的测评框架

NAP-SL2018 的测评框架包括内容维度和认知维度两部分。

1. 内容维度

表 7-4 是澳大利亚 NAP-SL2018 的内容维度。可以看出,NAP-SL2018 的评价内容包括科学理解、科学是人类的事业、科学探究技能和通用能力四个维度,前三个维度的测评比例依次为 50%、15% 和 35%。通用能力并不直接作为测评的内容,而是以间接的方式渗透其中。

表 7 - 4　NAP - SL2018 的认知维度

一级内容	二　级　内　容
了解和使用程序	识别;定义;描述;举例说明;联系;使用工具和程序
推理、分析和评价	比较/对比/分类;呈现;收集、分析和解释数据;推论;预测/解释;分析信息、证据和论点;评价信息、证据、程序和论据
综合与创造	形成假设;提出论点并得出结论;创建和使用模型;计划和设计探究;建立联系;解决问题

科学理解是科学课程的内容领域,按生物科学、化学科学、地球与宇宙科学和物理科学的主要概念呈现需要测评的内容,每个内容领域测评比例相当。以物理科学为例,该领域包含"力与运动"和"能量的形式、转移与守恒"两个主要概念,其中力与运动的具体描述是"力影响物体的运动",该主要概念对应《澳大利亚课程:科学》中 2 年级、4 年级、7 年级和 10 年级共 4 个大概念[①]。例如,2 年级的大概念是"推力或拉力可以改变物体的运动状态或形状",10 年级的大概念是"使用物理定律可以描述和预测物体的运动状态"。

"科学是人类的事业"是 NAP - SL2018 关注的一个重要内容。虽然NAP - SL2015 已经提及这一维度,但更多是作为一种考查背景或是作为学生问卷中的一部分。NAP - SL2018 则专门设计了针对这一维度的试题。该维度包括两方面的内容,"科学的本质与发展"要求学生将科学作为一种独特的认知与行为方式来理解其发展,"科学的应用与影响"要求学生认识到科学在当代决策和问题解决方面的重要性,两个方面的测评比例相当。该维度包括 6 个主要概念,这些主要概念分别对应《澳大利亚课程:科学》1~10 年级的相应内容。例如,"科学知识可以用于解决问题并为个人和社区决策提供信息"是科学课程 5~6 年级的一个大概念,对应测评框架中"科学的应用与影响"维度。

科学探究技能是指用来发展科学知识的实践,包括提问和预测、计划与实施、处理数据和信息、评价和交流 5 个二级内容,每个二级内容对应《澳大利亚课程:科学》1~10 年级的相应内容。例如,"将数据与预测进行对比并作为

――――――――――

[①] 大概念(big idea)对应我国小学科学课程中的"主要概念"。本文中的"大概念"指《澳大利亚课程:科学》中的大概念,为了有所区分,测评框架中的大概念翻译为"主要概念"。

形成解释的证据"是科学课程 5～6 年级的一个大概念,对应测评框架中"处理数据和信息"维度。

　　将通用能力纳入科学素养测评在 NAP－SL2015 年的框架中就已经有所尝试。NAP－SL 项目组认为,读写、计算、ICT 能力以及批判性思维与创造性思维在科学素养测评过程中可以得到很好的体现,而道德认识(ethical understanding)、个人与社会能力(personal and social capability)和跨文化理解(intercultural understanding)的部分内容只能通过试题和背景材料反映出来。NAP－SL2018 延续了这样的观点,即将通用能力间接地渗透在科学素养测评中而非作为直接的测试内容,即便是读写、计算、ICT 能力以及批判性思维与创造性思维也并不占有相应的考查比例。

　　根据 NAP－SL2018 报告,读写能力主要体现在背景材料和学生对试题的阅读与理解过程中,体现为学生的知识水平和对给定概念或技能的理解,尤其对特定情境中科学术语的理解和表达;项目组同时指出,科学术语的阅读与理解应该符合科学课程的学业要求,不妨碍学生对试题的反应能力。计算能力是学生被期望表现出使用适当的数学知识和技能的倾向及能力,主要体现在学生阅读和构建图示、表格、计算与测量的过程中,以及空间推理的某些方面,如从数据和图表中识别模式和关系,利用工具进行测量或构建模型等;项目组同时指出,应避免以计算能力为主要目的试题。ICT 能力是学生被期望使用信息技术访问、收集、记录、分析和呈现信息与数据的能力,包括使用动画、模拟和其他数字模型来探索现象和验证预测,在针对科学探究技能和"科学的本质与发展"维度的试题中可以得到体现。批判性和创造性思维是科学探究过程所固有的高阶认知技能,当学生对评价任务做出反应时会表现出相应的思维技能和智力过程。在 NAP－SL2018 框架中,批判性和创造性思维更多反映在认知维度而非内容维度,这一点将在第三部分进行分析。

　　2. 认知维度

　　与过去的科学素养测评框架相比,NAP－SL2018 的一个最大变化就是明确提出并界定了认知维度。认知维度旨在明确学生作答过程中的思维技能和智力过程,其设计主要依据学生利用科学知识、科学探究技能和"关于科学的知识"的方式以及认知复杂性,同时借鉴了包括布卢姆教育目标分类学在内的相关认知理论框架以及澳大利亚课程中关于批判性和创造性思维的相关描述。表7－4列出了认知维度的基本内容。

可以看出，认知维度包括"了解和使用程序"、"推理、分析和评价"和"综合与创造"三个方面。"了解和使用程序"要求学生了解有关事实和定义的知识，了解简单程序和有关操作技能或程序的知识，具备用实例说明概念和总结，将科学概念与现象和观察联系起来的能力以及执行简单科学过程或程序的能力。"推理、分析和评价"要求学生在熟悉和不熟悉的环境中应用知识、技能、程序、设备和方法，会分析信息，评价证据和观点的质量以及数据的充分性；在科学探究情境中，这一维度还包括与探究过程相关的程序性理解的应用，如学生需要决定何时测量什么、测量多少次等。"综合与创造"要求学生考虑多个不同的因素或概念，把它们组合成一个连贯的整体或新的东西，或以新的方式进行组合；涉及的任务通常比较开放或属于不良结构任务，可能涉及多个方法或策略；在科学探究情境中，该领域包括构建和使用模型、计划和设计科学探究，以及实施全面的探究以解决问题。测评框架还对每个认知维度都进行了具体描述，以"了解和使用程序"为例（见表7－5），测评框架具体阐述了识别、定义、描述、举例说明、联系和使用工具与程序这些"行为动词"在科学素养测评中所代表的内容，以便于设计试题时能够准确把握其内涵并将试题与认知维度准确对应。

表7－5　"了解和使用程序"的二级维度和具体描述

二级维度	具体描述
识别	做出或区别有关科学现象、概念、关系、程序或科学事业的准确陈述；识别概念/实体/概括的实例（如食物网中的生产者或分解者）
定义	明确定义特定概念和内容的语句
描述	对特征/对象进行直观的观察；从简单的数据源或图表中识别和提取信息；描述关于科学或科学事业的事实、过程和关系
举例说明	确定或提供案例来支持/澄清关于科学事业或特定科学概念、关系和理论的陈述
联系	把科学概念与现象和观察联系起来
使用工具与程序	展示使用科学设备、工具、测量装置/标准的技能以及构建和阅读图表的操作技能

《澳大利亚课程:科学》指出,在科学学习领域,批判性和创造性思维植根于提出问题、做出预测、推断、通过探究解决问题、做出基于证据的决定以及分析和评价证据的技能之中。综合而言,NAP-SL2018 框架将批判性和创造性思维这一通用能力渗透在认知过程中,主要体现在"推理、分析和评价"和"综合与创造"两个认知过程,强调在科学探究的过程中发展学生的批判性思维和创造性思维。

第三节　NAP 科学素养测评的表现标准

虽然 NAP-SL2018 与 NAP-SL2015 测评框架不同,但考虑到与之前的测评结果进行对比,表现标准的描述具有相似性,且 2018 年的表现标准以之前的标准为依据来呈现,因此,在这里以 2015 年的表现标准为例进行分析。

一、NAP-SL 表现标准的呈现形式和描述线索分析

在 NAP-SL 评价方案中,表现标准称为科学素养进阶图(Science Literacy Progress Map),围绕界定的三个分支能力,即学科能力进行水平描述,不涉及具体的内容知识,即便是"应用概念理解"这一分支,也没有关于具体知识进阶的描述。

NAP-SL 共有六个表现水平,每个水平按三个分支分别描述。NAP-SL2015 评价的对象是 6 年级学生,而 6 年级学生的最高水平只能达到 4 级。在2012 年科学学业评价之后,NAP-SL 根据测试结果对科学素养进阶图进行了完善,6 年级学生的水平在 2~4 之间,而 3 级又细分为 3.1、3.2 和 3.3 三个水平。表 7-6 呈现的是分支 A:实验设计与数据收集的 1~4 级水平描述。

表 7-6　NAP-SL 分支 A 表现标准

水平	分支 A:实验设计与数据收集 界定:制定或确定可调查的问题和假设,计划探究和收集证据。这个分支包括:①提出问题或假设或识别科学探究问题;②通过确定变量规划探究并设计控制变量的程序;③通过测量和观察收集证据;④使用各种信息和通信技术以描述、图纸、表格和图形的形式记录数据

（续表）

4	①形成复杂的科学问题；②确定自变量和因变量，确定/列出<u>至少两个</u>要控制的变量（在制定针对自己提出问题的探究范围内）；③重复试验或重复使用；④收集和记录涉及<u>两个或多个</u>变量的数据；⑤理解控制变量的目的（有效测试）。 **注释**：探究环境不一定是学生所熟悉的，也可能涉及抽象概念；学生应该能够构建表格来记录数据而不需要额外的支持（如提供表格），且能够为涉及独立变量和从属变量的表提供标题
3.3	①形成（或识别）简单的科学问题进行测试和预测；②认识到有效测试的必要性和科学意义；标识要更改和/或测量的变量，<u>至少控制一个</u>变量。计划简单的标准测量；③理解使用重复试验的目的（只有 3.3 级）；④将数据记录为表、图表或描述。 **注释**：使用建立图表的规则，包括提供图表标题和纵横坐标标签，还应该能使用和解释图表中所提供的量规
3.2	同 3.3 **注释**：学生应该能列出一个因素，或者确定<u>一个或两个因素</u>（<u>不一定是主要因素</u>）保持不变（<u>在熟悉的情况下</u>）
3.1	同 3.3 **注释**：认识到"合理测试"的含义和意义，但仅限于孤立地考虑一个因素；认识到一个因素必须保持不变，而另一个因素必须改变
2	①鉴于在熟悉的情况下要调查的问题，提供或确定可能对调查结果产生影响的<u>一个因素</u>；②展示了"有效测试"的直觉水平；③观察和描述或进行非标准测量和<u>有限的数据记录</u>。 **注释**：非标准测量是指使用非标准单元的测量（如长度的多少）
1	对老师的问题和建议作出回应，进行相关操作并观察发生了什么

可以看出，分支 A 的描述是围绕对分支 A 定义的四个方面来进行的，分别是：形成可探究的问题；变量控制与科学探究的有效性；重复实验；收集并记录数据。从呈现形式来看，除了以条目形式进行呈现外，还有"注释"部分，详细解读每个水平与相邻水平的差异。其中 3.1、3.2 和 3.3 的表述是相同的，因此在注释部分分析了每个水平的差异。

二、NAP-SL 表现标准的水平区分因素分析

根据前面的分析，NAP-SL 的表现标准一共有三个，分别是分支 A 实验设计与数据收集、分支 B 理解实验数据和分支 C 应用概念理解。以下分别对这三个分支的内容进行分析来确定水平区分因素。

1. 分支 A：实验设计与数据收集

根据前面的分析,这一分支主要围绕分支 A 定义的四个方面来进行描述,分别是:形成可探究的问题;变量控制与科学探究的有效性;重复实验;收集并记录数据。

（1）形成可探究的问题。

水平	描　　述
4	复杂的科学问题
3	简单的科学问题
2	熟悉情境下的给定问题
1	老师的问题

可以看出,对于提出问题或形成可探究的问题,四个水平的区分是按照老师的问题、熟悉情境下给定的问题、形成自己简单的问题和形成自己复杂的科学问题的思路进行描述的,水平区分因素包括问题是否自己提出和问题的复杂程度两个因素。

（2）变量控制与科学探究的有效性。

水平	描　　述
4	确定自变量和因变量;确定/列出至少两个要控制的变量;理解控制变量的目的
3	标识要更改和/或测量的变量,至少控制一个变量
2	在熟悉的情况下,提供或确定可能对调查结果产生影响的一个因素;"有效测试"的直觉水平
1	进行相关操作

可以看出,在规划科学探究与变量控制方面,水平区分因素是"能否识别自变量和因变量""自变量的数量""对科学探究有效性或有效测试的认识"这三个因素。其中,"对科学探究有效性或有效测试的认识"从直觉水平过渡到理性控制变量,再到明确控制变量的目的。

（3）重复实验。

水平	描　　述
4	重复试验或重复使用
3	理解使用重复试验的目的
2	✕
1	✕

可以看出，对于重复实验的要求只体现在水平 3 和水平 4。水平 3 只要求理解重复实验的目的，也就是要认识到重复实验的重要性，而水平 4 要求能进行重复实验的操作。

（4）收集并记录数据。

水平	描　　述
4	收集和记录涉及两个或多个变量的数据，能够构建图表来记录数据而不需要额外支持（如提供表格），并能够为涉及独立变量和从属变量的表提供标题
3	将数据记录为表、图表或描述，使用建立图表的规则，包括提供图表标题和纵横坐标标签，还应该能使用和解释图表中所提供的量规
2	观察和描述或进行非标准测量，有限的数据记录
1	观察发生了什么

可以看出，区分收集并记录数据的因素在于数据收集与记录的方式、数据的复杂性以及为数据记录提供的支持。数据收集与记录的方式从直接观察到有限记录再到构建图表呈现数据；数据的复杂性主要是数据涉及的变量，与控制变量紧密相关；为数据记录提供的支持从提供表格框、标题和标签到自己建立完整记录表格。

2. 分支 B:理解实验数据

表 7-7 是表现标准分支 B 的水平描述。

表 7-7　NAP-SL 分支 B 表现标准

水平	**分支 B:理解实验数据** 界定:从学生自己或他人的数据中解释证据并得出结论，评论其他人提出的证据和要求的可信性以及交流结果。这一分支包括识别、描述和解释科学数据中变量

	之间的模式和关系；基于证据得出结论并建立与所提出的问题或假设的关系；质疑和审查他人的结论并使用一系列科学方式和通信技术进行交流
4	①重复试验计算平均值，在适当情况下绘制直线图；②解释曲线图中的数据；③总结结论和解释科学数据中的模式；④提出改进调查的一般性建议（如进行更多的测量，反复试验以获得更可靠的结果） **注释：** 可能要求学生使用他们先前习得的概念性理解；应该在不提供额外支持的情况下绘制曲线图（如提供变量轴），应该有适当的标题，轴应正确标注并使用适当的刻度；得出的结论应与所收集的数据的假设和问题一致并得到所收集的数据的支持；可以通过明确地引用数据和/或利用相关的概念来解释数据中的模式以解释/支持他们的结论
3.3	①根据收集或给定数据，以图表形式展示/记录数据；②根据数据推断，以规则的形式识别和/或概述科学数据中的模式；③认识到改进方法的必要性；④通过推理和预测应用数据中的规则；⑤从条形（列）图中解释数据，阅读简单线图，解释简单的线图（只有 3.2 级和 3.3 级） **注释：**在提供一些支持的情况下构造表格来显示数据；预期构造表的规则，比如列的正确排序和标记；要求得出结论，但不太可能根据数据来明确支持结论
3.2	同 3.3 **注释：**学生需要完成表格来显示数据
3.1	同 3.3
2	①对观察到的物体或事件进行比较；比较简单的表中数据的各个方面；②在提供表头或给出纵横坐标标签的情况下可以完成简单的表和条形图 **注释：**数据表简单，比较直接；要求学生比较各个方面的问题而非推理
1	①分享观察结果，通过语言、行为或画画来说明发生了什么；②重点关注数据的一个方面

　　从上表可以看出，分支 B 的描述主要从以下三个方面展开：数据处理、呈现与交流；基于证据得出结论或归纳模式和关系；评价与改进。

　　（1）数据处理、呈现与交流。

　　这一方面的描述与分支 A 中的收集并记录数据有较多重复。从描述来看，水平区分因素在于数据处理与呈现的方式和为数据处理提供的支持；水平 1 只要求分享观察结果，通过语言、行为或画画来说明发生了什么；水平 2 开始要求完成简单的表和条形图；水平 3 要求以图表形式记录和展示数据，提供一定的支持；水平 4 则要求计算平均值和绘制直线图。

（2）基于证据得出结论或归纳模式和关系。

水平	描　述
4	引用数据和/或利用相关的概念理解、解释曲线图中的数据,总结论和解释科学数据中的模式
3	根据数据推断,以规则的形式识别和/或概述科学数据中的模式,得出结论,但不太可能根据数据来明确支持结论;解释条形(列)图中的数据和简单的线图
2	对观察到的物体或事件进行比较;比较简单的表中数据的各个方面
1	重点关注数据的一个方面

从表中描述来看,水平区分因素在于所依据的数据的复杂性和需要完成的任务的复杂性。所依据的数据的复杂性从"关注数据的一个方面"到"简单表格中数据的各个方面"再到"简单的线图"最后到"曲线图中数据的各个方面";需要完成任务的复杂性主要指从"观察比较"到"推断解释数据,得出结论,但不太可能根据数据来明确支持结论"最后到"引用数据和/或利用相关的概念解释、总结论和模式"。

（3）评价与改进。

水平	描　述
4	提出改进调查的一般性建议(如进行更多的测量,反复试验以获得更可靠结果)
3	认识到改进方法的必要性
2	×
1	×

这一内容只针对高水平学生,在水平 3 要求认识到改进方法的必要性,在水平 4 要能提出相关的改进建议,从认识到向行动递进。

3. 分支 C:应用概念理解

表 7 - 8 是 NAP - SL 分支 C 的表现标准。

表 7 - 8　NAP - SL 分支 C 表现标准

水平	分支 C:应用概念理解
	界定:用科学理解来描述和解释自然现象,解释关于现象的报道。这个分支包括通过能够描述、解释和理解自然现象来展示概念理解;理解和解释有关科学事项的报告;在学生生活中做科学决策,可能涉及社会、环境、经济等方面的成本和收益;

（续表）

4	依据<u>不可观察的属性</u>或<u>抽象的科学概念</u>,解释经历到或报告出来的相互作用、过程或效应 **注释**:希望学生能应用已经学习的概念
3.3	解释或描述经历或报告出来的<u>两个单独事件之间的关系</u>(包括因果关系);能应用适当的概念规则预测未来的事件 **注释**:希望学生知道规则或关系并应用它们;问题信息的呈现需要通过一定的文本背景;要求能解释相互之间的关系
3.2	同 3.3 **注释**:这一水平更加强调识别和描述关系,而非解释
3.1	同 3.3 **注释**:这一水平更加强调识别<u>一个熟悉的情境中</u>的关系,而非描述和解释
2	<u>识别或提供相关的实例</u>,<u>描述</u>经历的物体或事件的<u>变化、属性</u>以及之间的<u>区别</u>
1	<u>描述(或识别)</u>已经经历或报告的<u>单个对象</u>或事件的一个方面或属性

在 NAP - SL 对分支 C 的界定中,<u>应用概念理解包括通过能够描述、解释和理解自然现象来展示概念理解;理解和解释有关科学事项的报告;在学习生活中做出科学决策,可能涉及社会、环境、经济等方面的成本和收益三个方面。从 1～4 级水平描述来看,基本体现了这三个方面,只是由于 6 年级学生认知水平有限,更多地停留在前两个方面,在做出科学决策这一方面基本没有什么要求,只在水平 3.3 提到了"预测未来事件"。从描述来看,整个分支 C 水平区分因素在于:认知过程与思维的抽象性、认知对象的复杂性和情境的熟悉度。认知过程与思维的抽象性的区分体现在从"描述或识别"到"解释",再到"预测"以及从实例到抽象的概念;认知对象的复杂性体现在从"单个对象或事件的一个方面或属性"到"物体或事件的变化、数学与区别",再到"两个单独事件之间的关系",最后到"不可观察的属性"和"相互作用、过程或效应"。

总体来看,NAP - SL 主要从三个方面来区分水平:一是增加对象的复杂度,从涉及一个方面到几个方面的解释,再到现象的各个方面之间的关系,如控制变量的个数、解释数据之间的关系;二是增加对象抽象度,从直接解释经历过的现象(具体)到解释超出直接观察的现象,通常涉及抽象的科学概念(抽象);三是增加认知过程复杂度,从事物和事件的角度描述"发生了什么"

到从过程的角度解释"发生"的过程,再到应用科学概念解释"为什么"发生。

第四节 NAP 科学素养测评方式与题型

一、NAP‑SL 测评方式

2015 年和 2018 年的 NAP‑SL 测评形式都主要有三种,分别是客观测试、探究性任务和问卷调查。学生需要先完成客观测试题,接着完成探究性任务,最后完成问卷调查,每部分均有时间限制,具体如表 7‑9 所示。

表 7‑9 NAP‑SL2015 测评流程及形式

流程	测评形式	说　　明	完成时间
1	熟悉网上测评环境	提供相应的题目供学生熟悉测评环境	10 分钟
2	客观测试	相当于传统的纸笔测验,但背景材料和题型更加丰富	60 分钟
3	探究性任务	学生并不直接参与实践,而是以观察者的身份出现,但要根据实践的进程做出选择、判断,完成相应任务	35 分钟
4	问卷调查	调查学生对科学的态度和观点及校内外的科学学习经历	10 分钟

注:依据 2017 年发布的 NAP‑SL2015 测评报告整理。

1. 客观测试

客观测试实际上相当于以前的纸笔测验,只是由于全部为网上测评,测试题型更加多样化,背景素材也更加丰富,不局限于文字、表格和图片,还包含大量的音视频素材。这部分测试要求学生独立完成大约 40 个问题,要求完成时间为 60 分钟。客观测试的试题一共有 7 套,随机分配给学生,这样每一位学生所答试题可能不同,但总体上可以完成 7 套试题,所涵盖的测评任务更多。

2. 探究性任务

探究性任务属于实践类测试,2015 年的测试要求学生完成 2 道实践性题目中的 1 道,对应小题约有 10 道,要求完成时间为 35 分钟。

NAP‐SL2015 测评方案指出,实践测试的目的是为学生提供机会让他们在正式的测试中体验科学实践的一面,同时更深层次地测量学生的科学素养水平。实际上,在 2015 年之前的科学素养测评项目中就已经包含了实践任务,当时的实践任务主要包括合作实践和单独访谈两部分。第一部分是让学生参与科学实践任务(与其他同学一起),第二步是在实践任务结束后单独询问学生一系列与探究任务有关的问题,这些问题主要评价学生完成实验的相关能力水平,包括数据呈现、得出结论、评价实验等。2015 年,为了适应计算机测评方式,NAP‐SL 对实践任务进行了创造性调整。学生被赋予实践任务的观察者角色而非积极的参与者角色,这就意味着学生不直接参与实践操作,但却能够测量相应的科学探究技能。

2015 年的测评任务中学生几乎没有动手操作的机会,只是被动地观看视频、图片以获取数据与信息,而且由于学生需要跟随一步步的指令来收集数据,完成结构化的问题,因此,试题的开放程度受到局限。NAP‐SL2018 在设计探究任务时,项目组热衷于技术增强版的试题设计,包括通过技术手段呈现以往不易观察或危险(如使用发热材料)的现象或过程,实现放慢、放大等效果,开发、使用和测试表示真实世界的模型,在短时间内重复实验,将探究任务嵌入虚拟实验室或模拟实验、自适应测评等。技术增强的试题设计不仅可以拓展探究任务的范围,也能开发具有一定开放程度的评价任务。NAP‐SL2018 每个年级有三个探究任务,每个同学只需随机完成其中一个,每个任务都提供了一个具体的情境,需要学生进行模拟探究并完成相应的小题,每个任务包含 10~12 道小题。

3. 问卷调查

在完成探究性任务之后,学生要继续完成调查问卷。2015 年的问卷含 43 道题目,主要调查学生对科学的态度和观点以及在校内外科学学习的经历,要求完成时间约为 10 分钟。

2018 年的测试中主要包括对科学的兴趣、科学能力的自我观念、科学的价值认知、学生科学学习的类型、科学学习时间、教师教学和有组织的活动六个方面。前两个方面主要了解学生参与科学的情况,第三个方面了解学生对"科学是人类事业"的看法,后三个方面主要了解与学校科学教学相关的信息。针对 10 年级学生,问卷调查还有意收集有关科学和职业选择的相关信息,包括学生对科学在其未来职业道路上的重要性的看法、学生从事科学相关职业的潜在意愿等。

二、NAP - SL 题型

在 2015 年首次采用计算机测评科学素养时,考虑到计算机测评的特殊性,项目组除了使用传统的多选项选择、填空外,还专门设计了拖放匹配或排序、从背景图片或表格中选择区域等新题型。为了保证能收集更多反映学生真实水平的信息,NAP - SL2018 在试题设计时继续采用具有"互动元素"的题型,同时使用具有一定开放程度的扩展性构建类试题(extended-constructed items),以保证为高水平学生的发挥留有空间。例如,允许学生在限定的范围内通过搜索引擎检索信息,获取自己认为有用的信息;让学生先模拟操作获取实验数据,再根据自己获取的数据得出相应的结论等。表 7 - 10 列出了2018 年采用的部分题型。

表 7 - 10　2018 年采用的部分题型

题型	描　述
交互式填空	从一组选项中(文本或图像)选择内容拖动到一段文本中的空白处或表中
下拉菜单选择	从下拉菜单中选择文本以完成表、语句、标签等
热点(hotspot)	选择图像上的一个或多个预定义区域,如在曲线图上点击选择需要的区域
交互式图形填空	将对象(图像/文本)拖动到表或图形中
交互式排序	拖放对象(图像/文本)显示事件顺序
扩展文本	在文本框中键入一个句子,最多可输入一个段落

第五节　NAP 科学素养测评的试题情境

本研究所采用的 NAP - SL 试题来自澳大利亚国家评价项目(NAP)官方

网站(http://www.nap.edu.au/),由于 2015 年和 2018 全部采用计算机评
价,评价试题不对外开放,因此只能从 2017 年发布的评价报告中获取部分计
算机评价试题。另外,2012 年测试结束后对外公布了一部分试题材料,当年
的评价框架与 2015 年的评价框架类似,只是当年的评价框架正处于过渡期,
因此,本节同时将 2012 年的纸质试题和 2015 年的计算机试题列为研究对象
进行分析,并对 2018 年的情境作简单说明。2015 年的计算机试题有 15 道,
分属于 8 个试题单元;2012 年的纸质试题有 12 个试题单元,含 39 道小题。
以下根据情境分析框架,对 2012 年和 2015 年的测试试题进行分析。

一、NAP‑SL 试题情境之辨别参数分析

辨别参数包括六个条目,分别是情境范围、情境主题、所致力于发展的学
生型面、涉及的学科领域、期待的作业和情境的开放等级。从情境范围来看,
无论是 NAP‑SL2012 还是 NAP‑SL2015,都不涉及"全球的"背景,各部分的
组成比例如图 7‑5 所示。可以看出,两次评价的情境范围中,"个人的"和"学科
的"情境都基本在 90% 左右,如牙齿、灯泡、防晒霜、窗帘等,区域的背景仅占约
10%。在 2015 年的评价中"学科的"情境更多。从情境主题来看(见图 7‑6),
以学习内容和日常生活主题为主,2012 年的评价中学习内容和日常生活素材占
比超过 90%,2015 年的占比也超过 70%,两次评价都不涉及科技史方面的材
料,但涉及少量环境与自然类素材,2015 年的评价还涉及部分科技前沿主题。

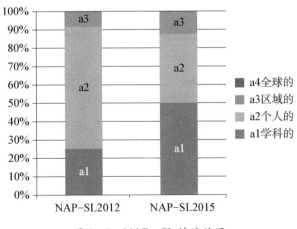

图 7‑5　NAP‑SL 情境范围

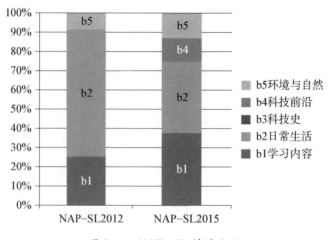

图7-6 NAP-SL情境主题

虽然NAP-SL试题基本以学科内和日常生活情境为主，但从试题所致力于发展的学生型面来看，更加关注培养科技探索者，许多试题都是在一定的学科背景或生活背景下的探究。从图7-7可以看出，两次评价中"科技探索者"的比例均在40%以上，其次是关心日常生活。从期待的作业类型来看（见图7-8），两次评价都主要以答案选择为主，其中2015年的评价中选择类试题占比60%，其次是"描述归纳"和"提供解释"。2012年的评价有少量设计方案类试题，而2015年的评价有少量"提出实施建议"类试题。

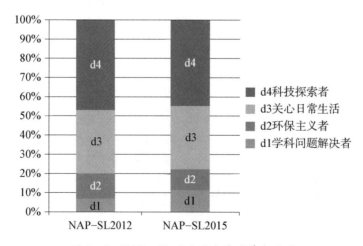

图7-7 NAP-SL致力于发展的学生型面

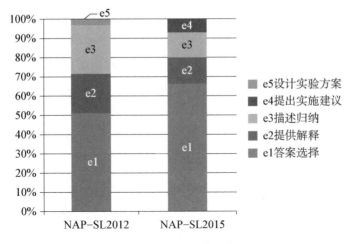

图 7 - 8 NAP - SL 期待的作业类型

从涉及的学科领域来看,2012 年的评价约有超过 40％的试题涉及多学科知识,而 2015 年的试题基本都为单学科知识。从试题的开放性来看,两次评价都有一定的开放性试题,但 2012 年的开放性试题比例较大,达到 28％,而 2015 年只有约 7％。

二、NAP - SL 试题情境之内容参数分析

内容参数包括试题涉及的知识、能力、态度、问题之间的关联、问题与背景的相关性、问题与具体知识的相关性、是否涉及数学或公式计算七个条目。两次评价的知识领域都包括生物、能量与力、地球与宇宙和物质四个主题,2015 年的评价还专门加入了"科学本质知识",主要体现为"科学的影响和应用"。例如,B1 首先通过视频展示了户外防晒霜的使用情况,然后要求学生根据他们的知识和生活经验对"人们为什么使用防晒霜"的四个陈述作出判断和选择,体现的是"科学的影响和应用"相关知识。使用的学科能力包括实验设计与数据收集、理解实验数据和应用概念理解,其中前两个是科学探究的组成部分。从问题之间的关联来看,2012 年的评价中有约 5％的试题存在前后相关性,后面的试题需要基于前面的试题作答,其余试题均可独立作答。从问题与背景的相关性看(见图 7 - 9),NAP - SL2012 的小题与背景高度相关,比例达 85％,而 NAP - SL2015 中这一比例只有 33％,差异大是因为 2015 年的评价多以视频形式呈现背景信息。虽然也有一些文字,但很多文字并不

提供已知条件,只是描述一种背景或环境,而视频信息无法获取,因此,仅从问题与文字描述或表格信息的相关性来判断,得出高度相关的比例比较低。从问题与知识的相关性来看(见图 7-10),两次评价的问题都有超过一半的试题与具体知识弱相关,这就意味着更多的问题并不要求学生回忆识别学习的内容,而更关注程序性知识和科学本质知识,关注学生的能力发展,如对重复实验的认识、从图表中获取信息并归纳形成结论的能力、控制变量的能力、评价实验的能力等。2015 年的这一比例高达 80%,这与公布试题多为探究性试题相关。试题作答过程基本不涉及数学计算和科学公式计算。

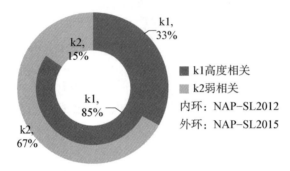

图 7-9 NAP-SL 问题与背景的相关性

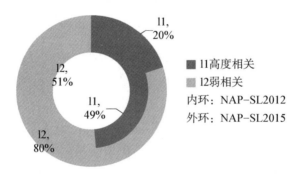

图 7-10 NAP-SL 问题与具体知识的相关性

三、NAP-SL 试题情境之装扮参数分析

从图 7-11 可以看出,NAP-SL2012 纸笔试题的呈现形式只有"文字+图片"和"文字+图片+表格"两种形式呈现,其中后一种方式所占比例高达 75%以上;而 NAP-SL2015 采用计算机进行评价时,试题情境的呈现形式包

括"文字＋视频""文字＋图片"和"文字＋图表"三种形式,"文字＋视频"这种呈现方式所占比例高达 50％以上。虽然这与选择试题多为探究性试题有关,但说明在 2015 年的评价中视频作为呈现情境的方式有较多使用。在两次评价中,均不含"只有文字"的试题。

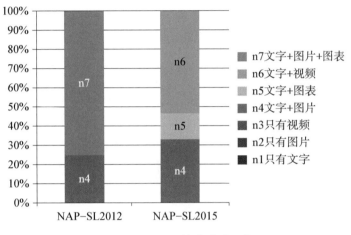

图 7-11　NAP-SL 情境的图形式呈现

NAP-SL2018 测评框架指出,科学素养测评评价的是学生在特定情境下的科学理解能力,因此,情境设计是测评任务设计的重要组成部分,包括学校科学、个人、国家、全球、当代和历史情境。NAP-SL2018 的测评任务设计,无论是客观测试还是探究任务都围绕一定的情境展开,每个情境下设计多个小题,形成"试题单元",每个试题单元包括多个题型。客观测试的情境主题包括"宇宙大爆炸""垃圾处理""沙漠中的生命""为什么系安全带""煮鸡蛋""食物网""酵母""放射性同位素""海啸预警""从矿石中提取铁""动物怎样运动""野外烧烤"等。6 年级的探究任务围绕"鸟喙"和"弹力球"两个情境设计,10 年级的探究任务围绕"人造冰川"和"弹力球"设计。

NAP-SL2018 测评框架同时也指出,情境的选择也可能和内容领域相关。例如,科学史为评价"科学的本质与发展"提供了良好的背景素材,而健康与疾病、自然资源、环境质量和灾害等当代人类面临的问题为评价"科学的应用与影响"提供了良好的背景素材。"海啸预警"和"垃圾处理"就是基于这样的素材来评价学生对"科学是人类的事业"的理解,同时考查学生对相关知识的理解。

第六节　NAP 科学素养测评的试题设计

一、NAP - SL 试题设计依据

NAP - SL2015 的试题设计主要依据测评内容和学习进阶地图,而测评内容与《澳大利亚课程:科学》中的大概念对应,因此,科学课程也是试题设计的参考。NAP - SL2018 任务设计的直接依据是由内容维度和认知维度交叉生成的表现期望。表现期望不仅与《澳大利亚课程:科学》中的大概念对应,也能够描述学生认知过程的复杂程度。依据表现期望和《澳大利亚课程:科学》对大概念的具体描述可以确认需要考查的内容,再考虑试题的测评方式、题型等因素可以开发具体试题。以物理科学"能量的形式、转移与守恒"为例,这个主要概念对应《澳大利亚课程:科学》中的 7 个大概念,9 年级的大概念是"用波和粒子模型可以解释通过不同介质的能量传递",将认知维度与内容维度结合,并考虑《澳大利亚课程:科学》中的具体描述(该大概念对应 6 个描述):"探究热传递的三种方式(对流、传导和辐射),能识别每种方式发生的具体情形"和"根据粒子模型了解对流和传导的基本过程"等,可以开发如下的试题。

　　试题样例 1(10 年级):使用下拉菜单识别每种类型的热传递。①

　　如图所示,宇航员周围的温度会在阳光下 600℃和阴影下—160℃之间变化。则:

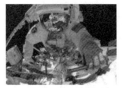

在太空中,热量无法通过 ▼ 传递,热量只能在物体接触宇航服时通过 ▼ 散失或通过 ▼ 散失。

---

① NAP - SL2018 以"试题单元"的形式呈现试题,一个试题单元包含多个小题,此处仅为其中一个小题。

该试题对应的内容维度是物理科学,认知维度是了解和使用程序,题型为下拉菜单式选择。该试题的作答不仅需要学生对所描述的物理现象有基本的了解,而且还要求学生熟悉用于这些现象的科学术语。

二、NAP – SL 针对科学探究能力的试题设计

在 2012 年的纸笔测验中,科学探究能力被认为是一系列子技能的集合,主要在试题中评价相应的技能,包括识别问题、控制变量、获取图表信息、得出结论、进行比较等。在 2015 年的评价中,由于只采用计算机进行评价,NAP 专门设置了基于计算机的探究性任务。在这一评价中,学生被置于一个实践任务的观察者角色而非积极的参与者角色,这就意味着学生不直接积极参与实践操作,但却能够测量相应的科学探究技能。表 7 – 11 是计算机探究性任务的评价程序。

表 7 – 11　NAP 计算机探究性任务的评价程序

任务阶段	科学课程中的探究技能		描　　述
介绍	N/A		• 以书面或视频的形式呈现出将要探究的主题 • 视频将呈现一个问题或者一个现象以便于进一步探究 • 这一阶段可能会有一个基本的综合性问题鼓励参与到起初的情境中并且会提出一个简单的问题
1	提出问题进行预测		• 基于他们对所呈现的情境的理解,学生被要求做出相关预测,即一些变量发生改变时将会发生什么。学生也可能被要求提出相关的问题或可以进行探究的内容
2	2.1	计划	• 以一个虚拟角色呈现给学生在阶段 1 中做出的一些选择,比如"小明想探究……","小花预测……",然后要求学生设计探究过程。这里可能包括开放性问题和选择性反应试题,如选择器材
	2.2	实施	• 在学生完成探究计划后,呈现虚拟角色做出的选择 • 提问学生关于实验实施的相关问题,包括安全问题、测量仪器的使用、合适的单位的使用 • 通过视频或表格等形式呈现出实验的实施过程,让学生收集相关数据
3	处理和分析		• 呈现出虚拟角色所收集的数据(这些数据可以跟学生收集的数据相同)

（续表）

任务阶段	科学课程中的探究技能	描　　述
		• 要求学生以各种方式处理这些数据，包括完成表格、画出图示或者组织数据 • 要求学生考虑实验前所做出的预测
4	评价	• 呈现实验的总结和虚拟角色做出的选择，要求学生针对实验实施中存在的问题或实验本身提出相关的改进意见 （对于一些任务，这可能是最后一个阶段）
5	交流（选择性的）	• 要求学生描述或陈述一个关键的概念或任务的一个方面。交流可能在前面的某个阶段发生并被评价，因此这一阶段可能会省略

可以看出，计算机探究性任务完整地对应了科学探究的操作流程，包括对学生提出问题、进行预测、制订计划、进行操作、处理数据、评价实验和结果以及交流整个过程。每个过程都有一个虚拟的角色帮助提供信息或过渡到下一个环节。以试题单元"摆"为例，该试题为探究性任务，在给出的三道试题中，问题1要求学生在观看视频之后，选择对应的双箭头曲线来描述自己看到的摆的轨迹，评价的学科能力确定为"交流"，体现的是学生运用图形进行描述和表达的能力；问题3要求学生写出一个可以用来探究单摆摆动快慢的仪器名称，并解释将如何使用它来研究单摆的摆动速度，评价的是学生根据实验目的选择适合的器材来设计实验的能力，但学生在之前需要观看视频，结合视频中对单摆的定义来设计实验；问题6要求学生观看视频并思考视频中单摆的周期是多长，实际上是评价学生测量一个钟摆周期的能力。视频中提供了摆长、秒表以及启动摆的按钮，学生可以根据对周期的定义和所提供的仪器设计实验进行测量。

　　试题单元 H：摆

背景：单摆是由一根细绳或线的一端固定一个重物所组成的装置，可以来回摆动。重物称作摆球。

问题1：打开资源列表中的视频并观看。在整个视频中你会看到摆球如何从一边运动到另一边，将下面符合你观察到的摆球运动轨迹的模块拖到方框中。

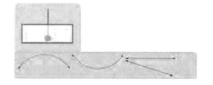

问题 3：（左边继续保持问题 1 中的背景）写出一个可以用来探究单摆摆动快慢的仪器名称并解释你将如何使用它来研究单摆的摆动速度。

问题 6：（打开左边的视频并观看，左边说明框：这个视频展示了三种不同长度的单摆。＋视频）

下面的视频展示了一个单摆，请观看视频并思考这个单摆的周期是多长。（倘若需要，你可以控制视频中的秒表来测量时间）

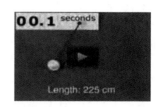

三、NAP－SL 针对"应用概念理解"的试题设计

NAP－SL 对"应用概念理解"能力的评价会要求学生运用具体的知识，在一定的背景下要求学生"识别"所学习的概念或规律并运用这些概念规律进行"描述"或"解释"活动。根据表现标准的分析，对"应用概念理解能力"的评价依据情境的熟悉程度以及认知水平来区分水平。以试题单元"光和影子"为例，B1 要求学生选择形成影子的原因，认知水平属于"识别"水平，B4 要求学生解释为什么旗杆的影子长度会发生变化，之前只是提供了一个背景，即"Kale 和 Tanya 想知道白天阴影的长度是如何变化的，他们在一天的不同时间测量了旗杆的阴影长度"，但没有提供两名同学所测量的数据，而是直接要求学生进行解释，认知水平属于"理解应用"水平。

试题单元：光和影子

B1 影子形成是因为（　　）。

◎灯熄灭

◎光线被物体反射

◎光照穿过物体

◎光的传播路径被物体阻挡

B4 为什么白天旗杆影子的长度会发生变化?

四、NAP-SL针对"理解数据与证据"的试题设计

NAP-SL对"理解数据与证据"能力非常重视。在2012年的纸笔测验中,就通过多组试题考查学生从图表中获取简单信息或比较信息以及从数据中归纳结论的能力。在2015年的计算机评价中,NAP-SL同样设计了针对这一能力的试题,尤其在探究性任务中,如上面分析到的试题单元"H摆"就涉及这一方面的能力考查。往往以某一虚拟角色根据数据得出一个结论,要求学生判断该结论是否与之前的预测相符合,或者从数据到结论的过程不够合理,要求提出改进建议。与2012年的纸质试题相比,2015年的试题除了从表格和图表中获取数据并理解数据外,还包括从视频中获取信息、归纳结论等。

以试题单元"沙漠中的生命"为例,这一道试题只考查学生从折线图中获取信息的能力,属于比较简单的试题,而且这种能力考查在一个真实的背景下进行且不涉及具体的学科知识。

试题单元 A:沙漠中的生命

辛普森沙漠位于澳大利亚中部,这里长期无雨,气候干燥。下图显示了一年中每个月辛普森沙漠的昼夜平均温度。

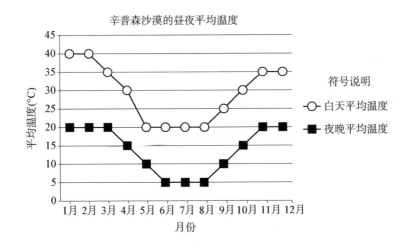

A＊1 辛普森沙漠平均气温最高是多少？＿＿＿＿＿＿

五、NAP－SL 现场操作任务设计

实践测试是 NAP－SL 评价的重要组成部分。NAP－SL 指出，实践测试的目的是为学生提供机会让他们在正式的测试中体验科学实践的一面，同时更深层次地测验学生的科学素养。实践测评并不是要针对科学实践部分进行单独评价，也不是为实践技能的测评提供一个分测量，其试题仍然要依靠测评目标来构建。在 2015 年之前的 NAP－SL 测评中已经含有探究性实践任务，当时的实践任务主要有两层结构，第一层是让学生在课堂中参与科学实践任务（与其他同学一起），第二层是在实践任务结束后单独询问学生一系列与探究任务有关的问题。这些问题包括评价学生完成实验的相关能力，如数据呈现、写结论、评价实验的某一方面。2015 年由于全部使用计算机评价的形式，之前的评价方式变得不太可行，因此 2015 年的测评虽然与之前的测评目标相同，但使用了不同的测评方法。在这一评价中，学生被置于一个实践任务的观察者角色而非积极的参与者角色，这就意味着学生不直接参与实践操作，但却能够测量相应的科学探究技能。由于 NAP－SL2015 年的探究性任务不含操作，也不需要学生进行计算机交互操作且在前面已经有所介绍，因此以下仅以 2012年的操作任务"测量反应时间"为例进行分析，该任务描述见表 7－12。

表 7－12　NAP－SL2012 操作任务

实践任务：测量反应时间		
说明：开始前学生有 5 分钟的时间阅读所有的说明书，由老师随机分组，三人一组，整个操作过程教师监督但不提供任何有关题目的信息提示，包括对学生不认识的单词的释义		
第一部分：小组合作（三人一组）25 分钟	一、正式实验前的练习 二、正式进行实验 1．使用惯用手进行实验 三个同学每人都要进行五次操作，三人轮流去抓、去记录、去拿尺子，数据记录在表格 1 中，具体操作如右图所示 2．使用非惯用手进行实验 重复上面的实验，数据记录在表格 2 中	图1　尺子下落的距离　图2

第二部分：个人独立工作20分钟	基于实验操作过程和记录数据回答问题： 问题1（建构）：第一个人的最短距离是多少厘米？ 问题2（建构）：查看表1和表2中的所有结果。使用惯用手与使用非惯用手相比，你能得到什么结论？ 问题3（选择）：你们小组的每个人进行了5次试验。对于每个人，为什么计算尺子落下的平均距离是有用的？ 问题4（选择）：这些序列中的哪一个最能显示出当一个人抓尺子时发生了什么？ 问题5（选择）：在这个实验中，指令说：如果一个人没有抓住尺子，不要算数。如果每次学生们都抓住尺子，实验就会改进。哪一个将有助于改进实验？ 问题6（选择＋构建）：三个学生讨论这个实验，他们有一些改进实验的建议。马特说："总是用右手写字的人应该被放进同一组。"基姆说："我们也应该用非惯用手来练习。"达娜说："我们应该用我们惯用的手来做所有的测试。"哪个学生提出了一个改进实验的建议？说明理由。 问题7（选择）：给出一组数据表格，这个图表显示了一个人在特定距离抓到尺子的反应时间。问：杰克做实验时，尺子掉了12厘米才被抓住。杰克的反应时间是？ 给出一个背景和一个条形图，问题8、9、10基于该背景和图表展开。 背景：有测试反应时间的计算机程序。其中一个程序要求你在屏幕上的物体改变颜色时立即点击鼠标，计算机测量你的反应时间。您可以输入您的结果和程序，然后将其与其他人输入的结果相结合。这个图表显示了很多人的反应时间。 问题8（选择）：有多少类别的人不到5％？ 问题9（选择＋构建）：一个学生看着图表说："最常见的反应时间是200～249毫秒之间。"你同意学生关于图表的陈述吗？给出理由_____ _____ 问题10（选择＋构建）：哪种反应时间类别最有可能包含不正确的结果？_____毫秒，给出你回答的理由_____

从上表可以看出，NAP－SL2012操作任务包含小组合作和个人独立工作两部分，小组合作要求有具体的分工，每个人都有明确的角色且每个人的角色要进行轮换，也就是说每人都要有机会进行操作、协助他人操作、记录数据，这一过程是一个协作的过程。有关如何合作操作的步骤在试题册中有明确的说明，学生只需要按照说明来完成就可。这一过程不仅考查学生的合作能力，也考查学生进行实验和记录数据的能力。第二部分个人独立工作则是由每个学生单独来回答一些与实验相关的问题。从上表中可以看出，问题的数量比较多且只有部分问题是与学生的操作过程和数据有关的，如这里1～6题需要学生基于自己的实验数据和过程来回答，考查学生从实验数据归纳结

论、理解实验操作的目的、对实验操作进行改进的能力。第 7～10 题则是对该实验的拓展,如第 7 题提供了一组数据表格,该表格显示了尺子掉落距离和反应时间的关系,要求学生能从表格中获取信息直接回答问题,考查从图表中获取信息的能力。第 8～10 题也同样考查学生从图表中获取信息的能力,只是图表类型是条形图。

从评分标准来看,第一部分小组合作的过程并不纳入评价的范围,最后评价学生只以第二部分的问题答案为依据,这部分的评分与纸笔测验题相同,部分试题较为开放,因此答案不仅一个,部分问题为封闭问题。

由此可以看出,NAP-SL2012 操作任务设计有以下特点:①操作任务主题可能是学生较为熟悉的学习内容;②会发给学生一个操作说明,该手册包含相关的任务指导、时间说明、需要记录数据的表格以及需要学生完成的试题;③操作任务分为两部分,一部分是学生小组合作操作,另一部分是学生独立工作,小组合作主要是完成操作并收集记录数据的过程,独立工作是根据操作过程和记录的数据作答试题的过程;④教师负责监督,但不提供任何与考试内容相关的指导;⑤学生个人作答试题既包括与操作过程和数据直接相关的试题,也包括对操作任务的拓展;⑥所有试题都主要考查学生从数据、图表中获取信息、归纳结论的能力,依据数据和图表信息作出选择判断的能力以及对实验进行改进和评价的能力,试题作答不需要学生回忆任何有关的学科知识;⑦需要记录或作答的任务包括记录数据、做出选择和简单建构,不包括自己或小组合作设计实验方案等复杂过程;⑧从评分标准来看,更加关注学生独立作答试题的结果,对学生小组合作的过程并不太关注。

第八章
新西兰核心素养与 NMSSA 科学素养测评项目

新西兰是一个教育比较发达的国家,其教育体系源于英国的传统教育体制,全国实行统一的教育。在新西兰,儿童 5 岁即可入学,从小学到高中一共有 13 个年级,其中 1～8 年级为初级教育(其中 7～8 年级也被称为过渡阶段);9～13 年级为中等教育,其中 9～10 年级相当于我国的初中阶段,11～13 年级相当于我国的高中阶段,高中学生要参加国家教育学业水平(National Certificate of Educational Achievement,简称 NCEA)考试,以获取相应的学业等级。接受完 13 年义务教育的学生可以根据 NCEA 成绩申请高等学校,继续接受高等教育或培训。

新西兰不仅具备发达的学校体制,更具备被国际公认的高效的教育评价体系和全世界领先的教师质量,这些保证了其具有世界领先的教育质量。2009 年到 2015 年的 PISA 测试中,新西兰 15 岁学生的阅读、数学和科学测试成绩基本都位居第 10 位左右,始终保持在全世界前列。2015 年 PISA 科学测试成绩位居全世界第 9 位。[①] 2013 年,国际教与学研究项目(Teaching and Learning International Study,简称 TALIS)在对全球 34 个国家和地区的教师质量进行调查后公布,新西兰教师质量全球排名第四,仅次于俄罗斯、爱沙尼亚和

---

① OECD. Science performance(PISA)[EB/OL].[2023 - 3 - 24]. https://data. oecd. org/pisa/science-performance-pisa. htm♯indicator-chart.

新加坡。[①]

20 世纪 90 年代,新西兰进行了一次影响深远的国家课程改革,于 1993 年发布了《新西兰课程框架》(*The New Zealand Curriculum Frame*),对包括科学学习领域在内的国家课程进行了系统变革,为学校教学工作的顺利开展奠定了基础。为了保证学习目标的达成,1993 年,新西兰国家教育监测项目(National Education Monitoring Project,简称 NEMP)正式实施,并于 1995 年开始对普通教育学生学业成就进行监测,其监测对象为 4 年级。2007 年,新的国家课程《新西兰课程》(*The New Zealand Curriculum*)正式颁布并在 2010 年开始全面实施。2010 年,新西兰国家教育监测项目停止运行[②],取而代之的是国家学生学业成就监测研究(National Monitoring Study of Student Achievement,简称 NMSSA),该监测项目 2012 年正式运行。

科学作为新西兰课程的重要学习领域之一,是新西兰教育质量监测和国家学业水平考试的重要领域之一。新西兰在 1～13 年级均设有科学课程,在 1～10 年级(相当于国内的小学和初中)为必修科目,在 11～13 年级为选修科目且以科学、物理、化学和生物的形式分别存在,供不同学习需求的学生选择学习。其科学课程设置情况如表 8-1 所示。

表 8-1　新西兰普通中小学科学课程设置情况

学习阶段	年级	课程设置	学业水平	评价
小学(含过渡学校)	1～8	科学(必修)	1～4,每两个年级一个水平	校内评价,没有统一的国家考试
初中	9～10	科学(必修)	5	
高中	11～13	科学/物理/化学/生物(选修学分)	6～8,每一个年级一个水平	参加 NCEA,获取相应等级证书(1～3 级)

① OECD. The OECD teaching and learning international survey (TALIS)-2013results [EB/OL]. [2023 - 3 - 24]. http://www.oecd.org/edu/school/talis-2013-results.htm.
② Educational Assessment Research Unit University of Otago. About NEMP: an introduction to NEMP [EB/OL]. [2023 - 5 - 11]. https://nemp.otago.ac.nz/_about.htm.

本章将首先对新西兰核心素养框架和科学课程进行介绍分析，然后以本书确立的分析框架对新西兰 NMSSA 项目的科学测评框架和试题进行分析，探析其测评框架与试题的特点。

第一节 新西兰核心素养与科学课程

新西兰从 2003 年开始，就对 OECD 发布的报告《素养的界定与遴选：理论和概念基础》进行研究。2006 年，新西兰教育部发布的《新西兰课程咨询草案 2006》中，用"核心素养"（key competencies）代替了原《新西兰课程框架》（*The New Zealand Curriculum Frame*，1993）中的"基本技能"（essential skills），并以核心素养为指导构建了新西兰基础教育阶段的课程总框架。

一、新西兰核心素养

2003 年，新西兰《课程评价报告》（*Curriculum Stocktake Report*）指出，《新西兰课程框架》陈列的八条基本技能（分别是交流技能、计算技能、信息技能、解决问题的技能、自我管理和竞争技能、社交与合作技能、身体技能、工作与学习技能），在不同的课程领域往往得到不同的理解，很多课程文件并没有将其与具体的课程内容相结合，反而将其视为一种负担或者完全忽略，希望基于核心素养的课程能使学生具备适度参与越来越多元的社会、使用新技术和终身学习的能力。[①]

经过一系列商讨研究，2006 年发布的《新西兰课程咨询草案 2006》（*The New Zealand Curriculum：Draft for Consultation 2006*）最终确定新西兰核心素养框架，包含思维（thinking）、使用语言、符号和文本"（using language，symbols and texts）、自我管理（managing self）、与人交往（relating to others）、参与和贡献（participating and contributing）五个素养。

1. 思维

《新西兰课程》指出，"思维"是使用创造性、批判性思维和元认知处理信

---

① HIPKINS R. The nature of the key competencies［R］. New Zealand Council for Educational Research, 2006：2.

息、经历和观点的过程,通常在形成理解、做出决定、指导行动和构建知识时使用,具有好奇心是这一素养的核心。此处,思维作为一个核心素养强调其整体性,强调思维的各个方面共同作用。

2. 使用语言、符号和文本

《新西兰课程》指出,"使用语言、符号和文本"就是处理相关"代码",显示其所隐含的知识信息。语言和符号是表征与表达信息、经历和观点的系统,人们使用语言和符号产生各种各样的文本。例如:写作、口语、视觉;增长见识和充满想象的;正式与非正式的;数学、科学和技术等。这一素养既包含了基本的识字(literacy)与计算技能,也包含了其他学科领域所使用的特殊符号语言,如数学学科的公式、物理学科的符号与公式等。

3. 自我管理

《新西兰课程》指出,"自我管理"与个体的自我动机、自我效能(a "can-do" attitude)和自我认可相关,是个体自我评价的必备部分。这一素养包含新西兰基本技能中的自我管理和竞争技能、身体技能和工作与学习技能。这一素养强调个体的自我认同和归属,之所以被单独列出,一方面是这一素养与元认知相关,能够管理自己的生活与学习将是应对终身学习所必需的一个关键能力;另一方面,面对复杂的社会和多样的文化环境,个体只有正确地认识自己,才不至于在信息的洪流中随波逐流,能够确立自己的行事原则,也才能在不断变化的、多样的团体中找到归属。

4. 与人交往

《新西兰课程》指出,"与人交往"就是与不同背景下的各种人都能够有效沟通,包括积极的倾听、接受不同观点、沟通协商和分享。这一素养包含新西兰基本技能中的社交与合作技能,一方面强调换位思考或者共情(empathy),因为这是与人建立互惠合作关系和发展个体跨文化素养的关键;另一方面强调个体获取帮助的能力,即面临复杂的具有挑战性的任务时,个体知道何时以及怎样去寻求帮助,即便这一任务与他人无关。

5. 参与和贡献

《新西兰课程》指出,"参与和贡献"就是个体积极地融入集体。这里的集体包括家庭、学校以及其他基于共同爱好和文化所建立的组织。这些集体往往出于学习、工作、合作或者创造的目的而形成,可能是地方性的、全国性甚至国际性的。这一素养包含个体为集体做出适当贡献、与人联系以及在集体中为他人着想。"参与和贡献"之所以被列在最后,因为前面列出的核心素养需要通过参与实践才能真正得到发展,所以可以认为这一素养为其他素养的结合提供了一个有意义的实践平台。"参与和贡献"强调真实的环境,因为在传统的知识获取活动中,不可能真正参与进来。此外,这一素养也强调归属感,个体只有具有了一定的集体归属感,才能够真正参与到集体中,为集体做出贡献。

二、新西兰科学课程中的核心素养

《新西兰课程》指出,在科学学习中,学生探索自然物理世界与科学本身的运作规律,发展将来作为一个有学识、负责任的公民批判性参与社会的能力。[①] 这一目的具体体现在五个分支的课程目标,分别是科学本质、生物世界、地球与宇宙、物理世界和物质世界。具体描述见表 8 - 2。其中,科学本质是《科学 1993》独立的科学探究与科学本质两个主题的合并,目的是减少科学学习领域课程目标的数量,合并后的科学本质进行了重新界定,将其摆在与知识内容同样重要的地位,是核心素养在科学学习领域的集中体现,后四个分支是具体学科知识。

表 8 - 2　新西兰《科学 2007》课程目标

分支	课　程　目　标
科学本质	• 理解科学:学习作为知识系统的科学,包括科学知识的特征和发展科学知识的过程;学习科学家工作中使用的方法 • 科学探究:应用多种方法开展科学探究,包括分类与识别,寻找模式,探测,调查模型,公平测试,制作东西或发展系统 • 科学交流:发展关于词汇、计算、符号系统以及科学惯例的知识并使用这些知识进行交流 • 参与和贡献:基于科学的视角做出适当的决策并行动
物理世界	• 物理探究与物理概念:探索调查日常生活情境中的物理现象 • 物理概念:理解物理世界的不同部分之间的相互作用以及呈现这些相互作用的方式 • 应用物理:在多种情境中应用物理

---

① New Zealand Ministry of Education. The New Zealand curriculum [S]. Wellington: Learning Media Limited, 2007:17.

（续表）

分支	课程目标
生物世界	• 生命进程:理解生命的进程,体会生物的多样性 • 生态:理解生物之间以及生物与非生命环境如何相互作用 • 进化:理解长期进程中生物群体的变化因素,讨论这些变化的含义
物质世界	• 物质的属性与变化:探究材料的属性 • 物质的结构:理解他们观察到的微粒(原子、分子、中子、次级原子微粒)、结构以及呈现出来的相互作用;理解并使用化学的基本概念 • 化学与社会:能将化学概念与其应用联系起来,理解化学在人类社会中所扮演的角色
地球与宇宙	• 地球系统:探究并理解地球系统(陆地、水、空气和生命) • 相互作用系统:探究并理解岩石圈、水圈、大气圈和生物圈通过一个复杂的网络联系起来 • 天文系统:探究并理解地球、月亮、太阳系以及宇宙中其他系统的关系

　　总体来看,新西兰科学素养包含两大部分:科学知识和科学本质。在"科学本质"这一分支中,"理解科学"说明学生应该知道关于科学的哪些内容,强调对科学本质的把握;"科学探究"体现科学方法教育,同时体现"与人交往"和"自我管理"两大核心素养;"科学交流"主要体现一种"与人交往"及"使用语言、符号和文本"这两个核心素养;"参与和贡献"则直接对应核心素养框架中的"参与和贡献"。科学本质描述了所有学生通过科学学习应该获得的对科学的理解、技能以及情感意向,充分体现了学生经历科学学习所应该具备的关键能力和思维品质,可以说,"科学本质"是核心素养在科学学习领域的集中体现。四大知识分支具体描述了通过学习应该掌握的科学学科知识。以"物理世界"课程目标描述为例,"物理调查与物理概念"主题要求通过探究来认识物理现象,"物理概念"主题要求掌握并在整体上把握物理学的相关概念规律,"应用物理"要求能在多种情境中应用知识,总体体现了对知识的认知要求,即从认识现象到掌握概念规律再到应用概念规律,体现了科学知识学习过程中的认知领域发展。但具体物理课程目标并没有体现出与科学本质或核心素养的具体结合,也就是说教学中教师要根据具体教学内容目标来确定通过内容教学要实现的科学本质目标或要发展的核心素养。

　　科学学习的一个重要特征是实践性，即在实验室或户外开展实践学习。在科学实践层面，新西兰强调发展学生的"能力"（capabilities），因为核心素养更倾向于一个终点，而能力倾向于一个过程，具有可发展性。[①] 根据科学课程培养未来公民的目的和科学本质的内涵，新西兰确定出五项基本科学能力：收集并理解证据；使用证据；评论证据；理解科学陈述和投入科学（engaging with science）。"收集并理解证据"要求学习者能进行细致的观察并能区分观察结果与推论；"使用证据"要求能使用证据支持自己的观点并能为其他解释寻找证据；"评论证据"要求能评价数据的可靠性；"理解科学陈述"要求知道科学家陈述观点的各种方式，包括模型、图表、图像、文本等；"投入科学"要求在真实的生活情境中使用多种能力，参与科学讨论或采取相应行动。[②] 在科学能力模型中，评论证据居于中心位置，说明科学实践强调基于证据的学习。科学能力模型是科学本质在实践层面的进一步发展，以方便教师理解并开展教学。在这一模型中并未出现投入科学，因为只要学习者在一些情境中使用科学实践知识，就可以认为已经具备这一能力。[③]

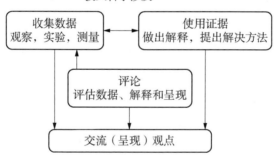

图 8-1　科学能力模型

资料来源：Bull, A. Capabilities for living and lifelong learning: What's science got to do with it? [R]. Wellington: New Zealand Council for Educational Research, 2015:4,2.

---

① HIPKINS, R.Competenies or capabilities: what's in a name? [J]. Set: Research Information for Teachers, 2013,3(3),55-57.

② New Zealand Ministry of Education.Science capabilities for citizenship[EB/OL]. [2023-05-11]. https://scienceonline.tki.org.nz/Science-capabilities-for-citizenship.

③ BULL A. Capabilities for living and lifelong learning: what's science got to do with it? [R]. Wellington: New Zealand Council for Educational Research, 2015:4,2.

总体来看,在科学学习领域,《新西兰课程》尝试根据科学的内在性质和外在表现特征,将核心素养内化为科学学习领域的素养或能力,无论是课程设计中的科学本质,还是科学实践中的基本科学能力,虽然没有清晰地指出与五大核心素养的对应关系,但总体上都体现了科学学习领域发展学生核心素养和科学学科的目标(见表8-3)。对知识目标的呈现则仍旧采用了较为常用的"认知要求+知识内容"形式。

表8-3　新西兰科学课程体现的核心素养

科学课程内容	呈现方式	体现的核心素养
科学知识	含物理、生物、物质、地球与宇宙四个知识领域;以"认知要求+知识内容"方式呈现	
理解科学	关于科学的知识,是学科内的统一主题,基于知识学习	思维
科学探究	学科内的统一主题,基于知识学习而发展	思维;使用语言、符号和文本
科学交流	学科内的统一主题,基于知识学习而发展	与人交往
参与贡献	学科内的统一主题,基于知识学习而发展	参与贡献

第二节　NMSSA 科学素养测评的内容框架

新西兰是一个十分重视教育质量的国家,从 1995 年开始就通过国家教育监测项目(National Education Monitoring Project,简称 NEMP)对学生学业成就进行监测,监测对象为 4 年级和 8 年级学生。2007 年,新西兰基于核心素养的新课程《新西兰课程》(The New Zealand Curriculum)正式颁布,学校被要求在 2010 年 2 月之前充分发挥新课程的影响力。2010 年,新西兰 NEMP 停止运行,取而代之的是国家学生学业成就监测研究(National Monitoring Study of Student Achievement,简称 NMSSA)项目,该项目 2012 年正式运行,第一年测试科学和英语写作。2017 年第二次进行科学学业测评,两次测评框架相同,图 8-2 展示了其测评框架。

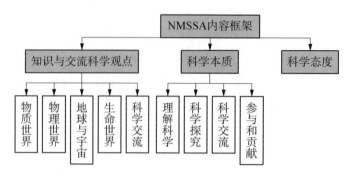

图 8-2　NMSSA 科学学业评价的内容框架

一、知识与交流科学观点

"知识与交流科学观点"主要测评学生对四个具体知识分支的大概念的理解和使用情况,希望学生能使用视觉文本、数字文本和混合文本进行科学交流,可以分为三个领域:科学知识;科学交流;应用科学知识(包括核心素养)。表 8-4 是"知识与交流科学观点"部分 8 年级测评框架。可以看出,这部分主要要求学生能交流他们正在形成的关于自然世界的观点,能处理相关科学文本。首先将交流科学观点的方式进行分类,依据具体分类提出要求。例如,图示(diagrams)要求学生能构建、阅读简单的科学图示,进一步的要求为能完成并解释越来越复杂的图示;能识别标签和标题添加到图表中的额外信息;能认识到构建图示的目的是明晰目标概念。将这些详细的要求与具体的科学知识要求相对应,为设计试题确立了良好的参考框架。

表 8-4　新西兰"知识与交流科学观点"部分 8 年级测评框架

科学要求	学生能交流他们正在形成的关于自然世界的观点,能处理相关科学文本	
子要求	学生将要能	学生将要知道
书面文本 学生能描述他们注意到的自然世界	• 使用丰富的词汇精确描述,包括一些科学词汇 • 参与多个元素	**生命世界** • 所有的生物都需要食物、水、空气、温暖和住所才能生存,有很多不同的方式可以满足这些需求

（续表）

子要求	学生将要能	学生将要知道
学生可以构建简单的关于自然世界的解释	• 客观真实地写出他们观察到的东西 • 按逻辑排列事件顺序 • 使用连词表示影响或原因（什么时候，因为，所以，虽然，然而，为了，尽管等） • 使用它们的经验来证明自己的观点，开始涉及一些科学解释	• 生物有应对环境变化的策略，包括来自人类和自然的变化 • 地球上的生物经历了长期的发展与演化，不同地方的生物演化不同，科学家有区分生物的专业方法 **地球与宇宙** • 地球上有水、空气、岩石、土和生命形式，这些是我们地球的资源 • 水是一种有限的可循环资源，水循环影响我们的天气、地球上的景观与生活 • 地球是巨大太阳系的一部分，太阳系还有太阳、其他行星和月亮
图示 （diagrams） 学生能构建、阅读简单的科学图示	• 完成并解释越来越复杂的图示 • 识别标签和标题添加到图表中的额外信息 • 认识到构建图示的目的是明晰目标概念	
表格（table） 学生能构建、获取简单表格中的数据信息	• 从越来越复杂的表格中获取数据 • 确认总体模式 • 使用数据标题 • 从表格中得出结论 • 将数据放入表格	**物理世界** • 太阳是地球上所有能量的原始来源 • 热、光、生、运动和电是能量的基本形式，能量能从一种形式转化为另一种形式 • 接触力（如摩擦力）和非接触力（如重力、磁力）影响物体的运动
图表（graphs） 学生能识别简单图表中的模式	• 理解不同种类的图表 • 获取独立的数据点 • 使用 X 轴和 Y 轴标题 • 确认总体模式 • 从一个图表中得出结论	**物质世界** • 可以根据物质的物理与化学性质将物质以不同的方式分类 • 物质是由微小的粒子组成的，随着热量的吸收或释放，会有不同的表现
模型 学生能讨论简单的科学模型	• 理解模型，如水循环、太阳系、食物链 • 描述模型的组件分别代表什么 • 确认模型的不足	• 当材料被加热或与其他材料混合所产生的变化可能是永久性的或可逆的

二、科学本质

科学本质的评价主要针对新西兰课程中的"科学本质"的四个部分：理解科学、科学探究、科学交流、参与和贡献。综合来看，科学本质的测评主要关注多大程度上学生理解了科学本质及对应的素养。

　　根据总的评价计划和《新西兰课程》,专门制定了一个评价框架用来指导科学本质的评价。在科学本质的评价当中,关于生命世界、地球与宇宙、物质世界和物理世界四个知识分支的成就目标会作为背景或者科学观点呈现出来,同时也描述了使用核心素养所描述的知识、态度和价值观的机会。如表8-5是科学本质试题编制的模板。

表 8-5　科学本质试题编制模板

计划问题
● 我们想发现什么:学生能从他们的探索过程中仔细观察吗? 能提出问题吗? 能做出探究计划吗?
● 我们怎样知道:与概念相关的观察能看到吗? 他们提出的问题与概念相关吗? 他们提出的探究计划能实施吗? 能提供与概念相关的更多信息吗?
● 怎样来做:为学生提供探究"浮与沉"概念的设备和材料,要求学生记录他们的观察、产生可以探究的问题,并选择一个问题提出如何探究的方案。

与课程的关联:对应课程水平:2,3,4
● 水平 1,2,物理世界:探索日常生活中的物理现象
● 水平 3,4,物理世界:探索、描述并呈现日常生活中某一物理现象的模式和趋势
● 水平 2,3,4:科学探究:有好奇心,能观察提出可探究的问题并制定探究计划

核心素养:思维;使用语言符号和文本;管理自己;与人交往;参与和贡献

对应其他素养:读写和计算

任务标题:浮与沉

课程领域:写作、科学	提供: 装水的容器 浮或沉的物体(A, B, C, D) 纸毛巾
路径:深度、表现	
年级水平:4+8 年级	

三、科学态度

　　NMSSA 对科学态度的评价主要在背景测试中进行,与其他背景问题一起进行,包括学生对科学的态度、学习的机会、在家中说英语的机会。另外,NMSSA 也会调查教师对学校科学教学的观点,调查内容包括科学教育工作者的自信心、科学教学活动的类型、教师为学生提供的学习经历以及教师自身专业发展的外部支持,但这些并非科学态度本身。

第三节　NMSSA 科学素养测评的表现标准

一、NMSSA 表现标准的呈现形式和描述线索分析

2012 年 NMSSA 的评价方案将科学知识与科学交流结合起来考查学生交流科学观点、处理科学文本的能力,将科学本质与科学知识结合起来考查知识的理解与应用以及探究、交流和参与等能力。因此,其表现标准也从"知识与交流科学观点"和"科学本质"两方面展开。其中,"科学本质"的表现标准包括理解科学、科学探究、科学交流、参与和贡献四个方面。每个表现标准都围绕能力展开,分 3 级水平。

以"知识与交流科学观点"为例,在 NMSSA 的评价方案中,科学交流的表现是"描述、解释和理解文本",在"知识与交流科学观点"这部分,以书面文本、图示、图表、表格和模型为载体来评价学生的科学交流能力和运用知识的能力,其表现标准如表 8-6 所示。

表 8-6　NMSSA"知识与交流科学观点"的表现标准

水平	描　述
3	①应用他们的科学知识,包括一些抽象的科学概念来书写解释;②注意到复杂的呈现形式中的模式,能使用他们的科学知识进行意义推理;能够指出某事件的短期和长期影响;③能在熟悉和不太熟悉的环境中表达自己的理解;写下准确细致的描述;使用科学规则和一些专业词汇来构建表达
2	①开始获取一些更加抽象的科学知识,尤其在极为熟悉的环境下;②开始成功阅读更多复杂且不熟悉的文本呈现,注意到数据中的一些模式并据此做出基本推论;③使用自己的一套规则而非科学共同认可的规则来呈现,开始使用一些科学词汇进行实验,虽然常常不太准确;认识到物体之间的直接关系;能关注一两个细节来进行描述或写出非常概括的描述
1	①应用日常经验和观察来回答问题;应用他们自己的经验和语言来描述他们观察到的东西;②能从简单的呈现中定位信息;③识别并描述两个物体的总体不同

从这一表现标准可以看出,NMSSA 在描述"知识与交流科学观点"的表现时主要从三个方面展开,分别是:①一定抽象程度的知识的应用;②从一定

的呈现方式获取知识和信息;③以一定的方式构建表达。这三个方面基本对应了评价框架中科学交流的三个方面:描述、解释和构建。

二、NMSSA 表现标准的水平区分因素分析

根据前面的分析,NMSSA 表现标准分为"知识与交流科学观点"和"科学本质"两部分,其中科学本质的表现标准又分为理解科学、科学探究、科学交流、参与和贡献四个表现标准。

1. "知识与交流科学观点"的表现标准

根据前面的分析,"知识与交流科学观点"的水平描述主要从三个方面展开,分别是:①一定抽象程度的知识的应用;②从一定的呈现方式获取知识和信息;③以一定的方式构建表达。以下从这三个方面来探析水平区分因素。

① 一定抽象程度的知识的应用。

水平	描　　述
3	应用科学知识来书写解释,包括一些抽象的科学概念
2	在极为熟悉的环境下获取一些抽象的知识
1	应用日常经验和观察来回答问题;应用自己的经验和语言来描述观察到的东西

可以看出,在这一描述中,水平区分因素在于知识的抽象程度和应用水平。知识的抽象程度从"日常经验和观察到的直接知识"到"熟悉环境下的一些抽象的知识"再到"一些抽象的科学概念",应用水平从"直观描述"到"获取抽象"再到"应用抽象解释"。

② 从一定的呈现方式获取知识和信息。

水平	描　　述
3	注意到复杂呈现形式中的模式,使用他们的科学知识进行意义推理;指出某事件短期和长期影响
2	成功阅读更多复杂且不熟悉的文本呈现,注意到数据中的一些模式并据此做出基本推论
1	能从简单的呈现中定位信息

可以看出,水平区分因素在于呈现形式的复杂性、获取信息的深度和对获取信息的使用情况三个方面。呈现形式的复杂性从"简单的呈现"到"复杂且不熟悉的文本呈现"再到"复杂呈现形式";获取信息的深度从"定位信息"到"阅读并注意一些模式"再到"注意模式";对获取信息的使用情况从不做要求到"做出基本推论"再到"意义推理"和"考虑影响"。

③ 以一定的方式构建表达。

水平	描　　　述
3	在熟悉和不太熟悉的环境中表达自己的理解;写下准确细致的描述;使用科学规则和一些专业词汇来构建表达
2	使用自己的一套规则而非科学共同认可的规则来呈现,开始使用一些科学词汇进行实验,虽然常常不太准确;认识到物体之间的直接关系;能关注一两个细节来进行描述或写出非常概括的描述
1	识别并描述两个物体的总体不同

可以看出,水平区分因素在于表达的环境、表达的准确性和表达内容的丰富性三个方面。表达的环境体现在从不做要求到 3 水平的"熟悉和不熟悉的环境中都";表达的准确性从"一些科学词汇、不太准确"到"使用科学规则和专业词汇、准确细致";表达的丰富性从"描述不同"到"直接关系、关注一两个细节的概括描述"再到"表达自己和构建表达"。

2. "科学本质"的表现标准

在 NMSSA 的评价方案中,"科学本质"的评价主要针对《新西兰课程》中的"科学本质"的四个部分:理解科学、科学探究、科学交流、参与和贡献。在评价方案中,科学理解表现为使用证据、识别模型和开放心态;科学探究表现为提出问题、注意或观察、使用模型、计划和分析;科学交流表现为描述、解释、理解文本;科学参与和贡献表现为决策。这部分的表现标准分三级水平,这一表现标准同时适用于 4 年级和 8 年级学生,具体如表 8 - 7 所示。

表 8-7　NMSSA 科学本质的表现标准

水平	描 述			
	科学交流	科学探究	理解科学	参与和贡献
3	①在动手操作的科学活动中使用科学知识解释他们的观察；②操作仪器来向观众解释一组科学数据；③使用具有具体科学意义的词汇来描述过程	①开发并进行细致准确的观察；②根据初步的认识提出问题并进行研究以达到深入理解；③认识到探究一个情境中的模式的一些优点；④认识到如何实施和记录可靠的调查	①基于一些科学概念提供解释；②认识到在一些新的证据面前科学家可能会改变他们的观点；③认识到科学家要验证不同的观点并比较证据	①和②应用对科学的理解来讨论并评论有关环境问题的观点
2	①在动手操作的科学活动中解释一些科学观点；②使用科学词汇描述过程；②使用操作仪器清晰解释他们对某一科学观点的理解	①开发并开始进行细致观察；②在认真观察的基础上提出一个有待解释的问题；③认识到一个探究或模型与大环境相关；④确认实施探究的一些必要元素	①提出一些基于部分证据支持的解释；②认识到科学家可以改变他们的观点；③认识到科学家验证观点和收集证据	①确认他们可以采取的行动并解释他们的行动如何有利于环境；②应用他们对科学的认识来共享关于环境的观点
1	①在动手操作活动中分享他们的观察；②使用常规的科学词汇来描述特征；③使用仪器来帮助解释他们对一个科学观点的理解	①开发并对测验项目做出是或否的判断；②能基于经历和观察提出一个简单的问题；③认识到他们从探究中学到了什么；④认识到如何参与一个探究	①提出他们自己的解释；②认识到科学家发现事物；③合作并分享他们的观点	①确认他们可以采取的一项有利于环境的行动；②分享与环境相关的社会事件

（1）科学交流。从上表中可以看出，对"科学交流"的描述从三个方面进行，分别是"操作过程中分享观察或解释""操作仪器来解释"和"使用科学词汇来描述"。"操作过程中分享观察或解释"水平区分因素是操作活动中交流的内容，从"分享观察"到"解释一些观点"再到"解释观点"；"操作仪器来解释"水平区分因素是解释的清晰度和解释的内容，清晰度从"解释"到"清晰解释"，解释的内容从"对观点的理解"到"一组科学数据"；"使用科学词汇来描述"水平区分因素是词汇的丰富性和描述的内容，词汇的丰富性从"常规词

汇"到"科学词汇"再到"具有科学意义的科学词汇",描述的内容从"特征"到"过程"。总体来看,在这里科学交流的水平描述仍然与评价方案中对科学交流的界定一致,即描述、解释和构建。知识这里交流的场景不是文本,而是操作过程中。

（2）科学探究。从上表中可以看出,对"科学探究"的描述从四个方面进行,分别是"观察""提出问题""识别模式或模型"和"对实施探究认识"。"观察"水平区分因素是观察的细致程度,从"开始细致"到"细致准确";"提出问题"水平区分因素是问题的质量和对问题的回应,从"简单问题"到"有待解释的问题"再到"提出问题并深入理解";"识别模式或模型"水平区分因素是对模式或模型的认识,从"学到了什么"到"认识模型与环境的关系"再到"模型的优点";"对实施探究的认识"水平区分因素是对实施探究的认识程度,从"认识到如何参与"到"确认实施探究的要素"再到"实施可靠的探究并记录"。总体来看,科学探究的水平描述与评价方案中对科学探究的界定基本一致,即提出问题、注意或观察、使用模型、计划和分析。

（3）理解科学。从上表可以看出,对"理解科学"的描述从三个方面进行,分别是"使用证据提出解释""认识到科学家可能改变观点"和"分享观点验证观点"。"使用证据提出解释"水平区分因素在于是否基于证据,从"直接提出解释"到"基于部分证据"再到"基于科学概念";"认识到科学家可能改变观点"水平区分因素是认识的深度,从认识到"科学家发现事物"到"科学家可以改变观点"再到"科学家在新的证据面前可能改变观点";"分享观点验证观点"水平区分因素也在于认识的深度,从"合作分享"到认识到"科学家验证观点"再到"科学家验证不同观点"。总体来看,理解科学的水平描述与评价方案中对理解科学的界定基本一致,即使用证据、识别模型和开放心态。

（4）参与和贡献。从上表可以看出,对"参与和贡献"的描述从两个方面进行,分别是"采取行动"和"共享与讨论"。其中,"采取行动"水平区分因素是"对行动本身意义的理解",从"不知道为何行动"到"明确行动为何有利于环境";"共享与讨论"区分水平的关键是共享与讨论的深度,从"共享社会事件"到"共享观点"到"评价观点"。无论是行动还是贡献与讨论,其本质都是要参与进来做出贡献,其目的是为决策服务。

总体来看,NMSSA 的表现标准较为细致。"知识与交流科学观点"的表现描述以科学交流的三个方面(描述、解释和构建)为线索展开,分别是:①一定抽象程度的知识的应用;②从一定的呈现方式获取知识和信息;③以一定的方式构建表达。区分①水平的因素在于知识的抽象程度(如日常经验知识、科学概念)和应用的水平(如描述、解释);区分②水平的因素在于呈现形式的复杂性(如文本、表格、图表)、获取信息的深度(如定位信息、注意模式)和对获取信息的使用情况(如基本推论、意义推理)三个方面;区分③水平的因素在于表达的环境、表达的准确性和表达内容的丰富性三个方面。"科学本质"中的"科学交流"的表现描述也以科学交流的三个方面(描述、解释和构建)为线索展开,分别是④操作过程中分享观察或解释、⑤操作仪器来解释和⑥使用科学词汇来描述。区分④水平的因素是操作活动中交流的内容(分享观察、解释观点);区分⑤水平的因素是解释的清晰度和解释的内容;区分⑥水平的因素是词汇的丰富性和描述的内容。科学探究的表现描述从"观察""提出问题""识别模式或模型"和"对实施探究的认识"四个方面进行。区分"观察"水平的因素是观察的细致程度;区分"提出问题"水平的因素是问题的质量和对问题的回应;区分"模式或模型"水平的因素是对模型或模式的认识程度;区分"对实施探究的认识"水平的因素是对实施探究的认识程度。对理解科学的描述从使用证据、识别模式和开放心态三个方面进行,分别是⑦使用证据提出解释、⑧认识到科学家可能改变观点、⑨分享观点验证观点。区分⑦水平的因素在于是否基于证据;区分⑧和⑨水平的因素都在于认识的深度。对参与和贡献的描述从"采取行动"和"共享与讨论"两个方面进行。区分"采取行动"水平的因素是"对行动本身意义的理解";区分"共享与讨论"水平的关键是共享与讨论的深度。

第四节 NMSSA 科学素养测评方式与题型

一、NMSSA 测评方式

新西兰 NMSSA2012 年的科学素养测评方式主要有纸笔测验、现场个体或小组表现性评价、访谈和问卷调查等。

纸笔测验主要考查"科学知识与科学交流"这部分内容，以书面文本、图示、图表、表格和模型为载体，将科学知识渗透在科学交流工具中，学生从文本、图示等载体中获取信息进行解答，也可以根据分析对载体信息进行补充。

现场个体和小组表现性评价及访谈主要针对"科学本质"的内容。现场个体或小组表现性评价即采用一对一或小组的方式对学生的现场表现进行评价，要求学生在操作的过程中根据要求记录自己的探究结果，同时要完成相应的纸笔测验题目，如根据探究结果选择或判断。访谈任务一般在现场表现活动之后进行，主要目的是了解学生对知识的理解深度。访谈和操作过程都会录像。

问卷调查主要针对"学生对科学的态度"，学生完成相应的选择项目即可。

二、NMSSA 题型

新西兰 NMSSA 测试题的题型与前几轮的 NEMP 有点类似，并没有特别强调有哪几种测试题型，而是以单元(unit)的形式来呈现试题，一个试题单元聚焦一个科学主题，如浮力、蒸发等。该试题单元包含一个背景和多个问题或试题，每一个试题/问题有可能是选择类(selected response)，也可能是简短构建类(short constructed response)或长构建类(longer constructed response)，即便是在访谈和现场表现任务中，也往往以这三类题型构建试题单元。在试题中具体选用哪种类型的题型，与每部分具体的评价框架中所使用的关键词相关，比如"知识与交流科学观点"部分 8 年级测评框架中的"书面文本"包含两个关键词，一个是"描述"，一个是"解释"。"描述"则必然要写出来，因此一般以构建类试题呈现。若只是用一个简单的术语，如"蒸发""熔化"，就属于简短构建类试题；若描述一个物理过程或者两个动物的差异，可能就是长构建类试题。对于"解释"，也可以根据不同情况出现不同题型，比如先让学生根据观察或探究结果选择一个答案，这类属于选择类试题，然后要求解释原因，这个原因若比较简单，可能就是简短构建类试题，若要解释一个数据图表的变化趋势，可能就是长构建类试题。

总体来看，NMSSA 收集表现和反应信息的方式主要是纸笔测验、访谈、操作性任务和问卷调查。纸笔测验将科学知识与科学交流结合，以文本、模型、表格、图表、图示等为载体,从描述、解释和理解文本三个层次对学生的知识掌握情况和处理文本的能力进行考查,收集的信息类型包括选择类反应、简短构建类反应和长构建类反应。访谈和操作性任务主要评价学生的科学探究能力、科学交流能力以及参与和贡献能力,对应新西兰核心素养中的"思维""与人交往"和"参与和贡献"三大素养;访谈任务针对学生操作的任务和过程,考查对科学知识的深层次理解情况和操作过程的认识情况。操作性任务以动手操作的方式考查学生的基本技能,操作过程中同时需要学生回答相应的问题,包括做出选择以及记录操作信息和观察到的结果等。问卷调查主要评价学生对科学学习的态度。

第五节　NMSSA 科学素养测评的试题设计

由于新西兰 NMSSA 不对外公布测评试题,仅在发布的测评报告中列出少量试题作为案例,故无法就其试题情境进行深入分析,以下仅针对能力的个别试题设计思路进行分析。

一、NMSSA 针对"知识与交流科学观点"的试题设计

"知识与交流科学观点"部分以大范围纸笔测验的方式进行,每个年级约 2 000 名学生参加这一测试。这部分主要考查三个方面:科学知识、科学交流(来自科学本质)和应用科学知识,其中应用科学知识涉及对核心素养的测评,包括思维、使用语言符号和文本以及少量的参与和贡献。[①]

测试试题的编制是一个非常关键的过程,为了能清晰地指导评价和试题编制,NMSSA 设计了具体的评价框架(见图 8 - 3)。首先根据新西兰科学课程确定需要被评价的素养和知识点,然后提炼测试主题和相关评价素材,最后将素材、知识点和素养结合在一起编制出试题,进而形成试题库。

下面是 2012 年"知识与交流科学观点"部分的一道测试试题。

案例:水坑
有同学注意到雨停后水泥坑里的积水圈会逐渐变小。为了探究积水消

失的快慢,他们每隔一小时标出积水的边缘,并在旁边标出当时的时间。

　　a) 请在图中标出他们画出最后一个积水边缘所对应的时间;

　　b) 请解释为什么积水圈会变小。

　　该试题选取的素材来自学生的生活,从所考查的知识点来看,属于"物理世界"分支,从素养角度来看,a)突出"读懂图示"和"构建";b)突出"解释"。结合图 8-3 可以看出,"知识与交流科学观点"部分的试题编制以"书面文本"、"图示"(diagram)、"图表"(graph)、"表格"(table)和"模型"为载体,要求学生从文本、图示等载体中获取信息进行解答,做到能描述、能解释、能构建,充分将知识与交流能力结合,要求层次不断递进。

二、NMSSA 针对"科学本质"的试题设计

　　科学本质主要采用个体评价的方式,评价任务分现场表现活动和访谈任务两种形式。现场表现即采用一对一或小组的方式对学生的现场操作进行评价,访谈任务则是对学生的深度访谈。许多任务同时针对 4 年级和 8 年级学生,2012 年参与该项评价的学生约为 700 人。

　　科学本质这部分主要评价学生对科学的理解、开展科学探究、进行科学交流以及参与合作的能力。为了指导评价工作的开展,NMSSA 首先根据科学课程中关于科学本质的教学目标以及具体知识类目标确定要访谈和现场操作的任务,如 2012 年的测试包括"浮与沉"和"玩具船"两个现场操作任务和另外五个访谈任务;然后确定每一项任务要考查哪些素养以及应用哪个具体领域的知识,形成一个整体框架;再以每一项任务为单位,确定该任务所要考查的问题,对应的学业目标水平,考查形式、考查对象以及应提供的材料等,形成针对这一任务的指导框架;最后具体设计测试试题,提出测试要求和评分标准。以下是 2012 年科学本质部分的一个测试题目"浮与沉"及操作指导说明(见表 8-8)。

图 8-3　"知识与交流科学观点"部分试题编制框架

资料来源:Joyce, C. & Ferral, H. Curriculum Alignment of the NMSSA Science Scale [EB/OL].
http://nmssa.otago.ac.nz/files/NZARE_Posters/CH_A2_Landscape.pdf. 2016-11-22.

案例:浮与沉

◆ 提供器材:盛水的容器;纸巾;用来沉浮的物体,包括 A(牛奶瓶盖)、B(铁垫圈)、C(聚苯乙烯方块)、D(铜块)、E(中间带孔的泡沫圈)

◆ 使用器材 A、B、C、D 探索浮力现象。

1. 记录你发现的五个现象。

2. 为什么有些物体漂起来而有些物体沉底?

3. 根据上面观察到的结果,思考并提出关于浮沉知识的问题,写出你最感兴趣的两个。

◆ 教师给学生物体 E。

4. 你认为物体 E 会浮起来还是沉底？（圈出你选择的答案）

漂起来　沉底　不知道

5. 为什么你这样认为？（教师将会记录你的答案）

◆ 请观察这幅船的照片，完成以下练习。

6. 为什么这艘船能漂在水面上？（教师将会记录你的答案）

◆ 这是萨姆关于船为什么会漂起来的观点。

（图片省略，萨姆：我认为船漂起来是因为它小）

7. 你同意萨姆的观点吗？（圈出你的答案）

同意　不同意　不确定

8. 你为什么那样认为？（教师会记录你的答案）

表 8-8 "浮与沉"操作指导

问 题	说 明	评 分 标 准
1. 使用器材发现浮沉现象，记录发现的五个现象 2. 提出一些能帮助你进一步探索浮沉现象的问题 3. 写出一个关于浮沉的问题并保证能通过探究获取该问题的答案（不需要你进行操作，所以你可以使用各种不同的器材） 4. 记录你怎样通过探究得到问题的答案（你不需要知道答案）	• 器材说明：提供多种形状和材料的器材；允许学生组合使用器材；可以有通过改变器材本身而出现的浮沉现象 • 重的小铜块：密度概念 • 瓶盖：塑料的，漂浮在水面，加入铁垫圈或方块后沉底 • 聚苯乙烯方块：要比金属块大 • 金属垫圈：金属，重，有洞 • 提供四个物体学生却要观察并写出五个现象，所以学生要考虑其他可能的操作 • 好奇、提出观点、观察、有归纳的机会，将新发现与以前的知识联系起来 • 提出与一个概念相关的问题，开拓一个新的学习内容 • 提出一个问题并进行探究，设计一个探究方案	• 观察的质量：与所给器材相关；列出来或进行归纳；说明出现结果的操作，如把方块放在瓶盖上或者相同的物体在哪种情况下可以沉底，哪种情况下漂浮 • 提问的质量：是问题而不是声明；与概念相关；直接与器材相关或者更概括；问题丰富（怎样？为什么？是什么？） • 选择问题的质量：与概念相关；可以被学生探究；与开发工具密切相关或者具有创造性 • 探究设计：包含的器材；操作步骤明确；考虑设计要素，如多次实验；适当控制变量；建议怎样得出结论，如列出沉底的原因

资料来源：Educational Assessment Research Unit&New Zealand Council for Educational Research. National Monitoring Study of Student Achievement: science ［R］. Wellington: New Zealand Ministry of Education, 2013:93.

　　该案例为现场操作样例,操作过程中含有对部分思维过程的纸笔记录。负责监测的教师会提供相应的器材并做好其他辅助工作,包括记录学生的回答。该题目涉及的知识内容属于"物理世界"这一分支,知识水平覆盖1～4级,科学本质水平覆盖2～4级,不同小题所考查的水平不同。题型包括选择题和描述解释题,要求学生根据所给器材开展科学探究并在此基础上进一步思考和探究,主要考查"思维"这一核心素养,具有一定的深度。

第九章
国际科学学业测评项目比较

本书的第三章至第八章对 OECD 的 PISA、美国的 NAEP、英国的 NCA、加拿大的 PCAP、澳大利亚的 NAP 和新西兰的 NMSSA 六个国际大规模科学学业测评项目进行了独立分析，发现每个项目有其独特的特点。本章将依据本书的分析框架，从内容框架、表现标准、测评方式与题型、试题情境和试题设计思路五个方面对六个国际大规模科学学业测评项目进行比较，以期进一步发现国际大规模科学学业测评的框架和试题设计特点。

第一节 内容框架比较

一、能力维度

在六个评价项目中，能力维度都是其评价的重要内容之一，但从具体的能力条目来看，差异较大。表 9-1 列出了各评价项目划分的能力和所占比例。

表9-1 各评价项目界定的能力及其所占比例

评价项目	具 体 内 容
PISA	三大能力：科学地解释现象（40%～50%）、评价和设计科学探究（20%～30%）以及理解数据和证据的能力（30%～40%）

评价项目	具 体 内 容
NAEP	科学实践四个层次：识别科学原理、应用科学原理、开展科学探究（30%）、应用技术设计（10%），前两个共占 60%；跨领域能力（准确并有效沟通和量化推理）
PCAP	三大能力：科学探究（34%）、问题解决（12%）和科学推理（54%）
NCA	科学地工作：包括计划、实施、测量、记录、得出结论、报告、进一步的工作七个部分 认知能力层次：知识的记忆与理解、应用与分析、综合与评价
NAP‐SL2015	A. 实验设计与数据收集，B. 理解实验数据，C. 应用概念理解（50%），A 和 B 共占 50% 通用能力：读写能力、计算能力、ICT 以及批判性思维与创造性思维
NMSSA2012	理解并使用四个具体知识分支的大概念、科学交流、科学探究、参与和贡献

　　根据表 9‐1 列出的能力来看，六个项目所提出的能力有科学地解释现象、科学探究、理解数据和证据、科学交流、参与和贡献、问题解决、科学推理、识别与应用科学原理、应用技术设计、应用概念理解十个方面。其中，PISA 提出的"科学地解释现象"与 NAEP 提出的"识别和应用科学原理"、NAP‐SL 提出的"应用概念理解"、NCA 认知能力层次的"记忆与理解、应用与分析"以及 NMSSA 提出的"理解并使用四个具体知识分支的大概念"有较为相似之处，可以一并称为"科学地解释现象"；NAEP 的"应用技术设计"与 PCAP 的问题解决有诸多相似之处，可以统称为"问题解决"。另有一些能力，如科学交流、理解数据与证据、参与和贡献都是科学探究和问题解决过程中的子要素，但鉴于其在个别评价项目中的重要地位，此处将其单列出来进行研究。由此，可以归纳出七大能力，分别是科学地解释现象、科学探究、理解数据和证据、科学交流、参与和贡献、问题解决、科学推理。根据本书对学科能力的界定，应该包括认知领域、人际领域、个人内省领域和工具领域四个方面，但初步判断这七种能力主要集中在认知领域和人际领域，工具领域几乎没有涉及，个人内省领域更不可能涉及。正如 NAP‐SL 在其评价框架中所指出的，科学学业评价要评价的是科学素养，而不是通用能力，信息技术能力、阅读能力不应该是科学学业评价的主要内容。

基于各种能力或素养的界定,根据各种能力的呈现方式将其分为"整体直接呈现""整体略有提及""部分成分直接呈现""部分成分略有提及"和"未找到对应内容"五种情况。

◇ 整体直接呈现:该能力或素养作为一个整体出现在评价内容部分并进行了详细描述和清晰界定。

◇ 整体略有提及:该能力或素养作为一个整体出现在评价内容部分但并未做详细描述或清晰界定。

◇ 部分成分直接呈现:该能力或素养的部分成分出现在评价内容部分且有详细的描述和清晰界定。

◇ 部分成分略有提及:该能力或素养的部分成分出现在评价的内容部分但并未做详细描述或清晰界定。

◇ 未找到对应内容:在评价项目的评价内容部分未找到与该能力或素养相关的内容。

据此,可以得到图 9-1 所示的结果。

	PISA	NAEP	PCAP	NAC	NAP-SL	NMSSA
科学地解释现象	⬤	⬤	●	·	⬤	·
科学探究	·	⬤	⬤	⬤	·	⬤
理解数据和证据	⬤	·	·	●	⬤	·
问题解决	●	⬤	⬤	--	--	●
科学推理	·	·	⬤	--	--	--
科学交流	●	●	●	●	●	⬤
参与和贡献	--	⬤	●	--	--	⬤

注: ⬤代表"整体直接呈现"; ●代表"整体略有提及"; ●代表"部分成分直接呈现";
· 代表"部分成分略有提及"; "--"代表没有找到对应内容。

图 9-1　各评价项目涉及的学科能力情况

可以看出,六个评价项目大多将"科学地解释现象"和"科学探究"作为主要评价内容;"理解数据和证据"与"科学交流"作为科学探究的重要组成部分基本都有所体现,但也有评价项目将这两个能力单独列为能力进行评价;"问题解决"作为一种复杂能力,在部分项目中有明显体现,但在部分项目中无法找到对应内容;"科学推理"作为科学思维能力的重要组成部分,只在 PCAP中进行了明确界定;"参与和贡献"实际上是科学决策和实践能力,尤其在小组或团体合作学习中,但只有 NMSSA 将其单独列出且对这一能力的界定不够清晰。以下重点分析前六种能力。

二、知识维度

内容知识作为科学学业评价的重要组成部分,在各评价项目的内容框架中都有所说明,但在知识的主题以及考查比例方面有所差异。下面按照分析框架对知识主题及其考查比例进行分析比较。

1. 陈述性知识

表 9 - 2 列出了六个评价项目陈述性知识的内容及其所占比例。

表 9 - 2　各评价项目陈述性知识构成及所占比例

评价项目	具 体 内 容
PISA	物质系统(36%);生命系统(36%);地球和宇宙系统(28%)
NAEP	物质科学;生命科学;地球宇宙科学(不同年级比例不同) 交叉内容:恒定与变化;形式与功能;物质科学中的能量守恒与转移等
PCAP	生命科学(25%)、物质科学(25%)和地球科学(16%)
NCA	生物(33%)、化学(33%)、物理(含地球与宇宙)(33%)
NAP - SL	物理科学(25%)、生物科学(25%)、化学科学(25%)、地球和宇宙科学(25%)
NMSSA	物理世界、化学世界、生物世界、地球与宇宙(无比例说明)

可以看出,各评价项目基本都包括了科学学习领域的四个部分,即物理、生物、化学和地球与宇宙,只是多数国家的物理与化学统称为物质科学,而部分国家的地球与宇宙科学包括在物理科学之中。

表 9 - 3　各评价项目陈述性知识分析

	PISA	NAEP	PCAP	NCA	NAP - SL	NMSSA
物理	√	√	√	√	√	√
生物	√	√	√	√	√	√

（续表）

	PISA	NAEP	PCAP	NCA	NAP-SL	NMSSA
化学	√	√	√	√	√	√
地球与宇宙	√	√	√	√	√	√
交叉内容	*	√	—	—	—	—

*表示无直接要求,但在其他主题中有所提及;—表示没有找到对应内容。

从表9-3可以清晰地看出,与其他评价项目相比,美国NAEP增加了"交叉内容",这些交叉内容在美国1996年的科学教育标准和2013年的新一代科学教育标准中都有所体现,主要是一些跨领域的概念,如形式与功能、平衡、守恒等。当然,还有一些具体的知识,如12年级的物质科学中的二级主题物质科学领域"能量的来源与转移"就涉及地球与空间科学(见表9-4)。

表9-4 NAEP交叉内容

物质科学	地球与宇宙科学
P12.11裂变和聚变是涉及原子核变化的反应。裂变是一个大的核分裂成更小的核和粒子。聚变包括两个相对轻的核在极高的温度和压力下连接。<u>太阳和其他恒星的能量来源主要就是因为聚变</u>	E12.9地球系统有内部和外部的能量来源,它们都产生热量。<u>太阳是能量的最主要的外部来源</u>。内部能量的两个主要来源是放射性同位素的衰变和来自地球原始地层的重力能

注:表中的下划线部分是两个主题陈述中相互交叉的内容。

由于每个国家学科分支划分不同,每个具体学科所占比例较难精细比较,图9-2是各评价项目科学内容知识的构成比例。

可以看出,除NCA外,在物质系统、生命系统和地球与宇宙三个分支中,物质系统和生命系统所占比例基本相当,地球与宇宙分支所占比例有所不同。澳大利亚按物理科学、化学科学、生物科学和地球宇宙科学分类,所占比例相同;英国根据物理、化学和生物分类,地球与宇宙只是包含在物质科学中,三部分所占比例相同。由于美国是针对三个不同的年级开展评价,每个阶段的知识比例略有差异。从图9-3可以看出,4年级学生三个领域所占比例基本相当,随着年级的增高,8年级更加强调地球与空间科学,12年级更加强调物理科学与生命科学。

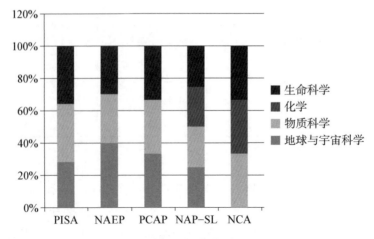

图 9-2 各评价项目学科知识评价比例

注:图中 NAEP 选择数据为 8 年级测评比例;在 NCA 中,物质科学含地球与宇宙科学内容;在 NAP-SL 和 NCA 中,物质科学不含化学。

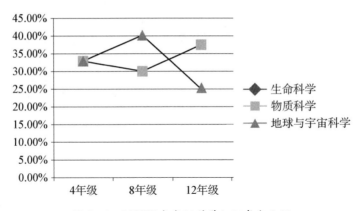

图 9-3 NAEP 各年级科学知识考查比例

注:图中生命科学与物质科学重合。

2. 程序性知识

在六个评价项目中,提及程序性知识的只有 PISA 和 NAEP。

在 PISA2015 测评框架中,"程序性知识"指科学家用来构建科学知识的程序,这类知识是关于实践和科学探究概念的,如重复测量以减小误差和不确定性、控制变量或呈现与表达的标准程序,通常这些也被描述为一系列"证据的概念"。在 NAEP 框架中,程序性知识是与陈述性知识、图式知识和策略性知识并列的知识,指科学探究过程中"知道怎样做"的知识。从这一界定可以看出,其与 PISA 相同。但 NAEP 并未对程序性知识进行明确的罗列,只是提及这种知识更多体现在科学探究和技术设计实践中,如控制变量、选择适合的仪器保证精确度、获取数据、检验结论、设计方案。其余评价项目虽然对这一知识没有进行详细的界定,但也并不代表不考查这类知识,如确保数据的可重复性、控制变量的策略等在所有评价项目的科学探究过程中几乎都有所涉及。

3. 认识论知识

认识论知识是 PISA 提出的一类知识,涉及对具体结构的作用理解以及定义对科学知识构建过程的重要性认识,包括对科学中问题、观察、理论、假设、模型和论证等功能的认识,对科学探究的多种形式的认识以及对同龄人在构建知识中的角色的认识,此处主要用来指对科学本质的理解。

表 9-5 列出了各评价项目关于这一知识的界定和说明。

表 9-5　各评价项目涉及的认识论知识

PISA	科学的结构和特征;科学的结构和特征在科学知识的解释过程中所发挥的作用
NAEP	无直接主题,但说明科学的本质在科学实践中有所体现,主要在使用科学原理和科学探究的过程中
PCAP	科学的本质
NCA	"科学地工作"中有所涉及
NAP-SL	科学作为人类努力的结晶:科学本质与发展、科学的应用与影响
NMSSA	学习作为知识系统的科学:科学知识的特征和发展科学知识的过程;学习科学家工作中使用的方法

可以看出,除美国 NAEP 和英国 NCA 没有明确提出科学本质外,其他四个评价项目都将其作为评价内容的一部分。从内容来看,主要要求理解科学的结构、科学方法、科学知识的特征、科学的发展、科学的应用和影响等内容,其中澳大利亚的 NAP-SL 和新西兰的 NMSSA 都将科学本质作为重要的评价内容,但只是将其作为统一主题,与科学知识进行结合来进行评价,而 PCAP 和 PISA 都将科学本质列为与生命科学、物质科学和地球科学并列的知识领域。在 PCAP 中,科学本质所占比例达到 34%,超过另外三个具体的科学知识领域。在 PISA 中,科学本质所占比例约为 10%～22%。美国

NAEP 虽然并未直接列出科学本质这一主题,但根据 2015 年的评价框架,科学本质主要体现在其科学实践中,主要在使用科学规则和科学探究的过程中。从英国 2016 年 NCA 的评价方案来看,并未要求对科学本质进行评价,至少在纸笔测验中没有要求,在教师主导评价中也未有所体现,但由于这一评价是在教学中进行的,属于表现性评价,因此可能会有所涉及。表 9-6 列出了 PISA 和 PCAP 对知识的描述。

表 9-6 PISA 和 PCAP 列出的认识论知识

科学的结构和特征:	科学的本质
• 科学观察、事实、假设、模型和理论的本质 • 科学的目的(形成对自然世界的解释)与技术的目的不同(为满足人类需求而提供最优解决方案),什么是科学问题、技术问题以及什么是合理的数据 • 科学的价值,如对公布结果的责任、客观性和消除偏见等 • 科学中使用的推理的本质,如演绎、归纳、推理到最佳的解释(溯因)、类比、基于模型推理等 科学的结构和特征在科学知识的解释过程中所发挥的作用,具体为: • 科学数据和推理是如何支持科学论断的 • 不同形式的经验性探究在建立知识中的作用,它们的目的(如检验假设或识别模式)及研究设计(观察、控制实验、相关性研究) • 测量误差如何影响到科学知识的可信度 • 物理模型、系统模型和抽象模型的使用和作用及其局限 • 合作和评论的作用及同行评议如何帮助建立科学论断的可信度 • 科学知识以及其他形式的知识在认识和解决社会与技术问题中的作用	• 理解如何收集证据、发现关系、提供与科学知识发展相关的解释 • 区分科学术语与过程和非科学术语与过程 • 描述基于证据进行决策的科学探究过程和解决问题的过程 • 区分定量和定性的数据 • 识别测量的特征(如仪器和操作流程的可重复性、变量和准确性) • 区分各种类型的科学解释(如假设、理论、模型和定律) • 举例说出促进技术发展的科学原理

可以看出,PISA 对"认识论知识"的描述涉及对具体结构的作用理解以及定义对科学知识构建过程的重要性认识。PCAP 没有具体说明,但从表格内容来看,两者具有很大的相似点,如对科学探究过程的理解、对数据价值的理解、对测量特征的理解、对 STS 的理解。在描述中,PCAP 采用了"行为动词+内容"的形式,而 PISA 只描述内容,不涉及行为动词。

三、情感态度维度

情感态度作为科学素养的重要组成部分,是各国科学素养评价的重要内容。从表9-8可以看出,除英国NCA和NAP-SL没有做出明确要求以外,其他四个评价项目都对态度进行了描述以便于评价。其中,PISA和PCAP描述内容更加丰富。PISA将态度分为对科学技术的兴趣、重视科学探究方法和环保意识三个方面;PCAP将科学态度分为对科学相关事件的兴趣和察觉意识、对基于证据的知识的尊重与支持、可持续发展和管理的意识三个方面;NAEP主要评价学生对科学的兴趣;NAP-SL将这一维度分为对科学本质的理解、对科学价值的认识、学习科学的兴趣和科学能力的自我概念等几个方面;NMSSA评价学生的学习态度与学习机会,其中学习机会属于真实经历调查,并非情感态度维度的范围。NCA评价方案中并未找到关于评价态度的具体要求,在NCA教师主导评价方案中也未找到相应的评价内容。

综合来看,各评价项目在情感态度维度明确提出的评价内容更多集中在"对科学的态度",偏向于意向的评价,只有PISA和PCAP对"科学的态度"进行了明确评价,体现在善于探究和实证研究两个方面。从内容来看,情感态度维度具体包括对科学的兴趣、对科学方法的理解与重视、可持续发展与环保意识、对基于实证的知识的尊重与支持、对科学价值的认识、科学能力的自我概念等。各评价项目的具体呈现情况如表9-7所示。

表9-7　各评价项目涉及态度的内容

	PISA	NAEP	PCAP	NCA	NAP-SL	NMSSA
对科学的兴趣	√	√	√		√	√
对科学方法和理解与重视	√					
可持续发展与环保意识	√		√			
对基于实证的知识的尊重与支持			√			
对科学价值的认识					√	
科学能力的自我概念					√	

四、情境维度

在所有评价项目中,只有PISA在内容框架中明确提出"情景"并进行分类,认为情景是展示能力的平台。另外,PCAP也对情景进行了明确说明,而在其他评价项目中未找到关于背景的界定与分类。部分项目在评价方案中对背景有简单的说明。例如：NAEP 指出，科学史、科学本质以及科学和技术之间的关系应该被纳入评价试题背景；NAP－SL 指出，真实任务应该要求学生运用概念和程序性知识一起解决现实世界的问题，这些任务可能涉及日常生活中有关科学问题的伦理决策以及对社会、环境和经济成本与效益的考量。从情境的分析框架来看，这些基本都属于对背景主题和范围的考虑，几乎没有对情境的呈现方式进行说明。

PISA 对背景的选择是基于 15 岁学生可能获取的知识和认识水平，将背景按范围分为个人的、地区/国家的和全球的三类，按主题分为健康与疾病、自然资源、环境质量、危害和科技前沿五个方面。PCAP 并没有明确地对背景进行分类，其评价框架指出：虽然学生对真实生活问题与情境充满好奇，但他们的社会与环境经历往往是个人和区域性的，这个年龄段的学生往往比较理想化，具有强烈的公平意识，具有对思维和情感的反思意识。考虑到这些，每个评价单元的背景材料都与 8 年级学生的学习相关且都是学生感兴趣的，同时与 STSE 紧密相关。健康、运动、媒介、环境、消费都是背景材料的重要选题方向。试题开发者必须保证试题的背景对学生来说是适宜的，要充分考虑文化多样性和地理环境的多样性。评价单元的背景材料是一个开放的情境，可以以简要的叙述形式或表格、图示、图表等形式呈现出来。

综合来看，PISA 和 PCAP 都从个人经历的范围和主题两个方面对背景进行分类说明，但 PISA 更加详细且同时关注全球范围的主题，而 PCAP 由于测试 8 年级学生水平，更加关注个人和区域性的背景。两者对背景材料的主题归纳也略有差异，但都十分关注健康、环境和技术。只有 PCAP 对背景材料的呈现方式进行了一定说明，但十分简单。

五、小结

（1）六个科学学业评价项目所提出的学科能力可以归纳为七种，分别是科学地解释现象、科学探究、理解数据和证据、科学交流、参与和贡献、问题解决和科学推理。这些能力主要集中在认知领域，在人际领域只有科学交流以及参与和贡献。在这七种能力中，"科学探究"是所有评价项目共有的能力，PISA 将"科学探究"视为"问题解决"的过程，更加关注设计和评价层面；

NAEP 和 NMSSA 都更加强调实践过程中的方法掌握；PCAP、NCA 和 NAP‒SL 都将科学探究按照实施过程视为一系列的分能力或技能的集合，包括从提出问题到评价交流的整个过程。"科学地解释现象"是多数评价项目关注的能力，强调识别和应用科学知识解释和预测现象。作为科学探究的重要组成部分，"理解数据和证据"和"科学交流"在个别项目中被单独列出，NMSSA 界定的"科学交流"与 PISA 界定的"理解数据和证据"都强调通过一定的文本、图表等工具转换、呈现数据或证据，获取信息并进行交流等；"理解数据和证据"还关注基于证据的推断和对证据的评价，NMSSA 界定的"科学交流"还关注操作过程中的交流。"问题解决"是 PCAP 和 NAEP 关注的能力，NAEP 更加关注解决问题的"方案"，是一种整体思维，而 PCAP 将问题解决按照实施过程分解为一系列子技能。PCAP 对"科学推理"的界定十分广泛，所强调的就是基于"证据"的推断与决策，体现在科学探究和问题解决的整个过程当中。对科学推理的考查比例超过一半，远大于科学探究和问题解决。在 NAP‒SL 项目中，通用能力也被列为评价内容，科学学业评价可以间接体现对读写能力、计算能力、ICT 以及批判性思维与创造性思维的评价。

（2）评价内容的知识维度基本都包括物质科学、生命科学、地球与宇宙科学领域的陈述性知识以及关于科学本质的认识论知识；美国 NAEP 还包括交叉内容知识，如能量守恒与转化、形式与功能、模式等。在多数评价项目中，生命科学与物质科学的考查比例相当，地球与宇宙所占比例略少。除 PISA 外，其余评价项目都未对程序性知识作出明确界定，但有关科学探究的知识在科学探究能力中有所体现。科学本质知识是各评价项目关注的重要内容，除 NCA 外，其余评价项目都对科学本质的知识有所提及或明确界定。NAP‒SL 和 NMSSA 将科学本质作为重要的评价内容，但只是将其作为统一主题，与具体的内容知识结合进行评价；PCAP 和 PISA 则将科学本质与生命科学、物质科学、地球与宇宙科学等知识领域并列进行评价，科学本质知识也占有相当比例，在 PCAP 中这一比例远超过具体的内容知识领域。关于科学本质的知识主要包括理解科学的结构、科学方法、科学知识的特征、科学的发展、科学的应用和影响等。

（3）六个评价项目在情感态度维度明确提出的评价内容更多集中在"对科学的态度"，偏向于意向的评价，更多体现为"对科学的兴趣"或"学习科学的兴趣"。只有 PISA 和 PCAP 对"科学的态度"进行了明确评价,体现在善于探究和实证研究两个方面,另外还涉及可持续发展与环保意识、对科学价值的认识、科学能力的自我概念等。多数项目对情感态度维度的界定不够明确,英国 NCA 的评价方案中并未找到对应内容。

(4) 在所有评价项目中,只有 PISA 和 PCAP 对背景进行了明确说明,且都从个人经历的范围和主题两个方面对背景进行分类说明,但 PISA 更加详细且同时关注全球范围的主题,而 PCAP 更加关注个人和区域性的背景;两者对背景材料的主题归纳也略有差异,但都十分关注健康、环境和技术。PCAP 对背景的呈现方式有一定说明,其他评价项目基本没有。

第二节 表现标准比较

下面以归纳总结的学科能力为线索,对表现标准的特点进行总结。由于"理解数据和证据"是科学探究的一部分,因此将其放入科学探究的水平描述进行总结;PCAP 提出的"科学推理"由于界定广泛,遍布科学探究与问题解决过程中,在表现标准中未找到水平区分因素,在此不做总结;NMSSA 提出的"参与和贡献"较为简单,在此也不作总结。

一、"科学探究"的表现标准

所有评价项目都提出了对应的条目,但英国 NCA 对表现标准的描述只有"合格"一级,无法确认水平区分因素,故此处以其余五个评价项目为对象,总结如表 9-8 所示。

表 9-8 科学探究表现标准的总结

项目	描述线索	水平区分因素
PISA	识别一项给定的科学研究要解决的问题(探究目的)	能否说明探究目的(能或不要求)
	区别出可以被科学地探究的问题	科学问题的复杂性(简单的、复杂的)和区分的数量(所有、一些)

（续表）

项目	描述线索	水平区分因素
	实验设计中控制变量	范围（一些实验、所有实验）、层次（识别自变量、区分自变量和因变量、控制变量）
	数据处理（转换数据呈现形式、解释数据、判断科学陈述的可信度与精确性）	转换数据的数量和质量、数据的复杂度和熟悉度、科学陈述的复杂性和数量、评价的质量
	评价实验设计	问题情境的范围（大量、一些、少量）、所能提出的证据质量和评价的质量（能评论优点、质疑和评论优点、质疑和批判性分析优缺点、基于证据评论和评价）
NAEP	较为笼统，但体现了科学探究的基本要素	科学探究的层次（对应科学探究的不同技能），基础水平体现的是科学探究的基本操作，如设计实验、测量变量；熟练水平增加对调查结果的应用；高级水平增加对科学探究过程的评价
PCAP	获取信息	图表表格等呈现工具的复杂性（如简单表格）和获取信息的质量（解读、整合）
	得出结论	得出结论的过程（如直接得出、基于分析）
	回应问题	回应的质量（如简单描述、科学解释、基于证据）
NAP - SL	形成可探究的问题	是自己提出问题，还是题目给定问题；问题的复杂程度
	变量控制与科学探究的有效性	能否识别自变量和因变量、自变量的数量、对科学探究有效性或有效测试的认识
	重复实验	从认识到转变为实践
	收集并记录数据	数据收集与记录的方式（观察口头描述、画画、表格记录）、数据的复杂性（涉及变量多少）以及为数据记录提供的支持（提供表头、标签或方格）
	数据呈现与交流	
	基于证据得出结论或归纳模式和关系	所依据的数据的复杂性（简单表格、简单线图、复杂线图）和需要完成的任务的复杂性（比较、推理、解释）
	评价与改进	从认识到必要性向行动的递进
NMSSA	观察	观察的细致程度（开始细致、细致准确）
	提出问题	问题的质量和对问题的回应（简单问题、有待解释的问题、提出问题并深入理解）

（续表）

项目	描述线索	水平区分因素
	识别模式或模型	对模式或模型的认识（学到了什么、认识模型与环境的关系、模型的优点）
	对实施探究的认识	认识程度（认识到如何参与、确认实施探究的要素、实施可靠的探究并记录）

从描述线索来看，PISA 和 NAP‐SL 从科学探究的基本要素出发进行了较为完整的描述，包括明确探究目的、形成探究问题、控制变量、数据处理、评价；PCAP 和 NMSSA 从不同的方面出发，涉及部分技能，如 PCAP 从获取信息、得出结论和回应问题三个方面进行描述，而 NMSSA 从观察、提出问题、识别模式或模型（类似于获取信息）、对实施探究的认识四个方面进行描述。NAEP 的描述较为笼统，由于高级水平同时包含低水平描述中的内容，因此从整体来看也体现了科学探究的基本要素，从实验设计、变量控制、结果应用、实验评价几个方面做出要求，基础水平体现的是科学探究的基本操作（如设计实验、测量变量），熟练水平增加对调查结果的应用，高级水平增加对科学探究过程的评价。

从水平区分因素来看，不同技能要素区分的关键点不同。只有 PISA 将说明科学探究目的作为高水平表现的特征之一。提出或区分可探究的问题是多个评价项目描述的要素：PISA 水平区分因素是科学问题的复杂性（简单的、复杂的）和区分的数量（所有、一些）；NAP‐SL 水平区分因素是问题由自己提出还是题目给定以及问题的复杂性；NMSSA 水平区分因素是问题的质量和对问题的回应（简单问题、有待解释的问题、提出问题并深入理解）。可以看出，都将问题的复杂性或质量作为一个因素，另有问题的数量也在 PISA 中作为一个因素。

控制变量是评价项目中实验设计的重要因素，PISA 区分水平的是范围（一些实验、所有实验）和控制变量的层次（识别自变量、区分自变量和因变量、控制变量）；NAP‐SL 水平区分因素是能否识别自变量和因变量、自变量的数量、对科学探究有效性或有效测试的认识。

数据处理在多个评价项目中有体现：PISA 数据处理包括转换数据呈现

形式、解释数据、判断科学陈述的可信度与精确性三个方面，水平区分因素在于转换数据的数量和质量、数据的复杂度和熟悉度、科学陈述的复杂性和数量、评价的质量，其中解释复杂数据只在高水平有所体现，在低水平只要求能识别数据和直接应用数据；PCAP 处理数据表现在获取信息和得出结论，获取信息的水平区分因素在于图表、表格等呈现工具的复杂性（如简单表格）和获取信息的质量（解读、整合），得出结论的水平区分因素在于过程的科学性；NAP－SL 处理数据表现在收集并记录数据、数据呈现与交流，水平区分因素在于数据收集与记录的方式（观察口头描述、画画、表格记录）、数据的复杂性（涉及变量多少）以及为数据记录提供的支持（是否提供表头、标签或方格）；NMSSA 处理数据表现在识别模式或模型，水平区分因素在于对模式或模型的认识（学到了什么，认识模型与环境的关系，模型的优点）。总体来看，数据处理主要包括数据的呈现方式及其转换、数据中获取信息、解释数据并得出结论和数据评价四个方面，水平区分因素主要在数据的复杂性（数据多少，涉及变量的多少）、数据的呈现方式（简单表格、图线、条形图）、提供的支持条件（是否提供表头、标签或方格）、获取信息的质量（数量，描述或解读或整合）、评价的质量（有一定认识，合理判断）。

对实验的评价与理解在个别项目中有所体现。例如：PISA 提出的评价实验设计，从问题情境的范围（大量、一些、少量）和所能提出的证据质量和评价的质量（能评论优点、质疑和评论优点、质疑和批判性分析优缺点、基于证据评论和评价）来区分水平；NAP－SL 提出的评价与改进，水平区分因素是从认识到转向必要的行动；NMSSA 提出的认识实施探究，通过认识程度来区分水平，体现在认识到如何参与、确认实施探究的要素、实施可靠的探究并记录。

二、"科学地解释现象"的表现标准

PISA、NAEP 和 NAP－SL 都提出了"科学地解释现象"对应的条目，英国 NCA 认知复杂度的"应用与分析"维度和 NMSSA 的能力界定中也有类似的内涵，但由于没有明确提出多水平的表现描述，故在此不作分析。

在 PISA 表现标准中，该能力条目对应的是"从数据中得出推论并解释（描述）因果关系"。根据前文分析，水平区分因素在情境的多样性和熟悉度、数据源的丰富性和复杂性、归纳得出结论的丰富性以及现象本质的复杂性。结论的复杂性主要体现在从识别简单的数据模式到描述简单的因果关系再到多步骤因果关系,低水平不具备从数据源中得出推论的能力,只能达到简单的"识别"和"描述"。

在 NAEP 表现标准中,该能力条目对应的是识别和应用科学原理的相关描述,水平区分因素在于认知过程和知识原理的学习进阶,基础水平更加强调描述,熟练水平和高级水平更加强调解释和预测;相比于基础水平,高级水平所应用的概念原理更具系统性。在 NAEP 总体表现标准中,涉及具体的内容知识,如基于能量流来解释物质状态的变化,通过自然选择和繁殖来预测人口的变化,利用岩石圈板块运动解释地质现象。

在 NAP‐SL 表现标准中,该能力条目对应的是应用概念理解的相关描述,包括通过能够描述、解释和理解自然现象来展示概念理解,理解和解释有关科学事项的报告,在学生生活中做科学决策(可能涉及社会、环境、经济等方面的成本和收益)三个方面。水平区分因素在于:认知过程与思维的抽象性、认知对象的复杂性和情境的熟悉度。认知过程与思维的抽象性的区分体现在"描述或识别"到"解释"到"预测"以及从实例到抽象的概念;认知对象的复杂性体现在从"单个对象或事件的一个方面或属性"到"物体或事件的变化、数学与区别"再到"两个单独事件之间的关系"再到"不可观察的属性"和"相互作用、过程或效应"。

总体来看,在确定这一能力不同水平的描述时,三个评价项目所使用的水平区分因素有:①从认知过程出发,低水平强调"识别"和"描述",高水平强调"解释"和"预测",这一点在三个评价项目中相同;②从对象属性或关系复杂性出发,如 PISA 从识别简单的数据模式到描述简单的因果关系,再到多步骤因果关系;NAP‐SL 从"单个对象或事件的一个方面或属性"到"物体或事件的变化、数学与区别",再到"两个单独事件之间的关系",再到"不可观察的属性"和"相互作用、过程或效应";③从情境的复杂性和熟悉度出发,如 PISA 表现标准中的"各种情况下""少数情况下""少数熟悉情况下""复杂的"和"简单的";④从知识的抽象性或系统性出发,如 NAEP 从"描述材料的特性和常见的物理和化学变化,描述运动物体的势能和动能的变化"到"使用周期表中的信息来比较元素族;基于能量流来解释物质状态的变化",NAP‐SL 从"识别或提供相关的实例"到"依据不可观察的属性或抽象的科学概念"。

三、"问题解决"的表现标准

在所有评价项目中,将"解决问题"作为一种学科能力明确提出的只有PCAP,该项目将"解决问题"界定为"使用科学知识和技能解决社会与环境背景下的问题",并明确列出该能力的表现条目。从总体表现标准来看,解决问题水平的区分并不清晰,每个水平的描述更加侧重于解决问题的某一方面而不是程度区分,但可以看出,随着水平的提升,情境的复杂性越高、熟悉度越低,使用的信息或知识更加丰富,更加强调知识的整合。在水平区分过程中,也使用一些表示程度的形容词,如"简单的""完善的""熟悉的"。在PCAP的表现描述中,问题解决作为一个能力,水平区分更多地体现在情境的复杂性和解决问题策略的复杂性,同时比较关注书面交流的科学性。在美国NAEP中提出的"应用技术设计",也是使用科学知识和技能解决真实环境下的问题的系统过程。从水平区分来看,主要关注的是对问题或解决问题的方案的评价,基础水平关注对问题反应的评论,而高级水平关注对"针对地区实际问题,基于科学权衡而提出的解决方案"的评论。可以看出,在两个评价项目中,对解决问题的水平描述都并非基于解决问题的具体思维过程,而更加关注解决问题的情境复杂性和真实性,关注解决问题的策略,强调的是一种真实情境下、整合意义上的问题解决。

四、"科学交流"的表现标准

"科学交流"作为一种重要的学科能力,在多数评价项目中都体现在科学探究或解决问题的过程中,表现为基于探究结果或证据的交流。在PCAP问题解决的表现标准中,对"科学交流"有一定的描述,从"探究结果的书面解释"到"根据事实进行简单沟通,根据科学知识做决定"再到"使用科学知识和证据交流决策"最后"提供交流科学知识的书面解释",这里的科学交流包括对探究结果的交流和基于事实、证据、科学知识的交流,既包括简单的语言沟通,也包括正式的书面解释。水平区分因素在于交流的目的和交流的复杂程度,交流的目的体现为是只传递结果还是帮助决策,交流的复杂程度与交流的目的相关,从简单到复杂。在NAP-SL表现标准中,有一条描述线索是数据处理、呈现与交流,其中数据呈现与交流的水平区分主要体现在交流内容的加工程度或者呈现方式,水平 1 只要求分享观察结果,通过语言、行为或画画来说明发生了什么;水平 2 开始要求完成简单的表和条形图;水平 3 要求以图表形式记录和展示数据,提供一定的支持;水平 4 则要求计算平均值和绘制直线图。

NMSSA 是唯一将科学交流作为一种重要能力单独列出来进行评价的项目。该评价项目将科学交流界定为"描述、解释和构建",在评价时通过两种方式展开:一种是文本上的科学交流,将科学交流与科学知识结合起来进行评价,称为"知识与交流科学观点";另一种是操作过程中的科学交流。对应的表现标准有两个且都以科学交流的三个方面为线索进行描述。"知识与交流科学观点"的表现描述从三个方面开展,分别是:①一定抽象程度的知识的应用;②从一定的呈现方式获取知识和信息;③以一定的方式构建表达。区分①水平的因素在于知识的抽象程度(如日常经验知识、科学概念)和应用的水平(描述、解释);区分②水平的因素在于呈现形式的复杂性(如文本、表格、图表)、获取信息的深度(如定位信息、注意模式)和对获取信息的使用情况(如基本推论、意义推理)三个方面;区分③水平的因素在于表达的环境、表达的准确性和表达内容的丰富性三个方面。操作中"科学交流"的表现描述也从三个方面展开,分别是:①操作过程中分享观察或解释;②操作仪器来解释;使用科学词汇来描述。区分①水平的因素是操作活动中交流的内容(如分享观察、解释观点);区分②水平的因素是解释的清晰度和解释的内容;区分③水平的因素是词汇的丰富性和描述的内容。

总体来看,对科学交流的描述可以从以下方面来区分水平:一是交流什么,即交流的内容,从低水平的基于观察到的现象和事实的描述性内容到基于抽象概念和概念整合的解释性内容;二是交流内容的呈现形式,从直接的描述性语言到简单的表格、图表等再到复杂的表格、图表等;三是交流的质量,包括词汇的丰富性、表达的准确性。

五、小结

总结比较各评价项目表现标准的呈现形式、水平描述线索和水平区分因素,并总结归纳不同评价项目学科能力表现水平的描述方法,得到的结论如下:

　　(1) 在对"科学地解释现象"这一学科能力进行水平描述时,PISA、NAEP和 NAP－SL 三个评价项目所使用的水平区分因素有:①从认知过程出发,低水平强调"识别"和"描述",高水平强调"解释"和"预测",这一点在三个评价项目中相同;②从对象属性或关系复杂性出发,例如 PISA 从识别简单的数据模式到描述简单的因果关系再到多步骤因果关系,NAEP 关注识别的是原理、原理之间的关系还是对原理的替代表述,NAP－SL 从"单个对象或事件的一个方面或属性"到"物体或事件的变化、数学与区别"再到"两个单独事件之间的关系"再到"不可观察的属性""相互作用、过程或效应";③从情境的复杂性和熟悉度出发,例如 PISA 表现标准中的"各种情况下""少数情况下""少数熟悉情况下"和"复杂的""简单的";④从知识的抽象性或系统性出发,例如 NAEP 从"描述材料的特性和常见的物理和化学变化,描述运动物体的势能和动能的变化"到"使用周期表中的信息来比较元素族;基于能量流来解释物质状态的变化",NAP－SL 从"识别或提供相关的实例"到"依据不可观察的属性或抽象的科学概念"。

　　(2) 除英国 NCA 外,其余五个评价项目都对"科学探究"进行了多水平描述。从描述线索来看,PISA 和 NAP－SL 从科学探究的基本要素出发进行了较为完整的描述,包括明确探究目的、形成探究问题、控制变量、数据处理、评价;PCAP 和 NMSSA 从不同的方面出发,涉及部分技能,如 PCAP 从获取信息、得出结论和回应问题三个方面进行描述,而 NMSSA 从观察、提出问题、识别模式或模型(类似于获取信息)、对实施探究的认识四个方面进行描述。NAEP 的描述较为笼统,由于高级水平同时包含低水平描述中的内容,因此,从整体来看,也体现了科学探究的基本要素,从实验设计、变量控制、结果应用、实验评价几个方面做出要求,基础水平体现的是科学探究的基本操作,如设计实验、测量变量,熟练水平增加对调查结果的应用,高级水平增加对科学探究过程的评价。从水平区分因素来看,不同技能要素区分的因素有所不同。只有 PISA 将说明科学探究目的作为高水平表现的特征之一;提出或区分可探究的问题是多个评价项目描述的要素,都将提出问题的复杂性或质量作为一个因素,区分问题的数量也在 PISA 中作为一个因素;控制变量是评价项目中实验设计的重要因素,在 PISA 和 NAP－SL 中,水平区分因素包括操作范围(一些实验、所有实验)、控制变量的层次(识别自变量、区分自变量和因变量、控制变量)和自变量的数量,NAP‐SL 还将对科学探究有效性或有效测试的认识(直觉水平、理性控制变量、明确控制变量的目的)纳入范围。对实验的评价与理解在评价项目中有所体现,水平区分因素包括问题情境的范围(大量、一些、少量)、所能提出的证据质量和评价的质量(能评论优点、质疑和评论优点、质疑和批判性分析优缺点、基于证据评论和评价)、对评价的认识程度(认识到如何参与、确认实施探究的要素、实施可靠的探究并记录)。

（3）作为科学探究的要素之一,数据处理(含理解)在多个评价项目中出现,描述的线索主要包括数据的呈现方式及其转换、数据中获取信息、解释数据并得出结论以及数据评价四个方面;水平区分因素主要在数据的复杂性(数据多少、涉及变量的多少)、数据的呈现方式(简单表格、图线、条形图)、提供的支持条件(提供表头、标签或方格或不提供)、获取信息的质量(数量;描述或解读或整合;识别简单的数据模式、描述简单的因果关系、描述多步骤因果关系)和对数据评价的质量(有一定认识、合理判断)。

（4）在所有评价项目中,将解决问题作为一种学科能力明确提出的只有 PCAP,美国 NAEP 中提出的"应用技术设计"也是使用科学知识和技能解决真实环境下的问题的系统过程。在这两个评价项目中,对解决问题的水平描述都并非基于解决问题的具体思维过程,而更加关注解决问题的情境复杂性和真实性,关注解决问题的策略,强调的是一种真实情境下、整合意义上的问题解决。在 PCAP 问题解决水平描述中,随着水平的提升,情境的复杂性越高,熟悉度越低,使用的信息或知识更加丰富,更加强调知识的整合,问题解决的水平区分体现在解决问题的策略复杂性、环境复杂性和方案的复杂性;NAEP 主要关注的是对问题或解决问题的方案的评价,基础水平关注对问题反应的评论,而高级水平关注对"针对地区实际问题,基于科学权衡而提出的解决方案"的评论。

（5）NMSSA 是唯一将科学交流作为一种重要能力单独列出来进行评价的项目。该评价项目将科学交流界定为"描述、解释和构建",在评价时通过两种方式展开评价:一种是文本上的科学交流,将科学交流与科学知识结合起来进行评价,称为"知识与交流科学观点";另一种是操作过程中的科学交流。科学交流在其他多数评价项目中则体现在科学探究或解决问题的过程中,表现为基于探究结果或证据的交流。总体来看,科学交流可以广义地理解为包括基于文本的科学交流和基于操作过程的科学交流,对科学交流的描述和水平区分主要体现在以下方面:一是交流的内容,从低水平的基于观察到的现象和事实的描述性内容到基于抽象概念和概念整合的解释性内容;二是交流内容的呈现形式,从直接的描述性语言到简单的表格、图表等再到复杂的表格、图表等;三是交流的质量,包括词汇的丰富性、表达的准确性。

第三节　测评方式与题型比较

一、测评方式

表9-9列出了各评价项目的评价方式。可以看出,纸笔测验依然是大规模科学学业评价的重要形式,计算机技术在大规模科学学业评价中已经有较多使用,其中 PISA 和 NAP-SL 全部采用计算机进行评价,NAEP 采用计算机进行部分测试。PCAP 只采用纸笔测验收集学生的学业信息;NCA 除采用纸笔测验外,还将教师主导评价作为一种重要的评价形式,在教学中收集学生的相关学习信息。NAEP 和 NMSSA 都将现场动手操作任务作为评价学生学业的一种方式,但 NAEP 的动手操作均为个人独立操作,而 NMSSA 的操作任务包括个人独立操作和小组合作两种形式。除 NCA 不采用背景问卷收集学生的背景信息外,其余评价项目都通过背景问卷收集学生的背景信息,同时采用量表收集学生的情感态度信息。

表9-9　各评价项目的评价方式总结

项目	评价方式	说　　明
PISA	计算机测试,含客观测试、交互任务和背景问卷	测试时间共 60 分钟(不含问卷),背景问卷含态度对应题目;采用计算机循环分配试题和任务,每个学生只完成部分试题,所有学生共同完成所有试题
NEAP	纸笔测验+计算机交互+动手操作+背景问卷	纸笔测验时间约为 50 分钟,动手操作或交互式计算机任务时间共约 30 分钟,背景问卷含态度对应题目;采用循环分配试题方式,每个学生按顺序分配对应纸笔试题和动手操作或交互任务,所有学生共同完成所有试题

（续表）

项目	评价方式	说　明
PCAP	纸笔测验＋背景问卷	纸笔测验时间为 90 分钟,纸笔测验和背景问卷均含态度对应题目。随机分配试题给学生,所有学生共同完成所有试题
NCA	纸笔测验＋教师主导评价	纸笔测验有物理、化学和生物三张独立的试卷,各 25 分钟,共 75 分钟;无背景问卷;以循环的方式分配试卷给学生,所有学生共同完成 15 套试卷,每科 5 套。教师主导评价是一种教学中的表现性评价
NAP - SL	计算机测试,含客观测试、探究任务和背景问卷	10 分钟熟悉网上测评环境,客观测试 60 分钟,探究性任务 35 分钟,问卷调查 10 分钟,用于正式测试的时间共计 105 分钟;不含交互任务。客观测试试题 7 套随机分配给学生,所有学生共同完成所有试题,每个学生完成 2 道探究性任务中的一道
NMSSA	纸笔测验＋访谈＋个人独立操作或小组合作＋背景问卷	纸笔测验的时间为 45 分钟,访谈任务一般在现场表现活动之后进行,主要目的是了解学生对知识的深度理解,访谈和操作过程都会录像,背景问卷含态度对应题目

二、题型

从上面的总结可以看出,各测评项目的测评方式主要包括:纸笔测验(含基于计算机的非互动测评任务)、计算机互动任务、动手操作任务、教师主导评价和背景问卷。动手操作任务要求学生在完成相应操作任务的过程中同时完成相关记录或试题,题型可以是选择,也可以是填空或设计方案等;教师主导评价属于过程性评价,任务主要是学生完成相应的操作并完成实验报告或总结;背景问卷往往具有统一的格式,比如李克特量表或选择等。因此,以下总结的题型主要是纸笔测验的题型和计算机测评的题型。

国际大规模科学学业测评项目的题型一般分为选择类和构建类。其中,选择类包括多选项单选、多选项多选和判断类试题。在计算机测评中,选择类题型表现形式更加丰富,如从图形或图片中选择一个适合的点圈出来、选择合适的内容拖放到相应位置、选择适合的内容排序等。构建类试题一般分为短构建类和长构建类。短构建类只要求填一个数字、字或短语,例如"汽化"这一科学术语、一个计算出来的数值等;长构建类反应要求给出一个深层次的答案,如一个或多个句子。在计算机测评中,短构建类表现为填空,长构建类表现为简答和论述题。还有一些题型术语组合类反应形式,允许学生选择一个选项然后解释他们的选择(写出来)。

三、小结

(1) 国际大规模科学学业评估采用的评估方式主要包括纸笔测验(计算机客观测试)、操作任务评估、计算机模拟操作和教师主导评估四种。其中,纸笔测验依然是大规模科学学业评估的重要形式;计算机技术在大规模科学学业评估中已经有较多使用,包括提供动态的动画和视频背景、丰富题型、设计丰富的探究性任务和交互任务等;教师主导评估是 NCA 独有的一种评估方式,其本质是一种学校内部的过程性评估,评估过程由教师主导完成。

(2) 国际大规模科学学业测评项目的纸笔测验或计算机测评题型一般分为选择类和构建类。其中,选择类包括多选项单选、多选项多选和判断类试题。在计算机测评中,选择类题型表现形式更加丰富。

第四节　试题情境比较

以下将从辨别参数、内容参数和装扮参数三个方面对评价项目的试题情境进行比较与总结。

一、试题情境之辨别参数

辨别参数包括六个条目,分别是情境范围、情境主题、所致力于发展的学生型面、涉及的学科领域、期待的作业和情境的开放等级。

如图 9 - 4 所示,从情境范围来看,最明显的一个特点就是与 PISA 相比,其余五个国家级评价项目都包含了一定的"学科的"情境且所占比例较大。在 NAEP 试题中,这一比例高达 80%。在 NCA 和 NAP - SL2015 中,这一比例也达到 50％以上。PCAP 和 NAP－SL2012 中这一范围的情境略少,分别约为 17％和 25％。同时从总体的构成来看,PISA 与 PCAP 具有一定的相似之处,"全球的"和"区域的"情境所占比例较大,PISA 中这一比例高达 90％,而 PCAP 中这一的比例也在 65％以上;NCA 和 NAP－SL 都不含"全球的"情境,而 NCA 的情境范围只限于"学科的"和"个人的"。由此可知,与 PISA 相比,各国家级评价项目都设置了大量"学科"范围的情境,情境视野多局限于学科和个人生活;除 PCAP 外,其余评价项目的试题对区域和全球范围的情境关注比较少甚至不关注;PISA 与 PCAP 情境设计都十分关注区域和全球范围问题或事件;NAEP 和 NCA 基本只关注学科范围和个人生活范围的情境。

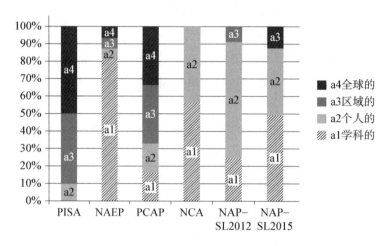

图 9－4　试题情境范围的国际比较

如图 9－5 所示,从试题情境的主题来看,国家级评价项目以"学习内容"和"日常生活"主题为主,但 PCAP 例外。PCAP 与 PISA 都以大量的"环境与自然"主题为主,比例超过 60％,但在其他国家级项目中"环境与自然"主题所占比例较少。"科技前沿"主题在 PISA 中占有较大比例,但在很多国家的项目中都未受到重视。"科技史"相关主题只在英国 NCA 项目中有所涉及。由此可以看出,情境主题有两种明显的趋势,一种偏向环境与自然和科技前沿,另一种偏向学习内容主题和日常生活。

如图 9－6 所示,从情境所涉及的学科领域来看,基本都以单学科领域和多学科领域为主,也就是说,多数试题单元基本都只需要调用单学科知识进

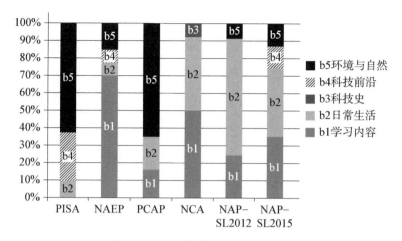

图 9-5　试题情境主题的国际比较

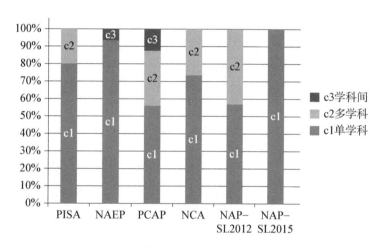

图 9-6　情境涉及学科领域国际比较

行解决,部分试题需要调用两个及以上学科知识来解决。各评价项目中试题单元涉及多学科领域的试题比例在 20%～40% 之间,其中 NAP-SL2012 设计的多学科试题较多,但 NAP-SL2015 却都以单学科试题为主。NAEP 由于基本以单问题试题为主,因此涉及学科领域为单学科,个别小题的解答需要调用两个以上学科知识,因此为学科间试题情境。PCAP 是唯一学科间情境所占比例超过 10% 的项目。

如图 9-7 所示,从试题情境致力于发展的学生型面来看,"科技探索者"和"关心日常生活"是所有评价项目的试题所体现的目标,环保主义者在 PSIA

和 PCAP 项目中体现最为明显,关心日常生活在 NCA 和 NAP‑SL 项目中体现最为明显。学科内部问题解决者在 NAEP 和 NCA 项目中体现最为明显。由此可以看出,培养一个科技探索者和懂生活的人是各国评价试题的共同目标,但国家级项目同时关注培养一个学科内部的问题解决者,而 PISA 和 PCAP 致力于培养环保主义者。

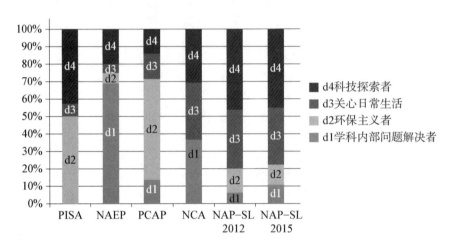

图 9‑7　试题情境致力于发展的学生型面国际比较

　　如图 9‑8 所示,从所期待的作业来看,"答案选择""提供解释""描述归纳"是三种非常普遍且所占比例较大的作业类型,所有评价项目基本都有 80% 左右的试题作业类型为这三种。其中"答案选择"所占比例最大,在 PISA 和 NAP‑SL2015 中,答案选择所占比例都超过 60%,最低为 NCA,所占比例不到 35%。另外,"提出实施建议""设计实验方案""绘制图表""选择+解释"等作业类型在一些项目中也占有相当的比例。其中,"选择+解释"在 PISA 中占有较大比例,超过 10%,要求先做出选择,然后解释选择的缘由,在交互操作试题中这种情况比较常见;"设计实验方案"在 NAEP 中占有一定比例,一般并不要求提供完整的方案,而是根据实验目的选择器材、设计某个步骤或者改进实验等;"绘制图表"是 NCA 唯一使用的一种作业类型,主要指做出力的示意图和完成条形图。

　　如图 9‑9 所示,从试题情境的开放性来看,所有评价项目都包含一定的开放性试题,但开放性试题的比例有差异。PISA 和 NAEP 以及 NAP‑SL2012 的

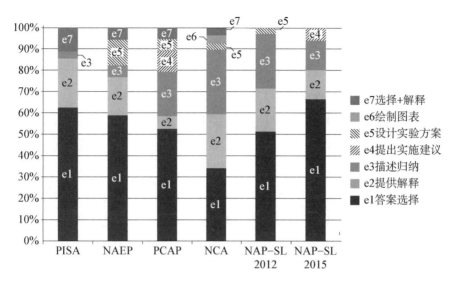

图 9-8 期待的作业类型国际比较

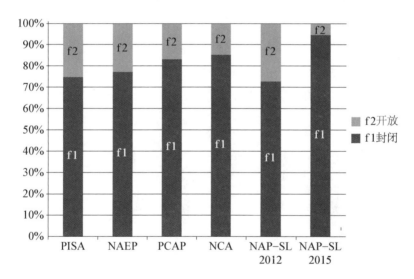

图 9-9 试题情境的开放性国际比较

开放性试题都达到了 20％以上,PCAP 和 NCA 的开放性试题也在 15％左右,说明各评价项目都以封闭性和开放性试题结合的形式来评价学生的科学素养。

二、试题情境之内容参数

内容参数包含试题所调用的知识、使用的能力或素养、态度、问题之间的关联、问题与背景的相关性、问题与具体知识的相关性、是否涉及数学或公式计算七个条目。由于 NAP－SL2015 的视频内容无法得到，只有一些关于视频信息的描述，无法确切判断问题与背景的相关性以及问题与具体知识的相关性，故在此不做比较分析，仅以 NAP－SL2012 代表 NAP－SL 项目。由于每个项目的知识、能力和态度维度存在差异，并不具有可比性，在此也不做分析。从试题的相互独立性来看，除 NCA 和 NAP－SL2012 有少量试题单元含"相互依赖"的问题外，其余评价项目都设置前后独立的试题，后一问题的解答不依赖前一小题的作答结果。除 NCA 和 NAP－SL 有个别试题涉及简单的数学计算外，其他项目的所有试题均不涉及科学公式或复杂数学计算。

　　如图 9－10 所示，从"问题与背景的相关性"来看，PISA、NAEP、NCA 和 NAP－SL2012 都约有 75％ 的问题与背景高度相关，而 PCAP 只有不到 35％ 的问题与背景相关，这说明 PCAP 的许多背景材料都只提供一个"背景"，并不含已知条件或提供解答试题所需的信息。如图 9－11 所示，从"问题与具体知识的相关性"来看，PISA 试题中只有不到 20％ 的问题作答需要学生回忆或识别具体的知识，而在 PCAP 和 NCA 中这一比例都在 60％ 以上，在 NAP－SL 中这一比例约为 50％，NAEP 则全部需要学生回忆识别具体的知识。

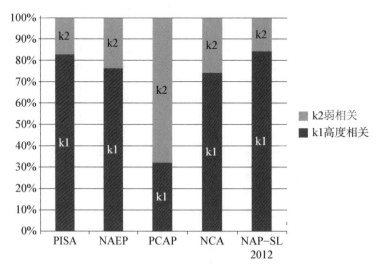

图 9－10　各项目问题与背景的相关性

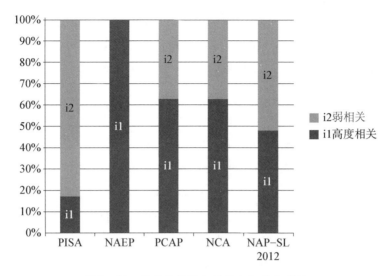

图 9-11　各项目问题与具体知识的相关性

三、试题情境之装扮参数

如图 9-12 所示,从情境的图形式呈现来看,无论是在 NAEP、PCAP、NCA 和 NAP-SL2012 的纸笔测验中,还是在 PISA 与 NAP-SL2015 的计算机评价中,"文字+图片"都是最为普遍的一种呈现方式,在多数项目中占有较大的比例。在纸笔测验的 PCAP 和 NAEP 中,这一比例超过 60%,在

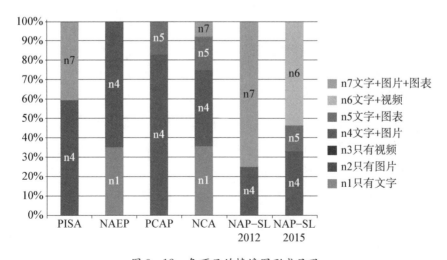

图 9-12　各项目的情境图形式呈现

PCAP 中甚至达 80％以上；而在同为纸笔测验的 NAP－SL2012 和 NCA 中，这一比例只有 35％左右。在同为计算机评价的 PISA 和 NAP－SL2015 中，这一比例差异也较大，前者占 60％，后者不到 35％。"文字＋图片＋图表"这一呈现形式在 NAP－SL2012 中所占比例达 75％左右，而"文字＋视频"是 NAP－SL 唯一采用的一种呈现方式。

"文字＋图片"和"文字＋图表"背后所反映的问题实质是 PCAP 的图片多为"背景"图片，如提供一张"河流的图片""长颈鹿"的图片，这些图片并不包含与问题作答相关的信息，这与内容参数中 PCAP"问题与背景的相关性"为弱相关一致；而"文字＋图表"背后所反映的是"数据"，因为图表包括条形图、折线图、数据表格等，这些形式基本都呈现了相应的数据或解决问题所需的证据。因此，"n5 文字＋图表"和"n7 文字＋图片＋图表"加起来的比例越大说明该项目中需要学生处理数据和证据的试题比例越大。由此来看，NAP－SL2012 比较重视这方面，其次是 PISA 和 NCA。

四、小结

基于情境类型学对六个国际大规模科学学业评价项目的试题情境进行研究，主要得出以下结论：

（1）从情境的范围、主题以及致力于发展的学生型面来看，与 PISA 相比，国家级评价项目都设置了大量"学科的"范围情境，情境视野多局限于学科和个人生活；除 PCAP 外，其余评价项目的试题对区域和全球范围的情境关注比较少甚至不关注，情境主题以"学习内容"和"日常生活"为主，致力于培养学科内部的"问题解决者"和"科学探索者"，强调"关心日常生活"。PISA 与 PCAP 的情境设计都十分关注区域或全球范围的问题或事件，情境主题以"环境与自然"和"科技前沿"为主，如全球变暖问题、环境污染问题、洁净能源等，其中"科技前沿"主题在 PISA 项目中比较常见，两个项目的试题情境致力于培养"环保主义者"和"科技探索者"。

（2）从情境涉及的学科领域和评价内容来看，基本都以单学科领域和多学科领域为主，单学科领域所占比例较大。试题单元涉及多学科领域的比例在 20％～40％之间，学科间情境比较少。NAEP 由于基本以单问题试题为主，因此涉及学科领域为单学科，个别小题的解答需要调用两个以上学科知识。PISA 部分试题直接评价学生的"程序性知识"而不涉及具体的内容知识,PCAP 部分试题直接评价学生"科学的本质"知识而不涉及具体的内容知识。只有 PCAP 将态度融入纸笔测验试题中,其余项目均在背景问卷中以量表形式评价学生的科学态度与情感。PCAP 态度试题是在一定背景下以某一小题形式呈现的,题目设计紧密围绕试题单元的主题,以多选项选择题为主并在题干上陈述没有错误与正确之分。

(3)从情境的作答要求来看,"答案选择""提供解释""描述归纳"是三种非常普遍且所占比例较大的作业类型,所有评价项目基本都有 80% 左右的试题作业类型为这三种,其中"答案选择"所占比例最大。PISA 较多地使用"选择+解释",NAEP 还使用了一定量的"设计实验方案",NCA 使用了一定量的"绘制图表"。所有评价项目都包含一定的开放性试题,一般开放性试题所占比例在 10%~30% 之间。所有评价项目在试题作答过程中基本都不涉及科学公式或复杂的数学计算。

(4)从问题的相互关系及其与背景和具体知识的相关性来看,除 NCA 和 NAP-SL2012 有少量试题单元含"相互依赖"的问题外,其余评价项目都设置前后独立的试题,后一问题的解答不依赖前一小题的作答结果。除 PCAP 外,所有评价项目设置的多数问题都与背景材料高度相关,需要依托背景材料提供的已知条件进行解答,PCAP 的背景材料更多的是塑造一种环境或"背景",并不含已知条件或提供解答试题所需的信息。除 PISA 多数问题与具体知识的相关性较弱外,其余评价项目的多数问题作答都需要学生"回忆""识别"具体的内容知识进行作答,NAEP 纸笔试题都与具体的内容知识紧密相关。

(5)从情境的图形式呈现来看,"文字+图片"在纸笔测验和计算机测试中都是最为普遍的一种情境呈现形式,在多数项目中都占有较大比例且不同项目之间的差异较大。PCAP 情境呈现基本以"文字+图片"为主,但图片更多的是提供一种背景和视觉观感,基本不包含已知信息。NAP-SL2012、PISA 和 NCA 使用了一定量的"文字+图表"和"文字+图片+图表"形式,比较关注学生从图表中获取数据和信息并进行处理的能力。"文字+视频"是 NAP-SL2015 唯一采用的一种呈现方式,主要体现在探究性任务中。

第五节 试题设计比较

一、科学学科能力测评的试题设计

1. 科学探究能力

综合每个项目的科学探究能力评价特点,PISA 主要通过两种途径对科学探究能力进行评价:一种是计算机模拟操作,主要评价学生设计实验操作步骤、进行操作、归纳结论的能力;另一种是通过"文字＋图片"的方式提供探究方案让学生进行评价。两种途径都会涉及控制变量、多次测量、对照实验等程序性知识以及误差对知识可信度的影响等认识论知识;对科学探究能力的评价可以采用选择类、构建类试题进行评价,既可以在简单的背景下进行,也可以在复杂的背景中进行。NAEP 对科学探究的评价有两种方法,一种是要求学生"做"出具体的操作,另一种是对科学探究案例的评论。在纸笔测验中,"做"出具体操作主要以构建类题型为主,要求写出实验或探究的步骤、方案或科学探究某一个过程的操作;对科学探究案例的评论则设计一个虚构的角色来进行实验,由学生对实验方案、操作或结论等方面进行评价或改进。PCAP 对"科学探究"的评价主要是在生活问题、社会问题和全球问题背景下,根据提供的探究过程方案、探究数据对科学探究的某个环节应该具备的能力进行评价,包括判断问题是否可以探究、重复测量、归纳结论、理解探究方案等多方面的能力。NCA 对科学探究能力("科学地工作")的评价体现在具体知识的评价过程中,包括提出问题、观察、使用简单设备、进行简单试验、收集并记录数据、归纳结论等多项技能或能力。NAP - SL 在探究性任务中评价探究能力比较系统,试题背景多以"文字＋视频"的形式呈现,设置一个虚拟的角色来进行实验或呈现实验数据,学生作为一个旁观者从文字和视频中获取信息来完成相应的试题,包括对实验器材和方案的选择、利用图表等工具进行交流的能力、获取信息和处理信息、对控制变量操作的解释、对实验数据的分析以及基于数据的实验改进等。在纸笔测验和计算机客观测试中,每个试题只能评价科学探究的某一个或多个技能。

2. 科学地解释现象

PISA 对"科学地解释现象"的评价不仅涉及对于一个自然现象的解释，如"流星体接近地球时运动速度会加快"，还涉及在一定的模拟操作后对相关结论的解释；试题的认知水平不局限于回忆并运用恰当的科学知识解释现象，还包括识别、使用和构建解释模型以做出恰当的预测并为之辩护等。NAEP 关注的也是能够说明某种现象背后的原因或模式，如学生要能够根据食物链的知识和已知条件进行推理来解释为什么松鼠数量的减少对狐狸种群造成影响；NAP - SL 试题关注在一定的背景下学生"识别"所学习的概念或规律并运用这些概念规律进行"描述"和"解释"活动。总体来看，三个评价项目对"科学地解释现象"的评价都是建立在"回忆""识别"概念或原理的基础上，要求学生在此基础上进行"描述"或"解释"或"预测"活动，这种活动可以发生在较为简单的情境中，也可以发生在较为复杂的情境中，题型也比较灵活。其中，PISA 计算机测试使用了下拉菜单、拖放等纸笔测验中不能使用的试题类型。

3. 理解数据与证据

从试题来看，PISA 对这一能力的评价更多借助于文本、表格、图片、地图以及模拟操作获取并理解信息的含义，体现了对分析、解读数据，得出恰当的结论和识别科学相关文本中的假设、证据和推理等能力的考查，评价可以采用选择类、构建类试题进行，既可以在简单的背景下进行，也可以在复杂的背景下进行。NAP - SL 对这一能力的评价更多地借助于"表格""图片"和"视频"所呈现的数据或图形信息，要求从中获取信息，另外一种是对从数据到结论的这个过程进行评价，如让某一虚拟角色根据数据得出一个结论，要求学生判断该结论是否与之前的预测相符合，或者从数据到结论的过程不够合理，要求提出改进建议。

二、计算机交互试题设计

1. PISA 和 NAEP 计算机交互试题设计的相同点

第一，两个评价项目都设计了一定的真实背景，这些背景对学生的发展十分有意义。例如 PISA 中"炎热天气下跑步"以长跑出汗可能引起脱水或休克为背景，"蓝色发电厂"以新能源发电为背景，"节能住宅"以不同颜色的屋顶的能耗为背景,这些背景对于拓展学生的视野有重要意义;NAEP 中"开裂的混凝土"以某城市冬天路面裂缝变大为背景,"瓶装蜂蜜"以某工厂灌装蜂蜜为背景,"热传递"以选择制作烹饪锅的材料为背景。这些背景都与现实生活相关且都需要转换为要进行探究的问题和模型,而这一转换过程在两个项目中都直接给出。

第二,两个评价项目都需要学生根据每一步给定的背景或操作要求设定相应的参数来运行操作,获取多组数据,从而做出选择或判断。实验数据采集和处理由计算机自动完成。

第三,两个评价项目需要学生完成的任务类型和题型具有相似性。两个项目中的试题都包含"操作得出数据—依据数据得出结论—做出判断或选择—说明怎样得出结论(即判断或选择的依据)"这样一个过程,对应的题型也都包括"选择+构建"。

2. PISA 和 NAEP 计算机交互试题设计的不同点

(1) 问题的设计不同。PISA 在总背景之后的每个问题基本是并列的,每个问题都在一种特殊的条件下提出,因而具有很高的独立性,前面的问题解决不会影响后面的操作和问题回答。NAEP 的试题总体上是依次递进的,在背景中提出一个总的问题,然后围绕这一问题进行科学探究,前面问题的回答可能是后面问题提出的基础,最终要在得出结论后回到开始提出的总问题来解决这一问题。

(2) 试题任务有所不同。两个项目除了都围绕"操作得出数据—依据数据得出结论—做出判断或选择—说明怎样得出结论"来设计任务外,PISA 试题还会要求学生调动所学习的科学知识解释现象,NAEP 还会涉及描述操作方案或思路,例如要测量什么,控制哪些变量,使用哪些设备甚至怎样使用,描述操作过程中或操作后发生了什么以及将探究所得到的结论运用到开始所提出的现实情境中解决问题,因此,NAEP 文字描述题相对较多。

(3) PISA 题型更加丰富。PISA 测试题型除了多选项选择题和建构试题外,还包括"下拉菜单"选择题、"拖放排序"以及"选择可以支持结论的数据",而 NAEP 的题型基本与纸笔测验的题型相同,只有多选项选择和构建类试题。

(4)PISA 的试题情境更加关注科技前沿。例如,"蓝色发电厂"的新型能源发电原理,"节能住宅"的节能原理,而 NAEP 的情境更加生活化,更加关注学生生活中常见的情境,如马路上的裂缝、用哪种材料制作锅底等。

三、动手操作任务设计

根据上面的分析可以看出,三个评价项目的操作任务都是在有限时间内的实践任务,操作前都会发布相应的操作手册(含学生需要完成的题目和记录数据的表格),操作任务都是学生较为熟悉的内容(在教学内容范围之内,如电路的组成、浮与沉等),但在许多方面都存在较大差异。首先,需要学生完成的任务不同。NAEP 将任务分成几部分,每部分围绕一个问题探究,例如电路的组成部分有哪些? 一个灯泡接入电路和两个灯泡串联接入电路的效果有什么不同? 哪些物体是导体,哪些是绝缘体? 每部分都是对问题的探究,包括设计方案、记录数据、解释现象;NAP - SL2012 基本是围绕一个任务的深入探究,但主要目的是按照步骤进行操作和收集数据,之后的个人独立工作又是基于小组合作得到的数据和个人观察来作答相应试题,包括归纳结论、评价实验,同时还包含一些拓展任务;NMSSA 没有明确将任务划分,只是以小题目的形式提出要求,例如"记录你发现的五个现象。为什么有些物体漂起来而有些物体沉底?"学生按照问题去进行操作然后回答问题即可。其次,对操作任务的评分不一样。NMSSA 和 NAEP 都关注学生在操作过程中的具体表现和"写在"纸上的思维过程和结果,NMSSA 主要从"观察的质量""提出问题的质量""选择可探究性问题的质量"和"设计探究实验的质量"四个方面来对学生操作进行评价,关注每个阶段对所给器材的使用情况,包括是否使用以及是否创新地使用、每个阶段与概念的相关性、操作的规范性和创造性,NAEP 会在进行操作之前告知评分的关注点在哪里,而 NMSSA 和 NAP - SL2012 没有提及这一点,只需要学生在操作的基础上完成相应的作答试题;NAP - SL2012 只对个人独立工作部分进行评分,因为这部分是在小组操作的基础上基于自己的观察和数据来回答问题,评分与纸笔测验相同,相对比较客观,因此,这部分评分作为区分学生水平的依据之一。再次,NAEP 的试题需要学生记录在试题册上的内容比较多。例如 4 年级的电路关注画出电路图、观察到的现象、判断的依据,8 年级的磁场要写出实验设计程序和可以观察到的现象;NAP - SL2012 和 NMSSA 的写作量相对较小,

NAP－SL2012只需要记录实验数据,同时完成相应的选择和构建类试题,NMSSA只需要在操作之后进行判断或在操作之前进行预测。最后,对具体的学科知识要求不同。NAEP操作任务涉及具体的学科知识,需要学生基于一定的学科知识来完成方案设计和问题解决,而NAP－SL和NMSSA需要学生去探究,学生可以有具体的学科知识,也可以没有具体的学科知识。总体来看,虽然都关注科学实践能力的评价,但三个评价项目的操作任务设计关注点不同,NAEP和NMSSA都更加关注实验设计能力,NAP－SL更加关注小组合作、对实验的评价、理解和应用数据的能力。

四、小结

(1)对科学探究能力的评价路径主要有三种:第一种是将科学探究理解为一系列子技能的集合,通过非探究性任务和探究性任务来评估科学探究的某一技能;第二种较为关注科学探究的整个过程,尤其是设计方案的能力;第三种是模拟或真实地"做"的过程,需要真正去操作变量或选择实验器材进行操作,通过操作的数据或现象来得出结论,主要体现在计算机交互试题和现场操作任务中。

(2)对"科学地解释现象"的评价建立在"回忆""识别"概念或原理的基础上,要求学生在此基础上进行"描述""解释"或"预测"。

(3)对"理解数据和证据"的评价关注分析、解读数据,得出恰当的结论和识别科学相关文本中的假设、证据和推理等。

(4)部分项目设置了有限时间内的实践操作任务,操作前都会发布相应的操作手册,操作任务都是学生较为熟悉的内容,但评估方式、任务设置和关注点均存在差异。

(5)PISA和NAEP都采用计算机模拟操作的方式进行测评。两个项目都基于真实的背景设置问题,要求学生根据操作要求设定相应的参数来运行操作,获取多组数据,从而做出选择或判断;实验数据采集和处理由计算机自动完成,任务设计思路都体现了"操作得出数据—依据数据得出结论—做出判断或选择—说明判断或选择的依据"这样一个过程,对应的题型都包括"选择＋构建"。

第十章
国际科学学业测评的展望

当前,通过学科课程与教学发展学生核心素养已经成为包括我国在内的世界各国与国际组织教育理论研究与实践变革的趋势。基于国际大规模科学学业测评框架的比较来看,虽然各国在测评框架与试题设计方面表现出某些共同的趋势,但也存在一些分歧或面临一些挑战。发展核心素养背景下国际科学学业测评表现出怎样的趋势?又面临着怎样的分歧和挑战?核心素养背景下的科学学业测评何去何从?本章基于对国际大规模科学学业测评项目的分析与比较,对科学学业测评的趋势进行总结,对面临的分歧和挑战进行分析,以期对我国科学学业测评框架和试题设计有所启示。

第一节　国际科学学业测评的趋势

一、测评框架的设计表现出"能力"取向

分析 PISA 和五个发达国家的科学学业测评框架发现,测评内容框架体现出两种理念,一种是以 NCA 为代表的"知识"取向内容框架,另一种是 PISA 和其余四个发达国家所构建的"能力"取向内容框架。知识取向内容框架的基本结构是"内容领域+认知领域",出发点是检查学生对每个条目内容的掌握情况,因此,内容领域采用"行为动词+具体知识"的形式明确且详细地罗列内容细目,包括科学探究的内容要求;认知领域对应布卢姆教育目标

分类学的认知过程,同时关注任务复杂度。能力取向内容框架围绕学科能力构建,基本结构为"学科能力＋学科知识＋态度（＋情境）",出发点是评价学生某个能力的发展情况,因此,学科能力具有明确的分类和界定,学科知识和情感态度被理解为在一定情境下展现能力所需调用的资源;学科知识不局限于内容知识,对程序性知识和关于科学本质的认识论知识有一定评价要求,对态度有一定界定,部分项目对情境有一定说明。

总体来看,围绕"能力"测评设计框架将成为科学学业测评的发展趋势,尤其随着 PISA 测评在全世界范围的影响力不断扩大,加拿大、澳大利亚、新西兰等国家的科学学业测评项目明显受到了 PISA 测评理念的影响,逐渐强调对"学科能力"的关注。从国际测评项目来看,提出的学科能力包括科学地解释现象、科学探究、理解数据和证据、科学交流、参与和贡献、问题解决和科学推理,主要对应认知领域和人际领域素养。随着核心素养理念在全球的不断渗透,国际科学学业测评项目将会更加强调对"能力"的关注,无论是对科学探究这一综合能力的测评,还是将科学探究的某些要素与核心素养的一些要素结合起来,如 NMSSA 对科学交流能力的评价等,"能力"取向已经成为国际科学学业测评的一种趋势。

二、表现标准的多维度化和水平描述的精细化

分析 PISA 和五个发达国家的科学学业测评框架发现,表现标准的呈现形式主要有三类:只含能力水平描述的总体表现标准,学科能力与学科知识结合的多个表现标准以及基于内容标准的"门槛标准"。第一类不涉及内容知识,但存在一个类似于"知识理解与应用"的水平描述,如 PISA、NAP－SL和 NMSSA;第二类涉及具体的知识内容,如 NAEP 和 PCAP;第三类即NCA,只描述合格一级的学业表现。其他评价项目的水平划分在 3～7 级之间,以 PISA 水平最多。围绕科学探究进行表现水平描述是各评价项目的共有特征,主要从科学探究的过程入手,包括明确探究目的、提出探究问题、控制变量、获取信息与数据、数据处理、得出结论、进行评价等,也有评价项目只关注其中的某些方面。部分项目对"科学地解释现象"、问题解决、科学交流、科学本质和科学知识的表现水平进行了详细描述。总体来看,从多个能力、科学本质和科学知识多个维度进行表现水平描述已成为一种趋势。

　　从具体的水平描述和区分线索来看,表现标准的精细化已成为国际科学学业测评项目关注的内容。以科学探究为例,"提出或区分可探究的问题"的水平区分因素是提出问题的复杂性或质量和数量;"控制变量"水平区分因素包括操作范围(一些实验、所有实验)、控制变量的层次(识别自变量、区分自变量和因变量、控制变量)、自变量的数量以及对控制变量的理解(直觉水平、理性控制变量、明确控制变量的目的);"对实验的评价与理解"水平区分因素包括情境范围(大量、一些、少量)、所能提出的证据质量和评价的质量(能评论优点、质疑和评论优点、基于证据评论和批判性分析)和对评价的认识程度(认识到如何参与、确认实施探究的要素、实施可靠的探究并记录)。数据处理(含理解)描述的线索主要包括数据的呈现方式及其转换、从数据中获取信息、解释数据并得出结论以及数据评价四个方面,水平区分因素包括数据的复杂性(数据多少、涉及变量的多少)、数据的呈现方式(简单表格、图线、条形图)、提供的支持条件(提供表头、标签或方格或不提供)、获取信息的质量(数量;描述或解读或整合;识别简单的数据模式、描述简单的因果关系、描述多步骤因果关系)和对数据评价的质量(有一定认识、合理判断)。

三、以"试题单元"的形式呈现测评试题

　　从国际科学学业测评项目的试题呈现方式来看,基本都以"试题单元"的形式在试卷中设置题目,通常围绕一个主题或事物设置总背景,相关问题在该背景下进行,也可以提出进一步的背景和问题。表 10 - 1 列出了传统试题呈现和"试题单元"的比较。

表 10 - 1　传统试题呈现和"试题单元"的比较

	传统试题呈现	"试题单元"呈现
样式	以题型分类组合成试卷,例如:选择＋判断＋填空＋实验……	以主题组合成试卷,例如:主题 1 青霉素＋主题 2 岩盐＋主题 3 种子传播……
特点	背景素材可有可无,通常实验题常有,选择、判断常无	背景素材＋多个问题/小题

（续表）

	传统试题呈现	"试题单元"呈现
优点	可以涉及更多的知识内容,更大范围地考查学生学习知识的多少和程度	可以基于情境逐步深入考查知识应用与能力发展,也可以在一个主题下考查多个领域的知识与能力,有利于学业整合
缺点	以知识掌握为导向,不利于知识的综合应用和深度整合	以能力发展为导向,对知识的考查范围有限

对比而言,以题型分类的传统呈现方式对于零散的知识或技能可以进行考查,但不利于知识的深度整合;而"试题单元"形式的任务呈现既可以逐步深入地考查知识与能力,也可以基于情境实现多领域内容的整合,这与核心素养所追求的"情境性"和"学业整合"十分吻合。

四、多种方式结合开展科学学业测评,基于计算机的测评受到关注

国际大规模科学学业评价采用的评价方式主要包括纸笔测验(计算机客观测试)、操作任务评价、计算机模拟操作和教师主导评价。纸笔测验依然是大规模科学学业评价的重要形式;计算机技术在大规模科学学业评价中已经有较多使用,包括提供动态的动画和视频背景、丰富题型、设计丰富的探究性任务和交互任务等。教师主导评价是 NCA 独有的一种评价方式,其本质是一种学校内部的过程性评价,评价过程由教师主导完成。NAEP 和 NMSSA 都将现场动手操作任务作为评价学生学业的一种方式,NAEP 的动手操作为个人独立操作,而 NMSSA 的操作任务包括个人独立操作和小组合作两种形式;除 NCA 不采用背景问卷收集学生的背景信息外,其余评价项目都通过背景问卷收集学生的背景信息,同时采用量表收集学生的情感态度信息。这说明:为了更加全面地评价学生的科学学业,多种方式结合开展科学学业测评已经成为一种趋势,而基于计算机的测评逐渐受到关注,在多个项目中得到应用。在国际科学学业测评项目中,PISA 和 NAEP 在基于计算机的测评任务设计方面明显具有更为丰富的经验,NAP 也在不断改进基于计算机的测评任务设计。随着国际学业测评对计算机测评价值的认识提高以及基于计算机的试题开发技术的发展,计算机在科学学业测评中将发挥不可忽视的作用,甚至取代纸笔测验和现场动手操作任务成为大规模学业测评的主要平台。

第二节 科学学业测评的反思

一、科学学业测评应该强调知识还是能力

从六个国际科学学业测评项目的比较来看,英国 NCA 比较特殊,评价框架的构建体现出明显的"知识"取向,将科学探究归入内容领域,而提出"知识与理解""应用与分析"和"综合与评价"三个层次的认知复杂度,内容领域采用"行为动词+具体知识"的形式明确且详细罗列内容细目;表现水平描述框架则只描述"合格"一级的表现且以内容领域为线索展开。根据本书的理论基础——"能力导向理论",能力导向的学业评价首先要界定能力,然后在一定情境下围绕能力展开评价。那么,作为早期实施基于素养的教育的国家之一的英国,早在 1999 年就提出了六大关键技能[①],为何在 2016 年的科学学业评价中却采用知识取向的评价框架且在评价过程中也是以物理、化学和生物三张独立的试卷进行评价? 科学学业测评到底应该追求知识还是能力导向?

根据最新评价方案,英国 NCA 仅围绕 2013 年新颁布的国家课程设计其评价框架,而 2013 年的国家课程是在 2007 年之后的又一次修订。有研究指出,面对 2007 版国家课程标准的缺陷和学生学业成就下滑、教育不公平现象加剧等一系列现实问题,英国 2013 年版的新课程出现了较为明显的"知识转向",在课程内容的选择上,从强调技能导向转向强调知识导向;在课程知识的组织上,从强调跨学科知识转向强调学科知识;在课程学习评价的设计上,从强调知识分层转向强调知识标准。[②] 从 NCA 评价目的来看,虽然英国 NCA 在国家层面上以抽样的方式进行科学学业评价,让公众能够了解学生的

---

① 1999 年,英国资格与课程局提出了六大关键技能(key skill),国内也译为"核心素养",分别是:交流(communication)、数字应用(application of number)、信息技术(Information Communication Technology, ICT)与与人合作(working with others)、问题解决(problem solving)和提升自己的学习和表现(improving own learning and performance)。

② 张建珍,郭婧. 英国课程改革的"知识转向"[J]. 教育研究,2017,38(8):152-158.

学业成就,监督各级政府和教育主管部门,但同时要为家长提供比较不同学校、跟踪子女进步的信息,还要让校长和教师能够确保每个儿童及每所学校的进步。① 正是基于这样的目的,NCA 在一定程度上是问责学校的依据。从 NCA 的表现描述可以看出,这些表现描述只有"合格"一级的"门槛标准",倘若学生的知识水平只能达到3、4 年级学生的水平,则学生处于比较危险的境地。② 既然要问责,自然"门槛标准"就更为重要。

综合可以看出,虽然英国很早就提出了"关键技能"的概念,并在科学课程中有所体现,但实施多年之后,英国课程改革出现了明显的"知识"转向,英国 2016NCA 是最新一次的大规模科学学业评价,也是基于新的课程标准展开,因此,其内容框架和表现水平描述围绕"知识"展开是有其课程背景和社会背景的。那么,究竟英国基于素养的教学在实施中遭遇了怎样的具体问题,迫使英国的课程从以发展关键技能为目标转向了回归知识? 是特殊环境所导致的还是具有一般性? 这些问题还需要进一步深入研究和反思。

实际上,随着核心素养影响力的不断扩大和国际课程改革对能力的不断强调,也有一些学者担忧基于核心素养的课程改革可能造成忽视知识的结果。从实质主义教育和形式主义教育的理论出发,核心素养是否会导致课程改革走向极端的"形式主义"教育呢? 英国 NCA 科学学业测评的"知识"取向需要我们认真思考科学学业测评与核心素养的关系以及未来科学学业测评的去向。

二、如何在科学学业测评中体现核心素养

对这一问题的讨论是有一定风险的,因为这一问题的提出意味着学科学业测评应该体现核心素养。从国际科学学业测评项目的设计来看,很多项目的设计都只是在框架和试题设计中更多地渗透核心素养的理念,如对情境的强调、对能力的关注等。NAP - SL 虽然将读写能力、计算能力、ICT 以及批判性思维与创造性思维等列入科学学业测评的框架之中,但也指出科学学业测评的主要目的是测量学生的科学学业成就,而非核心素养,因此核心素养的

---

① 李茂. 英国考试改革:教师主导评估[J]. 教育杂志,2010(4):63.
② GOV. UK. Key stage 2: science sampling test framework [EB/OL]. [2016 - 11 - 4]. https://www.gov.uk/government/publications/key-stage-2-science-sampling-test-framework.

测评知识作为"附带"评价内容，在科学探究和认知维度的设计中间接渗透。NMSSA也尝试在测评框架中体现核心素养，但实际其测评框架是基于国家课程设计，国家课程采取怎样的方式落实核心素养直接影响学业测评中对核心素养的体现。因此，首先要解决的一个问题就是科学学科究竟能够发展哪些核心素养。

美国21世纪技能提出之后，匹兹堡大学的教授克里斯汀·舒恩（Christian Schunn）对美国国家科学教育标准（NSES）和9个州的科学标准进行分析后指出，当前的科学学习并不包含所有的21世纪能力，但能为发展21世纪能力提供一个有用的基础。[①] 科罗拉多大学丹佛分校的玛丽亚（Maria）的研究表明，[②]在科学教育目标中很难找到与适应性、自我管理能力[③]以及系统思维相对应的条目，而复杂交流和解决非常规问题相对较易找到对应的条目；在大型评价项目中与21世纪技能对应的维度更多地集中在非常规问题解决上。新西兰构建的科学课程提出的理解科学、科学探究、科学交流、参与和贡献四个科学本质目标主要体现了"思维""使用语言、符号和文本""参与和贡献""与人交往"四个核心素养。[④] 在我国台湾地区，领域/科学核心素养是核心素养在具体学科/领域的体现，每个学科/领域核心素养呼应核心素养的特定项目，而不需要呼应所有的核心素养条目[⑤]。这表明科学学科（或学习领域）并不能发展所有的核心素养，至少某些核心素养在科学学科（或学习领域）是最为关键的。那么，科学学科（或学习领域）能够发展学生的哪些核心素养呢？

本书对国际六个大规模科学学业评价项目界定的学科能力进行总结，共归纳出七种能力，分别是科学地解释现象、科学探究、理解数据和证据、科学交流、参与和贡献、问题解决、科学推理。倘若与美国NRC提出的21世纪技

① SCHUNN C. Are 21 st century skills found in science education standards? [EB/OL]. http://sites. nationalacademies. org/cs/groups/dbassesite/documents/webpage/dbasse_072613. pdf.
② RUIZ-PRIMO M A. Towards a framework for assessing 21st century science skills [R]. The National Academies, 2009.
③ 作者选用的21世纪技能是NRC提出的五项21世纪技能，包括适应性、复杂沟通、非常规问题的解决能力、自我管理能力和系统思维。
④ 王俊民. 新西兰基于核心素养的科学课程变革：课程构建、实施路径与挑战[J]. 外国教育研究，2017,44(6):118-128.
⑤ 蔡清田."国民核心素养"转化成为领域/科目核心素养的课程设计[J]. 湖南师范大学教育科学学报，2016,15(5):5-11.

能进行对应,可以发现实际上也更多集中在问题解决和科学交流;倘若与本书所确定的四类核心素养进行对应,可以发现更多集中在认知领域素养,涉及部分的交际领域与工具领域素养,在内省领域涉及较少。我国毕华林教授等采用德尔菲法总结出中学理科课程应重点培养的 13 项科学能力和价值观念,从内容来看,更多集中在认知领域和人际领域,涉及部分工具领域和内省领域素养。[①] 我国物理、化学、生物课程标准和义务教育科学课程标准(2022年版)提出的学科核心素养包括学科观念、科学思维、科学探究(或探究实践)、科学态度与责任四个方面。由此来看,科学学科(或学习领域)所能发展的核心素养主要集中在认知领域,如科学思维、科学推理、问题解决、解释现象等;对交际领域、工具领域和内省领域有部分贡献,如科学交流、理解数据与证据、参与和贡献、自我调控等。

从国际科学学业测评项目来看,科学学业测评方式在很大程度上决定了科学学业测评能够关注到哪种核心素养。例如,动手操作实验和访谈要比纸笔测验更加能够反映学生的协作交流能力,而基于计算机的操作任务能够在一定程度上反映学生的数字素养或 ICT 素养。

三、科学学业测评需要怎样的情境

研究发现,虽然 NAEP、PCAP、NAP‐SL、NMSSA 与 PISA 类似,都基于学科能力构建内容框架和表现水平描述框架,但在情境设计上却与 PISA 表现出明显差异。这种差异主要体现在两个方面,一个是情境的来源和真实性,另一个是试题所调用的知识内容。PISA 试题的情境多为真实情境,关注全球变暖、保护动物、科技前沿、个人生活等真实的问题,而其他评价项目的情境设计多局限于学校学习内容或基于个人生活建构而来,重复学校所学习的实验和知识,尤其 NAEP 试题中还有很多无背景试题,需要直接"回忆""识别"学习的内容知识。与 PISA 致力于发展具有全球或区域的"环保主义者"和"科技探索者"相比,NAEP、NMSSA 和 NAP‐SL 似乎更多致力于发展一个"学科内部的问题解决者",PCAP 则介于两者之间,既有一些明显局限于学

---

① 毕华林,万延岚.核心素养:基于理科课程的一个实证研究[J].课程·教材·教法,2016,36(9):34‐41.

校内部的情境,也有一些关注全球或区域问题的情境。从调用的知识内容来看,PISA 有更多的试题单元涉及两个以上学科知识或素养,说明更加关注学科知识的整合,学生可以使用程序性知识和科学本质知识以及根据已知条件推理来解决相关问题,而国家级(除 PCAP)评价项目的试题作答需要学生调动很多具体的科学概念与规律,部分试题需要学生直接回忆学习的概念或规律。

这一研究结论与国内部分研究的结论相同,例如梁润婵、孙莹和李景梅等对 PISA、NAEP 和 TIMSS 的内容框架、试题进行比较后发现,PISA 测试更加关注学生应对未来社会变化的科学能力,NAEP 以检验学生在科学课程学习之后的科学学业为目的;高继伟认为 PISA 测试题更注重学生未来在社会上的发展。很多研究者都将原因归为 PISA 的评价目的,因此,首先需要对评价目的与项目设计理念进行分析。

根据 PISA 评价方案,PISA 所关注的不是学生在学校中学习一定的课程之后所掌握的知识和技能,而是聚焦于个体将所学知识和技能运用到未来社会生活,适应社会发展的能力,因此其试题设计更加关注现实问题,关注解决问题过程中的学业整合。但根据本书对内容框架的分析,国家级评价项目也在对科学素养的界定中提出要发展学生作为未来公民参与社会的能力,尤其PCAP 还使用了与 PISA 相同的"素养"(competencies)一词。

经过进一步分析发现,虽然国家级项目也提出要发展学生作为未来公民参与社会的能力,但同时更加关注课程实施的结果,也就是当前对知识技能的掌握。例如,NAEP 指出,一个具备科学素养的人应该熟悉和了解自然世界的关键事实、概念、原理、规律和科学理论,如物体的运动、细胞在生物体内的功能和地球材料的性能。从这一点出发可以理解,为什么 NAEP 内容框架中有"识别科学原理"和"应用科学原理"两个能力。"识别科学原理"实际上对应布卢姆教育目标分类学中的"记忆"和"理解",因此其试题设计可以不设置背景而要求学生通过回忆来直接作答。PCAP 对科学素养的界定与 PISA 有相近之处且对背景一定的说明,因此,其试题设计更多参考 PISA 试题,部分试题的情境设计也与 PISA 类似。NAP‐SL 和 NMSSA 虽然尝试构建基于核心素养的评价框架,在试题设计上也较为关注情境设计,但评价在国家课程的指导下展开,受制于国家课程内容,因此,在情境的来源和知识整合方面既要考虑国家课程的实施,也要考虑发展学生适应未来社会的能力。

另外,评价对象和地理范围可能也是导致出现这一差异的重要因素。PISA 的评价对象是世界各国 15 岁的学生,大约对应我国的初三学生,而其他国家的评价项目多数针对 4~8 年级的学生(年龄范围约在 9~13 岁),大约对应我国的小学到初一学生,只有美国 NAEP 还针对 12 年级的学生。由此来看,PISA 测试可以涉及的情境范围和知识范围要比各国的评价项目更广一些,更加有利于创设丰富的情境和调用多个学科的知识。而各国学业评价项目需要充分考虑小学生的认知水平和知识范围,关注日常生活情境。同时由于 PISA 是国际范围内的学业评价,需要充分考虑各国的文化差异和课程设置,以保证测试的公平性,因此,其情境范围需要具有更为广阔的视野,既考虑各国共同的素材,又要超越学校内容,保证情境的新颖性。各国评价项目则可以不考虑这方面的因素,即便是学校内部学习的素材也可以直接使用。

因此,从学业评价项目的设计理念、依据、评价对象和所处的环境来看,PISA 立足于国际,超越各国科学课程而面向学生即将步入的社会,可以有更为广阔的视野和丰富的资源,而各国评价项目则首先必须基于国家课程来评价国家课程的实施情况,因此,情境的选择范围狭窄,更加关注学科知识的理解与应用,复杂环境下的知识整合体现不足。

四、构建类与开放性试题是否更有助于实现学业整合

有研究指出,为满足核心素养的评价,欧盟不断丰富标准化测验中试题的内容和形式,如增加开放性问题或面向态度的调查性问题;[1]也有研究指出,在针对学生核心素养发展的终结性和形成性评价中,评价任务设计要强调整合性、情境化、开放性,因为不良结构问题的不确定性和开放性,能够为学生展示他们分析和解决问题的思考过程和最终结果提供机会。[2] 那么,在发展学生核心素养目标下,科学学业评价是否应该以构建类和开放性试题为主来实现学业整合? 从国际大规模科学学业评价试题的题型和作答要求来看,各评价项目都以封闭性和开放性试题结合的形式来评价学生的科学素

---

① 刘新阳,裴新宁.教育变革期的政策机遇与挑战:欧盟"核心素养"的实施与评价[J].全球教育展望,2014(4):75-85.
② 杨向东.核心素养测评的十大要点[J].人民教育,2017(3):41-46.

养,除 NCA 外,选择类试题所占比例都在 50％以上。在明确将科学素养界定为三种素养的 PISA 和 PCAP 评价中,PISA2015 要求"选择答案"的题目占到 63％,另有 11％的题目要求"先选择再解释",两者的开放性试题的比例均在 20％左右。在知识取向的 NCA 评价中,构建类试题所占比例达 65％以上,开放性试题所占比例在 15％左右。由此来看,设计一定量的开放性试题是必要的,但不应该过度追求。

首先,选择类试题是否能实现学业获得的整合? 根据能力导向理论,整合要运用属于认知、动作和社会情感领域的一些能力和品格,更多地针对具体任务,只有在针对某一既定情境或某一类既定情境的时候才有意义。从这一点出发,选择类试题同样可以实现学业获得的整合,关键在于是否需要学生在一定情境下调动并整合资源。在 PISA 等评价项目中,其试题多以"试题单元"的形式呈现,虽然是选择或填空,但围绕某一主题可以联结较多的知识且对知识的考查不以回忆为目的,同样可以实现知识整合和能力发展。其次,构建类试题,尤其拓展构建类试题,虽然更加具有优势,但可能因为需要学生具有更高的写作或语言组织能力,对学生造成一定的负担;开放性试题的解答有利于调动更多的资源,但其阅卷客观性不易保证。

从各评价项目的题目呈现形式来看,除 NAEP 有很多题目以单独形式呈现外,其余评价项目均以"试题单元"的形式呈现题目,即一个背景下设计多个小题或问题,这种形式可以将选择和构建类题型结合,有利于在一定背景下实现学业整合评价。NAEP 很多试题以单独形式呈现,对应的是其评价框架中的"识别科学原理"和"应用科学原理",这样的题目更多地体现的是对原理的识别和回忆以及脱离情境的应用,在发展学生核心素养的背景下,在学习过程中可以采用,但在整合阶段应该尽量避免。NCA 是内容导向的评价,但其题型丰富,也以"试题单元"的形式呈现,关注生活情境,简单构建类试题占有较大比例且有个别数量的开放性试题,但其学业整合往往局限于每个知识领域内部,整合的范围有限。因此,在终结性评价中,构建类试题和开放性试题并不应该作为实现学业整合的必要条件,关键在于能否创设有利于调动多领域、多学科知识的情境,同时要认识到终结性评价方式的局限性,尤其纸笔测验的局限性,将多种方式结合开展评价。

五、如何评价学生的科学态度

研究发现,在六个国际大规模科学学业评价项目中,PCAP 是唯一采用"嵌入式试题"和背景问卷相结合的方式来评价态度的项目,而其他评价项目都只采用背景问卷来评价科学态度。从试题来看,PCAP 的态度试题是在试题单元中以某一小题的形式呈现的,如在"气候变化"这一试题单元中,在作答完成前两道涉及认知能力的试题后,要求学生对一些陈述做出判断,如下所示:

试题单元 D:气候变化

3. 对于下面的陈述你是同意还是不同意,请做出陈述。答案没有对错。

陈　　述	非常不同意	不同意	同意	非常同意
a. 气候变化自然发生,它可以自我调节				
b. 我并不担心气候变化				
c. 我的行为不利于气候变化				
d. 气候变化是我的责任				

题目明确陈述答案没有正误之分。从 PCAP 报告来看,虽然这一试题针对态度,但收集的学生反应信息并不计入学生科学素养总分中。

实际上,早在 2006 年以前,PISA 也曾采用类似的方式来评价学生"对科学的态度",但之后的 2010 年和 2013 年由于科学并不是主要测试学科,时间有限,因此就没有采用嵌入式试题进行评价。[①] 2015 年科学虽然是主学科,但也没有再采用嵌入式试题进行评价。2015 年 PISA 评价框架指出,学生的动机、态度、信念和行为被视为学生能否在学业成就、教育成就和劳动力市场取得成功的重要前兆和预测因素,而过去的 PISA 主要通过纸笔测验来评价学

---

① Council of Ministers of Education, Canada. PCAP2016 assessment framework [EB/OL]. https://www.cmec.ca/docs/pcap/pcap2013/PCAP-2013-Science-Assessment-Framework-EN.pdf.

生的学习结果,对这些"非认知结果"重视不够,专业人士和公共舆论对这种
单纯以学业成就来测量"非认知结果"的方式表述怀疑。① 由此,PISA 将"非
认知结果"作为一个独立的领域来进行调查。

　　在国际上,许多研究也都表明,科学态度会影响学科知识、技能和方法的
获得与转化,甚至影响学习者将来是否从事科学相关的职业。② 因此,国外对
科学态度的研究比较重视。目前国际上对科学态度的内涵存在多种理解,使
用较多的是加德纳的界定,将科学态度分为"对科学的态度"(attitudes
towards science)和"科学的态度"(scientific attitudes)。其中,"科学的态度"
与科学思维和科学方法有关,较偏向认知的部分,包括勤于反思、质疑、善于
探究、讲究逻辑推理、实证研究等;"对科学的态度"则更偏向于意向,主要指
对与科学及其学习相关的人、事、关系的评价,包括科学本质、学校科学教育、
教师等。③ 从测量方式来看,主要都是通过量表进行测量,应用较广泛的有
TOSRA(Test of Science-Related Attitudes)、SAI(Science Attitude Inventory
及其修订版 SAI II(Science Attitude Inventory II)和 MFSA(Modified
Fennema-Sherman Attitude Scales)等。④·⑤·⑥·⑦ 由此来看,国际上对态度的
测评还是以量表为主。从国际大规模科学学业评价项目对科学态度评价的
内容和方式来看,"科学的态度"和"科学的本质"主要通过纸笔测验进行测
量,部分项目将"科学的本质"作为与内容知识领域并列的重要内容,而"对科
学的态度"主要通过背景问卷进行测评。PCAP 将科学态度界定为对科学相
关事件的兴趣和察觉意识;对基于证据的知识的尊重与支持;可持续发展和

① Council of Ministers of Education, Canada. PCAP2016 assessment framework [EB/OL]. https://
　www.cmec.ca/docs/pcap/pcap2016/PCAP-2016-Assessment-Framework.pdf.
② GAULD C F, HUKINS A A. Scientific Attitudes: a review [J]. Studies in Science Education,
　1980,7(1):129 - 161.
③ GAULD C F, HUKINS A A. Scientific Attitudes: a review [J]. Studies in Science Education,
　1980,7(1):129 - 161.
④ FRASER B J. Test of science related attitudes (TOSRA) handbook [M]. Melbourne: Australian
　Council for Educational Research, 1981.
⑤ MOORE R W, SUTMAN F X. The development, field test and validation of an inventory of
　scientific attitudes [J]. Journal of Research in Science Teaching, 1970(7):85 - 94.
⑥ MOORE R W, FOY R L. The scientific attitude inventory: A revision SAI II [J]. Journal of
　Research in Science Teaching, 1997(34):327 - 336.
⑦ DANA E, CRAKER. Attitudes toward science of students enrolled in introductory level science
　courses at UW-La crosse [J]. UW-L Journal of Undergraduate Research IX, 2006:1 - 6.

管理的意识。从试题设计来看，嵌入式试题更多针对的是"对科学的态度"，如"气候变化"这一试题单元下的问题实际是将学生对气候变化的态度置于一个真实的情境之中，更能体现这种评价的情境性，但这种将对"非认知结果"的测量嵌入试题中的做法可能会对学生有一定的作答暗示，其测评效度可能不太理想，PCAP 在题干中明确标记该试题没有正误之分并不将其计入总分，可能也是出于这样的考虑。从发展学生核心素养的视角来看，态度是个体素养不可分割的一部分，在一种真实情境下同时调用知识、技能和态度当然是非常必要的，就这一点来说，嵌入式试题评价是非常理想的一种方式，但从评价的效度来看，学生容易受暗示而选择有利于得分的选项，从而使试题的评价效度降低。因此，将嵌入式试题和问卷调查结合可能是评价学生科学态度的可行路径。

附　录

附录一　相关机构、项目与术语的中英文对照

1. 相关机构名称的中英文对照

经济合作与发展组织（OECD）Organization for Economic Co-operation and Development

美国科学教育健康办公室 The National Institutes of Health Office of Science Education

美国国家研究理事会（NRC）National Research Council

美国国家教育统计中心（NCES）The National Center for Education Statistics

美国 21 世纪技能联盟 Partnership for 21st Century Skills

美国 21 世纪技能评价委员会 Committee on the Assessment of 21st Century Skills

美国科学教师协会（NSTA）National Science Teacher Association

美国教育考试服务中心（ETS）Educational Testing Service

加拿大教育部长理事会（CMEC）Council of Ministers of Education，Canada

英国继续教育部（FEU）（Further Education Unit）

2. 相关项目或文件的中英文对照

国际学生评价项目（PISA）Program for International Student Assessment

美国国家教育进步评价项目(NAEP) National Assessment of Educational Progress

英国"国家课程评价"项目(NCA) National Curriculum Assessment

泛加拿大评价项目(PCAP) Pan-Canadian Assessment Program

泛加拿大科学学习成果共同框架 Common Framework of Science Learning Outcomes K to 12

加拿大学校成就指标项目(SAIP) School Achievement Indicators Program

澳大利亚全国科学素养评价项目(NAP - SL) National Assessment Program-science literacy

新西兰国家学生学业成就监测研究(NMSSA) National Monitoring Study of Student Achievement

新西兰国家教育监测项目(NEMP) National Education Monitoring Project

新西兰国家教育学业水平考试(NCEA) National Certificate of Educational Achievement

《新西兰课程咨询草案2006》*The New Zealand Curriculum：Draft for Consultation 2006*

《新西兰课程》*The New Zealand Curriculum*

《新西兰课程框架》*The New Zealand Curriculum Frame*

《美国科学教育标准》(NSES) *National Science and Education Standards*

《新一代科学教育标准》(NGSS) *The Next Generation Science Standards*

3. 相关术语

素养 competencies/competency

能力 capabilities

核心素养 key competencies/competency

21世纪技能 21st Century Skills

关键技能 key skills 或 core skills

基本技能 essential skills

通用能力 general capabilities

一般能力 general capability

全球素养 global competencies

横向素养 transversal competence

科学能力 scientific competencies

认知技能 cognitive skills

人际技能 interpersonal skills

个人内省技能 intrapersonal skills

评价 assessment

评价 evaluation

情境 situation

背景 context

内容性知识 content knowledge

程序性知识 procedural knowledge

认识论知识 epistemic knowledge

图式知识 schematic knowledge

策略性知识 strategic knowledge

对科学的态度 attitudes towards science

科学的态度 scientific attitudes

科学素养进阶图 Science Literacy Progress Map

精熟度量规描述 proficiency scale descriptions

成就水平 achievement levels

附录二　各评价项目的试题编号与基本信息

1. PISA 试题编号与基本信息

试题单元编号	呈现形式	题型(题号)	是否交互
A 鸟类迁徙	背景＋小题(3)	单选(1);构建(2);多选(3)	否
B 在炎热天气下跑步	背景＋小题(5)	下拉菜单选择(1);单选(2);选择＋构建(3,4,5)	是

试题单元编号	呈现形式	题型（题号）	是否交互
C 流星体与陨石坑	背景＋小题(3)	单选(1)；下拉菜单单选择(2)；拖放(3)	否
D 坡面研究	背景＋小题(2)	构建(1)；选择＋构建(2)	否
E 可持续性的渔业	背景＋小题(3)	拖放(1)；单选(2,3)	否
F 蜂群衰竭失调	背景＋小题(5)	单选(3,5)；构建(1,4)；下拉菜单单选择(2)	否
G 化石燃料	背景＋小题(3)	单选(1)；构建(2,3)	否
H 火山喷发	背景＋小题(3)	选择区域(1)；构建(2)；单选(3)	否
I 地下水开采和地震	背景＋小题(4)	构建(1)；拖放(2)；单选(3)；多选(4)	否
J 蓝色发电厂	背景＋小题(4)	多选(1)；下拉菜单单选择(2,3)；构建(4)	是

2. NAEP 纸笔试题编号与基本信息

试题编号	呈现形式	题型	是否有背景	评价形式
1	独立问题	多选项选择题	一句话	
2	独立问题	多选项选择题	无	
3	独立问题	多选项选择题	无	
4	独立问题	多选项选择题	一张图片	
5	试题单元(食物链)	多选项选择题	食物链图	
6	试题单元(食物链)	构建类(3 个)	食物链图	
7	试题单元(食物链)	构建类(2 个)	食物链图	纸笔测验
8	独立问题	多选项选择题	一张图片	
9	独立问题	构建类	一段文字	
10	独立问题(含 3 个问题)	构建类(3 个)	一段文字	
11	试题单元(摩擦力)	多选项选择题	文字＋图片	
12	试题单元(摩擦力)	构建类	文字＋图片	
13	试题单元(水循环)	多选项选择题	一张图片	

（续表）

试题编号	呈现形式	题型	是否有背景	评价形式
14	试题单元（水循环）	构建类	一张图片	
15	独立问题	多选项选择题	文字＋图片	
16	独立问题（含 3 个问题）	构建类	一段文字	
17	独立问题	多选项选择题	文字＋图片	

3. PCAP 试题编号及基本信息

试题单元编号	试题呈现（问题数量）	题型（题号）	评价方式
A. 水的重要性	背景＋小题(4)	构建(1)；选择(2)；判断(3)；判断＋构建(4)	纸笔测验
B. 解决方案	背景＋小题(4)	构建(1,2)；选择(3)；判断(4)	纸笔测验
C. 长颈鹿	背景＋小题(2)	构建(1,2)	纸笔测验
D. 气候变化	背景＋小题(3)	构建(1)；选择(2)；判断(3)	纸笔测验
E. 物质的状态	背景＋小题(1)	判断(1)	纸笔测验
F. 调查盐沼生态系统	背景＋小题(5)	选择(1,5)；构建(2,4)；判断(3)	纸笔测验

4. NCA 试题编号与基本信息

试卷科目	试题单元编号	试题呈现	题型（题号）	评价方式
生物	A. 鸭塘	3 小题/6 问题	选择(1,3ii)；简短构建(2i/3i)；拓展构建(2ii2iii)	纸笔测验
	B. 种子传播	6 小题/6 问题	确定区域(1)；简短构建(2,5)；选择(4)；拓展构建(3,6)	
	C. 草头娃娃	4 小题/4 问题	简短构建(1)；拓展构建(2)；判断(3)；选择(4)	
	D. 天花	3 小题/5 问题	选择(1i)；拓展构建(1ii3)；简短构建(1iii2)	

（续表）

试卷科目	试题单元编号	试题呈现	题型（题号）	评价方式
化学	E. 干燥的织物	5小题/5问题	简短构建(1,4,5)；选择(2)；判断(3)	纸笔测验
	F. 流动的油	4小题/4问题	简短构建(1)；拓展构建(2,3,4)	
	G. 分组材料	3小题/3问题	选择(1)；简短构建(2,3)	
	H. 材料	1小题	简短构建(1)	
	I. 科学活动	2小题/2问题	拓展构建(1)；选择(2)	
	J. 土壤	5小题/4问题	简短构建(1,3)；选择(2,4)；	
物理	K. 磁力	6小题/6问题	画图(1)；简短构建(2,4)；拓展构建(3,5)；判断(6)	
	L. 电路探究	4小题/4问题	选择(1,4)；连线匹配(2)；拓展构建(3)；	
	M. 太阳系统	4小题/5问题	判断(1)；简短构建(2i2ii)；选择＋拓展构建(3)；拓展构建(4)	
	N. 探究抓地力	4小题/4问题	简短构建(1)；拓展构建(2,3)；选择＋构建(4)	

5. NAP－SL试题编号与基本信息

试题单元	呈现形式（数量）	题型（题号）	测试类型
A. 发亮的牙齿	背景＋小题(2)	选择(1,4)	计算机客观测试
B. 防晒霜	背景＋小题(5)	选择(1,2)；拓展构建(7,11)；选择＋拓展构建(10)	计算机探究任务
C. 灯泡	背景＋小题(1)	选择(2)	计算机客观测试
D. 木星的卫星	背景＋小题(1)	圈区域(2)	计算机客观测试
E. 洪水	背景＋小题(1)	选择(2)	计算机客观测试
F. 蚂蚁狮	背景＋小题(1)	选择(1)	计算机客观测试
G. 平衡气球	背景＋小题(1)	选择(1)	计算机客观测试
H. 摆	背景＋小题(3)	拖放(1)；拓展构建(3)；选择(6)	计算机探究任务

（续表）

试题单元	呈现形式（数量）	题型（题号）	测试类型
A＊沙漠中的生命	背景＋小题（2）	简单构建（1）；选择（2）	纸笔测验
B＊光与影子	背景＋小题（4）	选择（1,2,3）；拓展构建（4）	纸笔测验
C＊混合液体	背景＋小题（2）	选择（1,2）	纸笔测验
D＊食物和能量	背景＋小题（4）	选择（1,2）；拓展构建（3,4）	纸笔测验
E＊纸巾测试	背景＋小题（2）	拓展构建（1）；选择（2）	纸笔测验
F＊窗帘	背景＋小题（3）	拓展构建（1,2）选择（3）	纸笔测验
G＊制作果冻	背景＋小题（3）	拓展构建（1）；简单构建（2）；选择（3）	纸笔测验
H＊液体蒸发	背景＋小题（7）	简单构建（1）；选择（2）拓展构建（3,4,5,6,7）；	纸笔测验
I＊种子传播	背景＋小题（4）	选择（1,3,4）；简单构建（2）	纸笔测验
J＊循环	背景＋小题（3）	选择（1,2）；拓展构建（3）	纸笔测验
K＊变化的岩石	背景＋小题（3）	拓展构建（1,2,3）	纸笔测验
L＊太阳能	背景＋小题（2）	选择（1）；拓展构建（2）	纸笔测验

6. NMSSA 试题编号与基本信息

试题名称	评价方式	呈现形式（问题数量）	题型
A. 水坑	纸笔测验	背景＋问题（2）	构建类
B. 踢足球	纸笔测验	背景＋问题（2）	构建类
C. 浮与沉	个人现场操作	操作＋问题（8）	选择＋构建

参考文献

［1］贝磊,鲍勃,梅森. 比较教育研究:路径与方法［M］. 李梅,译. 北京:北京大学出版社,2010.

［2］洛森. W. 安德森. 布卢姆教育目标分类学:分类学视野下的学与教及其测评(修订版)(完整版)［M］. 蒋小平,张琴美,罗晶晶,译. 北京:外语教学与研究出版社,2009.

［3］吉尔伯特·萨克斯,詹姆斯·W. 牛顿. 教育和心理的测量与评价原理［M］. 王昌海,等译. 南京:江苏教育出版社,2002.

［4］雷诺兹. 教育测量与评价［M］. 第二版. 霍黎,霍舟,译. 北京:科学出版社,2015.

［5］易克萨维耶·罗日叶. 整合教学法:教学中的能力和学业获得的整合［M］. 第二版. 汪凌,译. 上海:华东师范大学出版社,2010.

［6］易克萨维耶·罗日叶. 学校与评估:为了评估学生能力的情境［M］. 汪凌,周振平,译. 上海:华东师范大学出版社,2011.

［7］北京教育科学研究院基础教育教学研究中心项目组. 北京市 2010 年义务教育教学质量分析与评价反馈系统研究报告(中学生物、地理、化学)［R］. 北京:北京出版社,2012.

［8］北京教育科学研究院基础教育教学研究中心项目组. 北京市 2012 年义务教育教学质量分析与评价反馈系统研究报告(总报告)［R］. 北京:北京出版社,2012.

［9］柏毅,吕泽恩. 美国教育评估系统的 ECD 模型［J］. 教育测量与评价,2016(1):35 - 39.

［10］毕华林,万延岚. 核心素养:基于理科课程的一个实证研究［J］. 课程·教材·教法,2016(9):34 - 41.

［11］毕华林,卢姗姗. 化学课程中情境类型与特征分析［J］. 中国教育学刊,2011(10):60 - 63.

［12］毕秀国,宋福贵,董晓梅,等. 基于情境的数学启发式教学在经济类高等数学教学中的实践与探索［J］. 数学教育学报,2010,3:93 - 96.

［13］蔡清田. 台湾十二年国民基本教育课程改革的核心素养［J］. 上海教育科研,2015(4):5 - 9.

［14］蔡清田. "国民核心素养"转化成为领域/科目核心素养的课程设计［J］. 湖南师范大学教育科学学报,2016,15(5):5 - 11.

[15] 蔡铁权,蔡秋华."科学素养说"和中学科学教育改革[J].课程·教材·教法,2004,24
    (10):48-52.
[16] 蔡敏.当代学生课业评价[M].上海:上海教育出版社,2006.
[17] 辞海编辑委员会.辞海[Z].上海:上海辞书出版社,1989.
[18] 迟旭,周世厚.是什么使比较成为可能:论比较教育中的可比性[J].外国教育研究,
    2009,36(4):1-6.
[19] 常磊.中小学数学教学情境的国际比较研究[D].上海:华东师范大学,2017.
[20] 褚宏启.核心素养的概念与本质[J].华东师范大学学报(教育科学版),2016,34(1):
    1-3.
[21] 成尚荣.基础性:学生核心素养之"核心"[J].人民教育,2015(7):24-25.
[22] 陈刚,皮连生.从科学取向教学论看学生的"核心素养"及其体系构建[J].湖南师范
    大学教育科学学报,2016,15(5):20-27.
[23] 陈玉琨.教育评价学[M].北京:人民教育出版社,1999.
[24] 从立新,章燕.澳大利亚课程标准[M].北京:人民教育出版社,2005.
[25] 陈志辉,刘琼琼,李颖慧,等.PISA 影响下数学学业水平考试的问题情境比较研究:
    以上海三年中考和新加坡 O-Level 试题为例[J].比较教育研究,2015(10):98-105,
    112.
[26] 陈坤.核心素养视域下数学试题的问题特征比较研究:以 2012 年 PISA 测评样题与
    北京、上海两地近五年中考数学试题为例[J].湖北文理学院学报,2017,38(5):79-
    84.
[27] 崔允漷.素养:一个让人欢喜让人忧的概念[J].华东师范大学学报(教育科学版),
    2016,34(1):3-5.
[28] 崔允漷.追问"核心素养"[J].全球教育展望,2016,45(5):3-10.
[29] 杜明荣.高中物理试题难度的影响因素研究[D].重庆:西南大学,2008.
[30] 冯翠典,高凌飚.TIMSS 和 NAEP 的开放题评分技术研究[J].教育测量与评价,2010
    (3):23-24,28.
[31] 冯翠典.科学素养结构发展的国内外综述[J].教育科学研究,2013(6):62-66.
[32] 付雷.美国 NAEP 学业成就水平描述的变迁及对我国的启示:以八年级科学学科学
    业评价为例[J].教育测量与评价(理论版),2012(8):20-23.
[33] 高凌飚.考评:评价概念的去价值化和拓展[J].数学教育学报,2014,23(1):16-19.
[34] 高继伟,陈红君,王垠杰,等.论 TIMSS 和 PISA 科学教育评价及其对我国科学教育
    的启示[J].长春师范大学学报,2015,34(10):97-102.
[35] 郭宝仙.核心素养评价:国际经验与启示[J].教育发展研究,2017,37(4):48-55.
[36] 郭文娟,刘洁玲.核心素养框架构建:自主学习能力的视角[J].全球教育展望,2017,
    46(3):16-28.
[37] 郭元婕."科学素养"之概念辨析[J].比较教育研究,2004(11):12-15.
[38] 郭玉英,张玉峰,姚建欣.物理学科能力及其表现研究[J].教育学报,2016,12(4):
    57-63.
[39] 谷传华,张文新.情境的心理学内涵探微[J].山东师范大学学报(人文社会科学版),
    2003,48(5):99-102.

[40] 龚伟.义务教育阶段(7～9 年级)科学学科能力测评框架构建及应用研究[D].上海: 华东师范大学,2014.

[41] 黄晓,郝晶晶.PISA 视野下的浙江省初中科学学业考试分析与省思:基于 13 年浙江省科学学业水平考试试题[J].教师教育研究,2016(2):68-74.

[42] 胡进.义务教育教学质量监控评价的实践与思考:基于北京市学科评价方案的研制与实施[J].中国教育学刊,2013(1):25-29.

[43] 胡卫平.基于核心素养的科学学业质量测评[J].中国考试,2016(8):23-25.

[44] 胡卫平.论中学生科学能力的结构[J].中国教育学刊,2001(3):20-23.

[45] 胡军,刘万岑.加拿大基础教育[M].上海:同济大学出版社,2015.

[46] 荆其诚.简明心理学百科全书[M].长沙:湖南教育出版社,1991.

[47] 贾炜."零起点"政策背景下的儿童学习基础素养[J].中国教育学刊,2015(3):7-10.

[48] 孔凡哲.中国学生发展核心素养评价难题的破解对策[J].中小学教师培训,2017(01):1-6.

[49] 孔燕,吴儒敏,朱晓果,等.学术情境试题的目标定位与编制策略[J].中国考试,2016(9):18-23.

[50] 梁润婵.TIMSS、PISA、NAEP 科学测试框架与测试题目的比较研究[D].桂林:广西师范大学,2009.

[51] 柳夕浪.从"素质"到"核心素养":关于"培养什么样的人"的进一步追问[J].教育科学研究,2014(3):5-11.

[52] 刘敏,董筱婷.加拿大全国性学业成就评价项目的框架、特点及启示[J].教育测量与评价,2015(6):8-13.

[53] 刘新阳,裴新宁.教育变革期的政策机遇与挑战:欧盟"核心素养"的实施与评价[J].全球教育展望,2014(4):75-85.

[54] 刘晟,魏锐,周平艳,等.21 世纪核心素养教育的课程、教学与评价[J].华东师范大学学报(教育科学版),2016,34(3):38-45.

[55] 刘帆,文雯.PISA2015 科学素养测评框架新动向及其对我国科学教育的启示[J].外国教育研究,2015,42(10):117-128.

[56] 刘晓庆.大规模学业评价研究[D].武汉:华中师范大学,2013.

[57] 刘欣颜,刘晟,刘恩山.学业质量水平等级标准设定及其启示:以小学科学学科为例[J].教育学报,2016(2):34-40.

[58] 李坤凤.大学生"国家认同"核心素养评价指标体系的构建[J].学校党建与思想教育,2017(9):60-64.

[59] 李茂.英国考试改革:教师主导评估"[J].教育杂志,2010(4):63.

[60] 李景梅.TIMSS、PISA、NAEP 测评中物理试题设计的研究[D].重庆:重庆师范大学,2012.

[61] 李贵安,何嘉欢,徐小红.NAEP 科学能力测评对我国物理学科能力测评的启示[J].教育测量与评价,2015(5):30-36.

[62] 林崇德.21 世纪学生发展核心素养研究[M].北京:北京师范大学出版社,2019.

[63] 林崇德.论学科能力的建构[J].北京师范大学学报(社会科学版),1997(1):5-12.

[64] 林静.美国 NAEP 科学素养评价新趋向[J].中国考试(研究版),2009(9):26-32.

[65] 李勇.教育评价、教育评估及教育考试概念辨析[J].考试研究,2015(6):91-95.

[66] 苗艳艳.不同科学学习动机类型的中学生对情境性科学试题反馈的初步研究[D].桂林:广西师范大学,2015.

[67] 曲凤霞.教育评估与教育评价之辨析[J].航海教育研究,2005,22(1):45-47.

[68] 邵朝友.评价范式视角下的核心素养评价[J].教育发展研究,2017,37(4):42-47.

[69] 邵朝友.基于学科能力的表现标准研究[D].上海:华东师范大学,2014.

[70] 盛群力,等.21世纪教育目标新分类[M].杭州:浙江教育出版社,2008.

[71] 师曼,刘晟,刘霞,等.21世纪核心素养的框架及要素研究[J].华东师范大学学报(教育科学版),2016,34(3):29-37.

[72] 石鸥.核心素养的课程与教学价值[J].华东师范大学学报(教育科学版),2016,34(1):9-11.

[73] 索桂芳.核心素养评价若干问题的探讨[J].课程·教材·教法,2017,37(1):22-27.

[74] 孙建明.新课程高考化学学科试题命制研究[D].武汉:华中师范大学,2014.

[75] 谭轶斌.PISA 阅读情境维度对现代文阅读测评的启示[J].中学语文教学,2012(11):63-67.

[76] 唐小为,李琴,王唯真.小学生科学学科能力:建模、测量与城乡比较[J].湖南师范大学教育科学学报,2015,14(4):93-99.

[77] 万东升,魏冰.科学本质教学内容的国际比较与启示:以英、美两国《新标准》为例[J].教育科学,2015(6):83-87.

[78] 王策三.认真对待"轻视知识"的教育思潮:再评由"应试教育"向素质教育转轨提法的讨论[J].北京大学教育评论,2004,2(3):5-23.

[79] 王晨光.PISA 与 NAEP 科学测评对我国科学教师学科知识测试编制的启示[J].北京教育学院学报(自然科学版),2012,7(1):57-60.

[80] 王晶莹,徐静,彭聪,等.中学生科学素养构成及其测评研究[J].教育导刊,2015(9):38-43.

[81] 王磊.学科能力构成及其表现研究:基于学习理解、应用实践与迁移创新导向的多维整合模型[J].教育研究,2016,37(9):83-92.

[82] 王萍,高凌飚."教育评价"概念变化溯源[J].华南师范大学学报(社会科学版),2009(4):39-43.

[83] 王蕾.学生发展核心素养的考试和评价:以 PISA2015 创新考查领域"协作问题解决"为例[J].全球教育展望,2016,45(8):24-30.

[84] 王玉洁.英国基础教育科学学科质量监测研究:以关键阶段2为例[D].武汉:华中师范大学,2015.

[85] 王露,王威,王江.PISA 项目的科学素养试题研究:以生物样本试题为例[J].考试研究,2017,13(4):31-35.

[86] 王湖滨.PISA 测试的"情境"及其带来的启示:大型国际教育评价项目对"情境"的述评[J].外国中小学教育,2014(1):8-14.

[87] 王思锦,刘文利.小学生科学学科能力表现的测评框架研究[J].课程·教材·教法,2014,34(12):76-83.

［88］ 王俊民.新西兰基于核心素养的课程构建与实施［J］.比较教育研究,2016,38(12):66－72.

［89］ 王俊民.新西兰基于核心素养的科学课程变革:课程构建、实施路径与挑战［J］.外国教育研究,2017,44(6):118－128.

［90］ 王文静,王存宽,周勇.PISA2015 科学素养内涵变化、价值取向及启示［J］.宁波大学学报(教育科学版),2015,37(3):120－124.

［91］ 王祖浩,龚伟.国内外科学学科能力体系的建构研究及其启示［J］.全球教育展望,2013(10):96－108.

［92］ 魏晓东,于海波.PCAP 科学素养测评的框架、特点及其对我国科学测评的启示［J］.外国中小学教育,2016(7):38－46.

［93］ 巫阳朔.情境化试题的设计、开发与编制规范［J］.教学与管理,2017(7):78－81.

［94］ 解丹.问题情境的设置对高中生数学问题解决的影响研究［D］.北京:首都师范大学,2013.

［95］ 邢红军.原始问题教学:物理教育改革的新视域［J］.课程・教材・教法,2007(5):51－57.

［96］ 徐燕.学生科学素养评测框架的国际比较研究［D］.南京:东南大学,2015.

［97］ 辛涛,姜宇.基于核心素养的基础教育评价改革［J］.中国教育学刊,2017(4):12－15.

［98］ 杨向东.理论驱动的心理与教育测量学［M］.上海:华东师范大学出版社,2014.

［99］ 杨向东.核心素养测评的十大要点［J］.人民教育,2017(3):41－46.

［100］ 杨涛,李曙光,姜宇.国际基础教育质量监测实践与经验［M］.北京:北京师范大学出版社,2015.

［101］ 杨九诠.学科核心素养与高阶思维［N］.中国教育报,2016－12－21(09).

［102］ 杨菁,张军朋.基于计算机模拟实验的PISA2015 交互式测评的特点与启示［J］.物理教学,2017,39(3):74－77.

［103］ 于学清,黄爱芬,董李娜.小学生科学学科能力发展均衡问题研究:基于 TIMSS 2011 研究视角［J］.现代中小学教育,2016(4):121－126.

［104］ 袁维新.国外关于科学本质教学的研究［J］.比较教育研究,2009(1):7－12.

［105］ 袁建林,刘红云.合作问题解决能力的测评:PISA2015 和 ATC21S 的测量原理透视［J］.外国教育研究,2016,43(12):45－56.

［106］ 乐毅.试论制定国家学业质量标准的若干基本问题［J］.教育研究,2014,35(8):40－51.

［107］ 余文森.从三维目标走向核心素养［J］.华东师范大学学报(教育科学版),2016,34(1):11－13.

［108］ 周蓉.国际中小学生科学学业测评中的地球与空间(宇宙)领域试题设计研究［D］.重庆:重庆师范大学,2016.

［109］ 张雅琪,张军朋.美国 NAEP 科学探究纸笔测验试题的特点［J］.物理教师,2013(1):79－81.

［110］ 张广斌.教学情境的结构与类型研究:结构功能主义视角［J］.教育理论与实践,2010,30(13):57－60.

[111] 张建珍,郭婧.英国课程改革的"知识转向"[J].教育研究,2017,38(8):152-158.

[112] 张咏梅.大规模学业成就调查的开发:理论、方法与应用[M].北京:北京师范大学出版社,2015.

[113] 张雨强,冯翠典.美国NAEP2009科学课程评价试题编制研究[J].全球教育展望,2007(10):59-64.

[114] 张莉娜.PISA2015科学素养测评对我国中小学科学教学与评价的启示[J].全球教育展望,2016(3):15-24.

[115] 张会杰.核心素养本位的测评情境及其设计[J].教育测量与评价,2016(09):9-16.

[116] 张紫屏.基于核心素养的教学变革:源自英国的经验与启示[J].全球教育展望,2016,45(7):3-13.

[117] 张卫光,孙鹏.北京市海淀区小学义务教育教学质量分析与评价研究报告[M].北京:北京师范大学出版社,2010:171.

[118] 张宇,王晶莹.中学物理学科能力的核心要素构建:基于一线物理教师的实证调查[J].教育导刊,2015(15):44-48.

[119] 张雨青,林薇,张霞.学习障碍儿童的基本能力特征[J].心理发展与教育,1995(3):59-64.

[120] 钟启泉.学科教学的发展及其课题:把握"学科素养"的一个视角[J].全球教育展望,2017,46(1):11-23.

[121] 钟启泉.国外"科学素养"说与理科课程改革[J].比较教育研究,1997(1):16-21.

[122] 钟启泉.基于核心素养的课程发展:挑战与课题[J].全球教育展望,2016,45(1):3-25.

[123] 钟志贤.促进学习者高阶思维发展的教学设计假设[J].电化教育研究,2004(12):21-28.

[124] 中华人民共和国教育部.新闻发布会散发材料三:我国义务教育质量监测进展情况[EB/OL].http://www.moe.gov.cn/jyb_xwfb/xw_fbh/moe_2069/xwfbh_2015n/xwfb_150415/150415_sfcl/201504/t20150415_187152.html.

[125] 中华人民共和国教育部.义务教育小学科学课程标准[M].北京:北京师范大学出版社,2017.

[126] 中华人民共和国教育部.义务教育科学课程标准(2022年版)[M].北京:北京师范大学出版社,2022.

[127] BULL A. Capabilities for living and lifelong learning:what's science got to do with it?[R]. Wellington:New Zealand Council for Educational Research,2015.

[128] BRANSCOMB A W. Knowing how to know.[J]. Science Technology & Human Values,1981,6(36):5-9.

[129] BENNETT R E. Reinventing assessment:speculations on the future of large scale educational testing[M]. Princeton, NJ:Policy and Information Center, Educational Testing Service, 1998.

[130] CARR M, CLAXTON G. Tracking the development of learning dispositions. Assessment in Education,2002,9(1):9-37.

[131] DELANDSHERE G, PETROSKY A. Assessment of complex performances: limitations of key measurement assumptions[J]. Educational Researcher, 1998, 27 (2):14 – 24.

[132] GRIFFIN P, MCGAW B, CARE E. Assessment and teaching of 21st century skills [M]. Singapore: Springer Publishing, 2012.

[133] GAULD C F, HUKINS A. Scientific attitudes: a review[J]. Studies in Science Education, 1980, 7(1):129 – 161.

[134] GILBERT J K. On the nature of "context" in chemical education [J]. International Journal of Science Education, 2006, 28(9):957 – 976.

[135] HIPKINS R, Boyd S, Joyce C. Documenting learning of the key competencies: what are the issues? a discussion paper [R]. New Zealand Council for Educational Research, 2005.

[136] HURDP D. Science literacy: its meaning for American schools [J]. Educational Leadership, 1958.

[137] HIPKINS R. Competenies or capabilities: what's in a name? [J]. Set: Research Information for Teachers, 2013, 3(3), 55 – 57.

[138] JAN DE L. Large-scale assessment and mathematics education[M]//LESTER, F K. Second handbook of research on mathematics teaching and learning: a project of the national council of teachers of mathematics. DC: National Council of Teachers of Mathematics, 2007.

[139] KLASSEN S. A theoretical framework for contextual science teaching [J]. Interchange: A Quarterly Review of Education, 2006(12):31 – 62.

[140] MOORER W, SUTMAN F X. The development, field test and validation of an inventory of scientific attitudes[J]. Journal of Research in Science Teaching, 1970 (7):85 – 94.

[141] MILLER J D. Scientific literacy: a conceptual and empirical review[J]. Daedalus, 1983, 112(2):29 – 48.

[142] MISLEVY R J, STEINBERG L S, ALMOND R G. Evidence-centered assessment design[R]. Educational Testing Service, 1999.

[143] National Research Council(US) Committee on the Assessment of 21st Century Skills. Assessing 21st century skills: summary of a workshop [R]. National Academies Press, 2011.

[144] National Research Council. Knowing what students know: the science and design of educational assessment[M]. Washington: National Academies Press, 2001.

[145] OECD. Measuring student knowledge and skills: a new framework of assessment [R]. Paris: OECD Publishing, 1999.

[146] PEPPER D. Assessing key competences across the curriculum and Europe[J]. European Journal of Education, 2011, 46(3):335 – 353.

[147] RUIZ-PRIMO M A. Towards a framework for assessing 21st century science skills [R]. The National Academies, 2009.

[148] WESSELINK R, JONG C D, BIEMANS H J A. Aspects of competence-based education as footholds to improve the connectivity between learning in school and in the workplace[J]. Vocations & Learning, 2010, 3(1): 19 – 38.

[149] WALO H. Key competencies for Europe: report of the symposium [R]. Berne: Council for Cultural Cooperation, 1996.

索 引